WENCHUAN DIZHEN JITI JIY
MEIJIE SHUXIE YANJIU

汶川地震集体记忆的媒介书写研究

李慧敏◎著

光明日报出版社

图书在版编目（CIP）数据

汶川地震集体记忆的媒介书写研究 / 李慧敏著. 一
北京：光明日报出版社，2023. 8
ISBN 978-7-5194-7379-2

Ⅰ. ①汶… Ⅱ. ①李… Ⅲ. ①大众传播－研究 Ⅳ.
①G206.3

中国国家版本馆CIP数据核字（2023）第142067号

汶川地震集体记忆的媒介书写研究
WENCHUAN DIZHEN JITI JIYI DE MEIJIE SHUXIE YANJIU

著　　者：李慧敏

责任编辑：许黛如　　　　　策　　划：杨仲麟
封面设计：中北传媒　　　　责任校对：曲建文
责任印制：曹　铮

出版发行：光明日报出版社
地　　址：北京市西城区永安路106号，100050
电　　话：010-63169890（咨询），010-63131930（邮购）
传　　真：010-63131930
网　　址：http://book.gmw.cn
E－m a i l：gmrbcbs@gmw.cn
法律顾问：北京市兰台律师事务所龚柳方律师

印　　刷：廊坊市海涛印刷有限公司
装　　订：廊坊市海涛印刷有限公司
本书如有破损、缺页、装订错误，请与本社联系调换，电话：010-63131930

开　　本：170mm×240mm
字　　数：314千字　　　　　印　　张：22.75
版　　次：2023年8月第1版　　印　　次：2023年8月第1次印刷
书　　号：ISBN 978-7-5194-7379-2

定　　价：98.00元

前　言

　　2008 年 5 月 12 日 14 时 28 分，突如其来的特大地震袭击了汶川。造成重大伤亡和财产损失的 5·12 汶川特大地震（后文简称汶川地震）成为国人永远抹不去的记忆。对于如此重大的创伤性公共事件，建构一个对于这一历史事件的集体记忆，无论是对于遇难者、同时代的个人，还是我们的后代和国家都是极为必要的。

　　如何建构这一历史事件的集体记忆？谁来建构？记忆什么？集体记忆在很大程度上不是基于对事件的直接体验，而是由各种媒介和叙事中介书写和表达的，既包括文本的叙事和书写，也包括物化的书写与表达。它们在个体之间以及事件和记忆之间架起了桥梁。法国历史学家莫里斯·哈布瓦赫认为，历史，以其表面上对准确性和客观性的要求，被视为对过去的单一和真实的叙述，而集体记忆是对过去事件的多样、可变甚至是相互竞争的叙述。集体记忆被认为是流动的和动态的，永远是当下的一种现象。集体记忆并非对真实历史的客观反映，它只能容纳那些适合它的事实。它在参与意义建构的记忆媒介的恰当书写中，被精心打造和重新构建。这种动态的、具有人的能动性的记忆与固定的、单一的历史观念形成了鲜明的对比。同时，这种集体记忆的可塑性强调了这些被建构的记忆在很大程度上是开放的相互竞争、对立和可修改的。因此，在这个意义上，以这种方式谈论集体记忆，是在谈论一个高度修辞的过程。事实上，对记忆的研究主要是对记忆的书写修辞研究。记忆借由各种书写媒介获得意义的方式，他人接受它们的方式，以及自身被其他记忆竞争、颠覆和取代的方式，本质上都是修辞性的。

本书以修辞为主线，以汶川地震的集体记忆媒介书写为研究对象，表明关于汶川地震的集体记忆建构是一个社会过程。其建构过程是有修辞性的，不同的记忆书写媒介和主体对于汶川地震的集体记忆都不是对这一历史的"纯粹"反映，而是有选择性地重构。当下的汶川地震集体记忆在很大程度上是由我们选择记住什么以及如何去记住它、赋予其何种意义所决定的，取决于个人和官方在赋予其意义时所持有的利害关系。它经常被用作实现集体认同的工具，因为建构汶川地震集体记忆的过程总是受到群体意识、身份认同、文化等各种因素的影响，所以这就变成了一种修辞。

综上所述，汶川地震集体记忆的修辞性书写解释了这一历史事件是如何被符号化、象征化的，以及它是如何作为调停者发挥作用的。但是，集体记忆的建构者并不总是能够成功地建构想要的形象和意义，也并不总能让人们以构建者想要的方式理解这些形象和意义。一个全体成员共享的集体记忆在某种程度上需要吸引群体成员某种程度的依附，使之成为共享的个人记忆。集体记忆的修辞性建构效果的好坏，取决于建构双方不断地互动与协商。它不仅是呈现在各种文本、纪念性场所、空间、仪式中的记忆，还存在于记忆承载媒介和个人头脑中的相互作用中。

目　录

绪　论

一、研究缘起：遗忘与记忆

中国地处环太平洋地震带与欧亚地震带的交会处，地震等自然灾害频发，而中国是世界人口大国，自然灾害会因此而放大它的破坏力。据史书记载，中国历史上 7 级以上大地震超过 20 余起，8 级以上地震 11 起。震级最大的是 1950 年西藏墨脱地震，震级 8.6 级。地震中死亡人数最多的是陕西华县地震，发生于明嘉靖三十四年十二月十二日（1555 年 1 月 23 日），死亡人数 83 万余人。数十起惨烈的地震和死亡，不仅没有成为国人心中永不磨灭的记忆，甚至大多数地震对于今天的国人来说闻所未闻，它们只是静静地躺在史书的记载中，偶尔被人翻阅。是因为遗忘是人类的本性，还是对灾难记忆的恐慌而强制性遗忘，抑或是担心过量的灾难记忆会造成超负荷？如果是这样，为什么"汶川地震"在国人心中成为抹不去的集体记忆？为什么有的灾难成为人们的共同记忆，有的灾难却被遗忘？

莫里斯·哈布瓦赫（Maurice Halbwachs）在《论集体记忆》中提到的一篇由巴里·施瓦茨（Barry Schwaetz）、耶尔·泽鲁巴孚尔（Yael Zenubavel）和贝尔尼·巴尼特（Bernice M Barnett）共同撰写题为"重现梅察达：一项集体记忆研究"的论文可为我们揭示答案。犹太守卫者与罗马征服者之间的梅察达之役发生在公元 73 年。在其后的大约两千年的时间中，这次战役被认为不值得过多关注。然而到了 20 世纪中叶，巴勒斯坦的犹太人突然开始纪念这一事件，这一战役在犹太人的记忆中开始发生变化。

我们保存历史知识的途径，主要是将重大事件按照时间线形成编年体史或口述。但是，人们对待这些事件的态度并不一样。对于其中的许多事件，由于潜在的信息承载者不感兴趣，所以不会引起人们的注意，而其他的一些事件则显得十分突出。

但是，如何解释一个被忽略了两千年的事件突然在 20 世纪进入以色列犹太人意识的前沿呢？为了解释这个问题，作者运用了乔治·赫伯特·米德（George Herbert Mead）和哈布瓦赫的理论。在犹太人悠久漫长的历史中，这个事件初看上去令人感到好奇但又微不足道，而哈布瓦赫的理论则有助于解释这个事件。哈布瓦赫关于集体记忆的经典著作强调了记忆的社会性和建构性。正如哈布瓦赫所指出的，记忆会被构建、重塑和遗忘。从这个角度来看，记忆的研究也是遗忘的研究。这里显示出哈布瓦赫的理论解释是如此切中肯綮。

在提图斯的罗马军队毁坏了耶路撒冷及其圣殿两年之后，提图斯的儿子弗莱维厄斯·西尔瓦（Flavius Silva）向困守在山上城堡梅察达中的犹太抵抗者发起了进攻。战斗空前惨烈，但结果却毫无悬念。最后，城堡中只剩下大约 900 名狂热分子，他们决定集体自杀，宁死也不做罗马人的俘虏。① 约瑟夫斯的《犹太战争》（The Jewish War）是这个故事唯一的资料来源。这个编年史是以亚兰语和希腊语写成的，除了基督教会中的一些小圈子外，几乎完全不为人所知。因此，这个战役对当时犹太人的集体意识没有产生什么影响，在《塔木德》（Talmud）或其他犹太经书中也没有提及此事。在漫长的两千年

---

① 莫里斯·哈布瓦赫.论集体记忆［M］.毕然，郭金华，译.上海：上海人民出版社，2002：55-58.

里，犹太历史中都没有纪念这件事。

随着 20 世纪犹太复国主义的兴起，犹太人才对发生在梅察达的这个故事的象征意义产生兴趣。1927 年，乌克兰籍犹太移民伊扎克·拉姆丹在巴勒斯坦出版了英雄史诗《梅察达》（*Masada*），从而使这个故事作为民族精神象征而广为流传。自那以后，梅察达就变成了犹太抵抗运动和对伟大复兴的普遍热忱的重要象征，甚至转变为对英勇无畏的抵抗战士的崇拜，受到国家的支持。在以色列犹太人的意识中，为什么梅察达占据着一个光荣的位置，似乎并没有什么明显的理由。许多民族的纪念活动纪念的都是这个民族的起源和兴衰事件，因为其过程被认为对这个民族随后的历史起着重要的影响作用。但是梅察达之役并没有显示出这样的特征。所以，在犹太历史上，它只是一个扫尾工作，对后来的事件并没有什么特别的影响，自然就被人们遗忘了。①

遗忘是记忆本身的一个组成部分，人们普遍认为记忆是一种包括记忆和遗忘的辩证关系，正如大多数的记忆行为是试图抵抗遗忘。例如，纪念活动的目的是帮助人们记住或者不忘记，纪念碑的建立是为了让人们能够回忆起历史人物和事件。

遗忘是人类生存的属性，和记忆本身一样重要。就像个人可以遗忘某些记忆一样，国家可以遗忘发生在历史上的某些事件。但是为何记忆、为何遗忘？有了足够的时间和距离，历史记忆会被重新解释和改变，以符合当前意识形态和价值观念的需要。

一种文化中用于产生记忆的介质塑造了这种记忆，记忆的内容和方式由此得以形成。对于记忆的管理和控制在很大程度上决定了它的呈现，无论是在修辞象征的意义上，还是在记忆行动的意义上，即记忆和遗忘的行为，以及记忆的生产和功能，集体记忆都被认为在与身份认同和政治认同相关的修

---

① 莫里斯·哈布瓦赫.论集体记忆［M］.毕然，郭金华，译.上海：上海人民出版社，2002：55-58.

辞过程中发挥作用。由于存在许多利害关系，不同的记忆群体要么认同集体记忆和集体身份，要么无视它们，要么根据自己的利益重新解释它们。随着时间的推移，就像个体遗忘一样，对当前的自我认同感不重要的记忆往往会遗忘，集体记忆的遗忘也遵循类似的路径。

记忆和遗忘在本质上是一种确保群体凝聚力的社会、政治策略和修辞，框架、生产、选择和回忆这些修辞技术既能建构记忆也会产生遗忘。

在哈布瓦赫的集体记忆理论中，一个国家或民族、群体的集体记忆是根据当下的需求对过去历史的重构。也就是说，哈布瓦赫的集体记忆理论强调记忆的选择和重塑是与当下的意愿和需求有关。人们如何看待和感知历史事件是有选择性地重构的。虽然在犹太复活主义出现之前，梅察达保卫战在犹太人的共同意识中并没有被特别地提起，但是，对近几代的以色列犹太人来说，却具有深远的意义，因为它象征着英勇无惧的抗争精神，象征着不屈不挠的民族气节，象征着不畏强暴的民族尊严。一旦犹太民族共同体中大部分的人们都决定采取坚定不移的立场，走奋起抵抗之路，梅察达也就成为一个再合适不过的民族象征了。

以色列人长期生活在四面包围中，这样一种环境造就出了一种始终处于动员状态的感受。因此，在这种形式与一个在犹太历史中长期遭到忽视的事件之间，存在着某种亲和力。正是这种亲和力导致对拉姆丹的史诗《梅察达》的接受和广泛传播。他充满激情的感受，反过来把这个具有两千年历史的事件移入以色列犹太人的民族意识和社会意识的核心部位。[①]

梅察达的案例说明，我们关于过去和历史的记忆，是受我们用来解决现在问题的心智、意象影响的。因此，集体记忆在本质上是立足现在而对过去历史的一种重构和修辞性策略，是一种用来实现特定的社会、政治、心理或

---

① 莫里斯·哈布瓦赫.论集体记忆［M］.毕然，郭金华，译.上海：上海人民出版社，2002：55-58.

语言目的的修辞性策略。它创造了一个表面上巩固和统一的"集体"的幻觉，依附于一个连贯的记忆库。

梅察达的案例也说明，集体记忆并非采用历史事件的"固定"或"静态"记忆，因为这样做的结果是排除了对历史事件的不同看法和观点，并失去了集体记忆的建构性特征。正如哈布瓦赫的集体记忆理论所强调的，对过去历史的回忆是一个积极的、建构性的过程，而不是简单的检索信息。集体记忆就是把过去历史的一部分用来服务于现在的需求和目标。忽视集体记忆作为一种修辞性的特征，使我们无法看到集体记忆的建构性和功能性使用，哈布瓦赫是第一个强调这一点的社会学家。

哈布瓦赫关于"集体记忆"概念的核心是区分集体记忆和个人记忆（自传体记忆）。个人记忆是一种具体的记忆，个人对自己经历过的事情的记忆或体验，之所以能被记住，是因为当事情出现或事件展开时，那个人在场。与此相反，集体通过整合超越个人对世界经验的信息来扩展个人记忆的范围。[1]由直接的个人经验的原材料自发地建立起来的个人记忆只有通过激进的手段（如灌输）才能被"抹去"。相比之下，集体记忆是由记忆主体发起的人为的、有意的和有选择性的行为的产物。因此，抹去这部分"记忆"或添加新记忆相对容易，例如，删除、添加或修改历史教科书中某个特定事件的内容。

与存在于个人头脑中的个人记忆不同，集体记忆是开放的，是与外部表达联系在一起的，需要记忆的中介来建构。集体记忆需要来自集体叙事、书写的材料源源不断地滋养，并且是受到群体意识、价值观念、文化的影响的。而这些集体叙事和书写的养料不仅仅是编年史的记载和史诗的广泛传播，还包括现代传播媒介以及各种记忆的场所和仪式。从某种角度来看，过去的历

---

[1] WILSON R. Collective Memory，Group Minds，and The Extended Mind Thesis［J］. *Cognitive Processing*，2005（4）：227–236.

史不仅仅是通过编年史的记载和史诗的传播被保存下来的，也是通过大众传播媒介、博物馆、纪念碑、公共展览和各种纪念仪式等在社会上建构起来的。

就中国历次重大地震来说，汶川地震除了因为发生时间较近，国人或亲历或见证而被人们反复提及和铭记之外，还与传播媒介的广泛传播有关，更为重要的是汶川地震被纳入培育身份认同和国家认同统摄性重构的集体记忆之中。

汶川地震造成了巨大的伤亡。在多模态的符号表征和意义重构主导下，各种媒介书写和表征的汶川地震激发了中国人在面临巨大灾难时特有的坚韧、勇敢、万众一心、共赴国难的气质与崇高境界。汶川地震的集体记忆被建构在以民族创伤为核心的记忆之上，带有强烈的国家意志。政府的执政能力和危机应对管理能力也经受了考验。尤其是在汶川地震中，党和政府的抗震救灾表现可圈可点，中国民族精神在这次抗震救灾中得到彰显和弘扬，中国人的国家认同感空前高涨。因此，汶川特大地震的集体记忆得以书写、传播与保存。

本书的中心问题是，在汶川地震的集体记忆建构中，集体记忆的各种表征媒介作为修辞策略可以实现哪些目标？大众传播媒介、纪念馆、地震遗址、文学作品和各种纪念仪式作为汶川地震集体记忆物质转化的介质，是如何修辞性地建构、保存、象征化汶川地震的集体记忆？在本书中，笔者探讨各种不同的媒介在汶川地震集体记忆建构中的修辞策略，从文学作品到身体实践的仪式操演，从纪念碑到展馆设计，从地震遗址到纪念馆展品，以及汶川地震的集体记忆建构中官方建构的记忆与个人记忆是如何通过各种媒介进行互动与协商的以及效果如何。

二、研究意义

（一）现实意义

如何表象灾害，各种媒介如何书写、传播公众的记忆，从而如何建构对于灾害的集体记忆，这向来就是与政治、文化、意识形态密切相关的事件。中国历史上，对于灾害的天人合一思维方式，就是常常把灾害的发生、大自然的运行和人力的思考、解释联系在一起。认为灾害是受天意支配，是上天的警示。例如，康熙十八年（1679），北京近郊发生地震，史料记载：

（康熙十八年七月壬戌）命满汉大学士以下副都御史以上各官集左翼门。上遣侍卫费耀色赍谕旨，仍口传上谕曰：顷者地震示警，实因一切政事不协天心，故召此灾变。在朕固宜受谴，尔诸臣亦无所辞责。然朕不敢诿过臣下，唯有力图修省以冀消弭。兹朕于宫中勤思召灾之由，力求弭灾，约举大端，凡有六事。尔等可详议举行，勿仍以空文塞责。[①]

康熙从大自然中寻找灾害发生的原因，认为地震的发生是因为朝政处理不当，违反了天意，引致上天的警示，因此，君臣都要进行认真自省。在这里，灾害被解释为来自天意，是朝政处理不当的表现，是上天的示警和惩罚。这种典型的关于灾难的天人合一的思维方式，在科学技术日益发达的今天，面对自然灾难束手无策只能求助于虚无的"上天"的思维模式已然成为过去，但是，由于重大自然灾害往往造成大规模死亡，容易产生社会动荡，救灾的成功与否，直接影响到政权的巩固性。

---

① 王晓葵.灾害文化的中日比较——以地震灾害记忆空间构建为例［J］.云南师范大学学报，2013（6）：18.

如果一个政府能够妥善处理自然灾害，并能够保障人民的生活，那么灾难也为它提供了提升政权合法性的机会。更重要的是，在国家危急时刻，民众应该更加依赖国家，期待政府带领他们走出灾难。换句话说，灾难不仅是自然现象，而且是政治事件。因此，如何表述灾害，记录或记忆灾害，都是重大的政治问题。重大灾难常常被作为进行政治动员的资源，利用得当，可以赢取民心，强化民众对国家权力和政治合法性的认同；相反，则会危及民众对政府的信任。①

在现代的灾难记忆建构中，汶川特大地震作为当代中国人记忆深刻的大地震，对人们的心灵造成了巨大的创伤。人们如何记忆这些重大灾难事件，又是如何保存和传承这些记忆，与国家和各种媒介如何构建并唤起这一重大灾难事件的集体记忆有着密切的关系，研究媒介如何书写、表达和重构集体记忆，有助于我们抵抗遗忘，保持并传承对这一重大灾难事件的记忆。不同的媒介通过将个体记忆转变为集体记忆，强化了受众对于这个重大自然灾害事件的共同记忆，并将个人记忆向集体记忆的深处挺进。

阿斯曼（Assmann）夫妇在继承哈布瓦赫"集体记忆"理论精髓的基础上，提出了"文化记忆"这一概念，研究在形成文化记忆的过程中，社会群体有些东西或特质是不能忘却的。一种记忆一旦建立，对于这个群体的成员来说就是一种身份的建立，在回忆或记忆这些特质或精神的过程中，集体观念和集体身份也同时被建构。汶川地震作为被反复提及与铭记的重大灾难，成为公众的集体记忆。这场灾难同时也是民族精神和身份的深刻记忆，研究汶川地震的记忆是如何与"爱国主义教育、万众一心、共克时艰、多难兴邦等集体共识记忆"合流的，使得研究可以不仅仅停留于记忆术的层面，还扩

---

① 王晓葵.灾害文化的中日比较——以地震灾害记忆空间构建为例［J］.云南师范大学学报，2013（6）：18.

展到社会和文化的具体环境与条件。它对于我们认清灾难，自我激励或保持自警与反思都具有重要的意义。

（二）理论意义：理论的整合与应用

哈布瓦赫最早提出"集体记忆"这一概念之后，该理论不断延伸与拓展，在后人批判、继承基础上几经流变。哈布瓦赫强调集体记忆的建构性特征，是立足于现在对过去的重构，但忽略了记忆在跨代传递中的持续性和传承问题。保罗·康纳顿（Paul Connerton）的社会记忆理论弥补了这一不足，更加关注记忆的传递性和连续性。他认为社会记忆通过纪念仪式与身体实践来传递和保存，在仪式和身体实践的操演过程中，群体成员在潜移默化中受到规训，记忆形成习惯。同时，康纳顿强调掌控记忆的重要性，认为社会秩序的合法化、政权的合法化需要社会记忆的支撑，谁控制了一个社会的记忆，谁就拥有了改变社会的力量。

皮埃尔·诺拉（Pierre Nora）的"记忆之场"则强调集体记忆的研究应该从"场所"（lieux）出发，通过对诸如博物馆、纪念碑等记忆场所的研究，寻找民族记忆，培养对民族与国家的认同感和身份感。

阿斯曼的文化记忆理论同样强调借助于纪念物、节日、仪式等媒介帮助社会群体成员分享、确立集体意识，共享历史久远的文化。

集体记忆理论目前还缺乏固定范式，本书整合哈布瓦赫的集体记忆理论以及社会记忆、文化记忆理论及"记忆之场"等相关理论，以汶川地震等重大自然灾难事件的书写、呈现与传播为例，探讨文学、大众传播媒介、纪念仪式、纪念性场所等各种不同媒介是如何运用修辞策略实现对汶川地震灾难事件的集体记忆重塑的。本书可以深化集体记忆理论研究的运用，为跨学科视角研究重大灾难事件的集体记忆构建提供有益的尝试，希望对今后记忆研究学者在进行相关分析上提供理论的探索和借鉴意义。

三、文献综述：相关研究问题回顾与述评

哈布瓦赫于 1925 年出版《记忆的社会框架》（*The Social Frameworks of Memory*）一书，首次明确提出"集体记忆"的概念，并强调集体记忆的建构性特征。认为它是一个社会或群体根据当下的需求对社会或群体的历史进行的解释、重构、回忆与再现。集体记忆常常作为意识形态的代名词，潜在地、隐蔽地形塑和规范着个人记忆，将个人的记忆置于集体记忆的框架之下。在集体记忆的框架下，个人记忆才能被召回和唤起，集体记忆的框架将个人的记忆框定在其中，限定并约束。

（一）国外研究现状

1. 国外理论研究

"集体记忆"是一直被当作一个松散定义以被宽泛地使用的概念和术语。在哈布瓦赫提出这个概念之后的几十年里，集体记忆已经成为人文和社会科学领域重点关注的话题，也是新兴的"记忆研究"学科的重要部分。它不是一个完全适合单一学科范围内的主题，因此关于这一理论的研究涵盖多个学科。

（1）从哲学的角度研究，如保罗·利科（Paul Ricoeur，2004）在《记忆、历史、遗忘》中研究为什么像大屠杀这样的重大历史事件占据了集体意识的前沿，而像亚美尼亚种族灭绝、麦卡锡时代和法国在北非殖民统治这些影响深远的事件却并没有占据集体记忆的前沿，甚至某种程度上被遗忘？历史是否有可能以牺牲其他事件为代价而"过度记忆"某些事件？利科的《记忆、历史、遗忘》是一部关于集体记忆与历史关系的具有里程碑式的哲学著作。它考察了记忆和遗忘之间的相互关系，展示了它如何影响人们对历史经验的

感知和历史叙述的生产。

《记忆、历史、遗忘》分为三个主要部分。第一部分首先采用了一种现象学的方法来研究记忆和记忆技巧，提出的问题是，人们对于现在的记忆为什么是对过去的遗忘。第二部分讨论历史知识的本质和真实性的问题，探讨的是那些能够书写历史、记忆历史的历史学家，是否能够真正摆脱对记忆的依赖，包括抵制再现的记忆。第三部分，也是最后一部分，对遗忘作为记忆可能性条件的必要性进行了深入思考。本书首先借鉴了亚里士多德、柏拉图、笛卡儿、康德、哈布瓦赫和皮埃尔·诺拉的关于历史、记忆等理论和概念，深刻地揭示了记忆和遗忘之间的内在关系，以及记忆与遗忘之间的动态关系如何影响对于历史和记忆的认知与深入思考。《记忆、历史、遗忘》是从哲学的层面对哈布瓦赫集体记忆理论的学术对话和回应。

（2）从历史的角度研究，如里克尔和弗里茨切（Rivoeur and Fritzsche, 2004）在《滞留在现在》（*Stranded in the Present*）一书中认为，法国革命和工业革命破坏了与过去历史的联系，造成了"历史意识的根本性转变"。这种新的意识成为一种普遍的意义框架，通过它，欧洲人和美国人经历了一种怀旧的失落感。"怀旧是一种流离失所者普遍的共同历史意识"，因此人们感到被困在当下，因为当下就是将要怀旧的内容。弗里茨切着重分析了废墟与现代记忆的关系，并深入分析了记忆文化如何成为一种政治力量。他认为，废墟和国家想象力以及认同的构建之间存在着直接的联系。

托多罗娃（Todorova, 2004）在《巴尔干身份：国家和记忆》（*Balkan Identities : Nation and Memory*）一书中关注记忆和身份之间的关系，纠正了将记忆简化为政治功能的趋势，探索了民族身份与民族记忆在巴尔干地区的表现形式和意义。

（3）从社会学的角度研究，利维和施耐德（Levy and Sznaider, 2005）在

《大屠杀与全球时代的记忆》（*The Holocaust and Memory in the Global Age*）中，用大屠杀如何在三个国家（以色列、德国和美国）以及国际上被铭记、教导、纪念、研究并纳入法律和政策的处理的历史社会学分析，力图证明，即使在全球化过程中国家失去主导地位、受到内外双重破坏的时代，集体记忆仍有空间。作者为集体记忆开辟了新的视野，并将其置于全球语境中。[①]

弗雷·K. 奥利克（Frey K. Olick，2005），研究"二战"后德国对纳粹的记忆经历了"责任、罪责及重建德国、重构德国人身份"等历程，解释为什么早期德国对纳粹过去的记忆采取这种形式。作为研究集体记忆的社会学家，他强调记忆的对话性。过去不能自然而然地塑造现在，现在新出现的情境也不能简单地构建一个有用的过去。相反，对过去的连续表征是相互对话的，每一个都是对其前身的（部分）反映。奥利克把这个过程称为"记忆的记忆"，也就是关于同样的过去是如何被记住的记忆。

祖布尔茨基（Zubrzvcki，2006）在《奥斯维辛的十字架：后共产主义波兰的民族主义和宗教》（*The Crosses of Auschwitz：Nationalism and Religion in Post-Communist Poland*）中以十字架之战作为分析的焦点，这个争议源于奥斯维辛集中营为纪念天主教受害者而在奥斯维辛附近树立了数百个十字架。这一事件引起了极大的争议，不仅在波兰，而且在国际上都刺痛了人们的神经。作者探讨波兰国家认同与天主教之间的关系，以及国家认同是如何通过特定的记忆符号、纪念仪式和事件赋予、传递和转化的。

泽鲁巴维尔（Zerubavel，2003）认为"集体记忆"有时被看作弄清难以捉摸的历史真相的障碍，有时又被看作保存历史真相的一种手段。泽鲁巴维尔从全球 191 个国家节日入手，说明过去如何继续困扰着现在，以及历史和

---

① SZNAIDER L. *The Holocaust and Memory in the Global Age*［M］. Philadelphia:University Press, 2005.

记忆如何在这个过程中相互勾连。他研究这些节日和纪念活动是如何产生的，它们存在了多长时间、起源的原因，以及它们与历史和神话的关系。民众广泛参与这些活动是否意味着参与者知道他们为什么要参与？民众对于纪念活动有普遍的认知吗？特定的集体记忆是如何产生并盛行的？集体记忆更容易在口头社会或文字社会中巩固吗？纪念活动以及与之相关的记忆是如何形成的？重要的是，如何解释记忆的差异，有些记忆不属于集体记忆，甚至是对立的和对抗的记忆？

（4）从人类学的角度研究，继莫里斯·哈布瓦赫的开创性工作之后，人类学家和社会学家将记忆作为一种社会现象进行了深入研究。最著名的是保罗·康纳顿（Connerton，1989）的《社会如何记忆》，他认为在纪念活动、惯习和仪式操演中我们实现了社会记忆的传递。同样，科尔（Cole，2001）在对贝齐米萨拉卡民族志研究中，描绘了个人和社会记忆复杂的相互作用。他的记忆研究展示了一种动态的记忆认知，它将公共和私人的记忆、群体和个人的记忆，以及过去和现在的记忆联系在一起，这种方法对记忆的民族志和历史人类学都有重大贡献。

（5）从社会心理学角度研究，米德尔顿和布朗（Middleton and Brown，2005）在弗雷德里克·巴特利特（Frederick Bartlett）关于社会组织情境的心理图式、哈布瓦赫关于集体记忆的框架和亨利·柏格森关于经验中"持续时间"的哲学讨论的基础上，讨论记忆和遗忘的问题。认为记忆是生活经验的中心，目的是回到经验心理学，用经验心理学来解释关于社会记忆讨论中提出的问题，提供了一种既非个人也非社会决定的经验心理学方法。

彭尼贝克（Pennebaker）、帕埃斯（Paez）和瑞米（Rime'）（1997）同样从心理学角度来探讨社会事件的集体记忆的产生、维持和扭曲。研究记忆从何而来？集体记忆又是如何在一种文化中发挥着非凡的力量的？集体记忆和文化记忆是如何在几代人之间，甚至经常面临相互矛盾的证据的前提下保持鲜活的？作者聚焦于不同的文化情境内部和跨文化的政治动荡，试图探索这些事件导致的一些社会心理动态。

2. 国外研究现状

目前，国外的研究多是运用集体记忆理论研究和解释历史事件或当下的重大事件，如第二次世界大战、美国大屠杀、越南战争等，以期能够更好地发挥民族认同作用。如法国学者皮埃尔·诺拉（Pierre Nora，1992）的《记忆之场：法国国民意识的文化社会史》汇总了法国集体记忆史的研究成果，通过"记忆与历史""记忆与象征""记忆与叙事"三个部分，探讨了法国国庆日、艾菲尔铁塔、贞德等法兰西标志性事件、建筑、人物中残存的民族记忆，希望能够找回群体、民族和国家的认同感和归属感。布衣（Ian Buruma，2006）的《罪孽的报应——日本和德国的战争记忆与反思（1945—1993）》通过对东京、奥斯维辛、南京、广岛等地的重访，对文学作品、戏剧、电影、电视、博物馆、教科书、纪念碑等文化产物的挖掘认知，追寻日本、德国民众隐藏在反思与忏悔、否定与歪曲以及麻木与逃避背后的民族心理、集体记忆。

自20世纪70—80年代以来，美国对大屠杀和越南战争这两个影响巨大且存在争论的问题的记忆建构引起了关注。在美国，对于大屠杀记忆存在两种不同的观点。

第一种观点认为大屠杀记忆在美国已经建立并维持了它的合法性，大屠杀记忆在美国很大程度上被当作政治目的的意识形态工具来操纵。它的作用是重申和加强美国的民族精神，代表人物有詹姆斯·伯格（James Berger，1999）、让·波德里亚（Jean Baudrillard，1986）、玛丽莲·B. 杨（Marilyn B. Young，1996）、萨克文·伯科维奇（Sacvan Bercovitch，1978）、爱德华

（Edward，1999）、皮特·诺维克（Peter Novick，2000）等。

第二种观点认为，美国对大屠杀记忆的处理既客观中立又敏感，并没有被特定的政治议程所扭曲，代表人物有凯茨比·利（Catesby Leigh，2001）、埃里克·埃里克森（Erik Erikson，1959）等。美国学者雅各布斯·珍妮特（Jacobs Janet，2010）在《纪念大屠杀：性别、种族灭绝与集体记忆》中思考了如何在战争和种族灭绝中集体回忆暴力和创伤的历史。作者将性别和集体记忆与种族灭绝的地理区域结合在一起，填补了我们对种族灭绝和国家记忆的了解的巨大差距。

越南战争的集体记忆建构也是战争结束以来各方争论不休的问题。越战集体记忆的建构主体主要有三个群体。

一是美国政府。美国政府并未将其作为进行国家反思的历史教训，而是作为民族的创伤有意识地进行重塑，以服务于当前的政治、外交和军事目的。代表人物有莫里斯（Morris，1994）、埃伦豪斯（Erhrenhaus，1990）、哈戈皮安（Hagopian，2009）、玛丽塔·斯特肯（Marita Sturken，1997）、约翰·赫尔曼（John Hellman，1986）、理查德·J. 莫里斯（Richard J.Morris，1990）、斯克拉格斯（Scruggs，1985）、维尔德洛（Swerdlow，1985）、乔尔（Joel，1985）、瓦格纳（Wagner，1991）、罗宾（Robin，2009）、巴里·施瓦茨（Schwartz，1991）等。

二是退伍老兵、阵亡士兵家属、战地记者和美国国内反战人士等。他们对于越战的记忆集中于战争的残酷、死亡带来的伤痛等。代表人物有唐纳德·邓肯（Donald Duncan，1984）、约翰·海默（John Helmer，1974）、弗雷德里克·唐斯（Frederick Downs，1978）、查尔斯·R. 安德森（Charles R. Anderson，1982）、克里斯·安·汉斯（Kristin Ann Hass，1998）等。

三是越南国内将这场战争记忆为反抗殖民主义的民族解放战争，从而促进了国内民众的身份认同和民族认同。代表人物有马克·布莱德利（Mark Bradley，2001）。

总的来说，国外目前关于"二战"、越战和大屠杀等重大历史事件的集体记忆建构研究大多揭示了集体记忆的建构性特征，揭示其服务于集体认同和增强社会凝聚力的目标，聚焦于记忆与政治、权力、意识形态、文化、国家意识等相互关系，探讨集体记忆的产生与民族精神和意识形态再生产之间的关系。

（二）国内研究现状

1. 集体记忆相关理论介绍

集体记忆理论引入中国后，国内学者对于集体记忆理论的研究主要体现在理论介绍和理论应用两个方面。理论介绍方面的研究主要体现在对国外"集体记忆""社会记忆""文化记忆"等理论的综述、延展等内容上，对哈布瓦赫的"集体记忆"、诺拉的"记忆之场所"、康纳顿的"习惯—记忆"、阿斯曼的"文化记忆"等理论谱系、理论流变、研究推进做了基本介绍，为推动集体记忆在我国的传播发挥了重要作用。代表人物有李宁（2019）、马建华（2017）、时晓（2016）、闵心蕙（2015）、高萍（2011）、陶宇（2012）、张欣（2013）、金寿福（2017）等。

2. 集体记忆应用研究相关题材

集体记忆理论的应用研究在国内题材丰富，著述也较多。中国台湾学者王明珂（2013）研究华夏民族的集体记忆，从中国边缘人群对于华夏民族的认同、变迁、维持等角度切入，探讨华夏边缘人群如何通过记忆、遗忘来成为华夏族群或非华夏族群，从而思考民族认同问题，将民族认同与集体记忆紧密地联系在一起。

除了有关整体华夏民族这样宏大的主题之外，中国现当代社会发生的许多意味深长的转折性事件，如"土地改革""上山下乡""改革开放"等，也进入社会记忆研究的视野。

王汉生和刘亚秋（2006）对知青群体的集体记忆建构进行了研究。王汉生和刘亚秋以康纳顿的社会记忆传承理论为框架，研究了作为刻写实践的知青文学和作为身体操演的知青聚会两种建构形式，表明知识青年"上山下乡"集体记忆的分层、分化及其与"现在"的复杂纠葛。陈旭清（2005）基于口述史的研究方法，对抗日战争期间山西抗战的集体记忆进行研究。研究发现，老人们把亲身经历的苦难上升为民族的苦难，认为自己是受害者同时也是抵抗者，建构了"苦也高兴"的历史文化记忆。同时作者也发现个人的记忆受到集体意识的影响。周海燕（2013）在《记忆的政治》中考察了大生产运动中以"南泥湾精神"作为政治工具动员民众，及在记忆建构中与权力的操纵、规训的关系。

文学影视作品也是记忆的重要承载媒介。印芝虹（2011）以柏林墙题材的诗文分析，认为意识形态以及读者接受等因素影响了受众对于柏林墙的记忆，文学文本作为集体记忆的高度凝结，影响着集体记忆的重构与接受。秦志希（2004）基于集体记忆的理论，探讨作为记忆媒介的电视历史剧是怎样叙述和建构我们对于历史的记忆的，认为当下的历史剧是以当下意识来建构集体记忆的。张志安和甘晨（2014）采用比较研究的视角，分析了10年间中国新闻界不同媒体建构对孙志刚事件的集体记忆，反映了由于体制、定位和价值等因素差异，新闻界难以达成共同的集体记忆。

另外也有研究者看到了城市公共空间、节日和礼仪对于集体记忆建构的社会价值。在对仪式和公共空间的系列研究中，可以发现周期性的呈现是集体记忆传承的核心要素，如曾丽红、张丽娜（2020），周珂、顾晶（2018），赵将、翟光勇（2017），王宪昭（2017），周玮、黄震方（2016）。

抗日战争、南京大屠杀等事件是集体记忆研究的两大集中而重要的主题。周静（2017）以抗战胜利纪念日为例，对《人民日报》如何进行抗日战争集体记忆的媒介建构进行分析，从新闻报道框架的角度揭示《人民日报》是如何建构与影响人们对抗战的集体记忆的。

陈莉莉（2019）对《人民日报》"逢十"周年纪念日（抗日战争的纪念报道）进行分析，描述了从抗战到在苦难中奋起抗争再到英雄精神等话语的变化过程，分析《人民日报》对于抗日战争集体记忆建构的变化与增强民族认同、提升国家凝聚力的关系。黄月琴、王文岳（2016）指出，媒介建构的抗日战争记忆中，"创伤"记忆淹没了"抵抗"记忆，这种集体记忆的偏向导致难以形成凝聚性的记忆认同。王玉珏（2016）以纪念抗日战争胜利 70 周年阅兵仪式为例，阐述了仪式传播对于集体记忆建构的路径；麻月婷（2016）同样以抗战胜利 70 周年纪念为例，将研究重点聚焦于网络媒介的抗战集体记忆建构。

袁慧（2014）以 1950 年到 2010 年间《人民日报》抗日战争纪念日报道为例，发现其记忆建构一方面跟随政治步调，"选择性纪念"造成受众的"选择性记忆"；另一方面仍能够超越国家意识形态，注重挖掘个人记忆。全珺宇（2016）从影像叙事、人物形象、视听语言等几个角度对以抗战为题材的影片如何呈现民族记忆进行了阐述。刘珣（2017）研究了不同于官方对于抗战记忆的"创伤记忆""胜利记忆"，认为新媒体建构的记忆用娱乐化的方式冲淡了"创伤记忆"，体现了民间记忆与官方记忆的冲突。洪治纲（2012）以《南京大屠杀》《金陵十三钗》《南京安魂曲》为例，对这三部作品如何从叙事、史料、立足点等不同角度重构对南京大屠杀的集体记忆进行分析。

李红涛与黄顺铭（2014）从文化创伤与集体记忆角度出发，运用内容分析方法，对《人民日报》（1949—2012）关于南京大屠杀这一历史事件的媒介记忆进行研究。主要研究了《人民日报》是如何纪念南京大屠杀和其呈现的一种"纪念化"的报道趋势，且呈现了"耻化"的主题倾向。李红涛、黄顺铭（2017）进一步探究国家权力、不同的媒介场景与记忆社群如何影响南京大屠杀记忆形塑的过程。季静（2019）以南京大屠杀相关纪录片为例，指出在过去"受难"的记忆建构中，通过创伤投射和情感共鸣来建构当下关于南京大屠杀的记忆，力图达到民族记忆与世界记忆的平衡。黄月琴（2019）对南京大屠杀被建构为文化创伤并被重塑为耻化记忆，探讨如何超越创伤，超越民族、国家认同的单一框架，从而追求具有普适性的记忆正义。

赵静蓉（2019）指出南京大屠杀事件从具有故事元素的历史事件到被符号化、抽象化的叙事话语过程，使之从历史变为记忆，而南京大屠杀的创伤记忆在空间化和现实化的过程中实现了从个体记忆和地方记忆转变为集体记忆和世界记忆。陈虹虹（2018）以纪实影像为文本，运用"记忆穿插说"研究媒介如何生产南京大屠杀的历史记忆，具体分析不同的媒介"劳动分工"对于南京大屠杀的记忆建构实践。陈晓红（2008）以南京大屠杀的影片为例，分析影像生产与集体记忆的关系，分析了意识形态、权力及文化消费主义对民族记忆的重塑的影响。李昕（2017）认为南京大屠杀的耻化记忆建构影响了受众对南京大屠杀的认同，造成大屠杀记忆的认同危机。

檀秋文（2016）从集体记忆理论角度考察南京大屠杀影片建构的国族记忆和国际记忆。杨扬（2007）论述了"12·13"南京大屠杀遇难同胞纪念仪式对于重塑南京大屠杀记忆的作用。程铂舜（2012）研究了惯习、权力等是如何规训关于南京大屠杀的集体记忆的。王山峰（2015）论述了仪式对于南京大屠杀记忆的唤起、更新、巩固等作用。李娟（2013）以四部南京大屠杀影片为例，分析了影像媒介与集体记忆建构的关系，强调以文化权力规约影响、调整、引导集体记忆并增强民族认同。刘珂（2018）从记忆主题、记忆建构者等方面对比《新华日报》《扬子晚报》关于南京大屠杀的纪念性报道，发现《新华日报》更为关注国际影响和爱国主义教育；而《扬子晚报》则更为关注受害者身份和大屠杀证据，"抵抗"与"创伤"记忆之间存在不平衡性。

3.媒介与集体记忆理论研究

媒介与集体记忆的关系是集体记忆研究中的一大热点，媒介作为集体记忆的承载工具，受到众多研究者的关注，卡罗琳·凯奇（Carolyn Gage，2005）、沃尔克默（Volkmer，2006）、阿斯特莱达·埃尔（Astrid Erll，2011）、阿斯曼（Assmann，1999）都分析了媒介与集体记忆、文化记忆、社会记忆之间储存、传递、延展中的互动关系，认为媒介连接了个人记忆和集体记忆，媒介在凸显或遮蔽记忆方面扮演重要作用。

陈振华（2016）提出集体记忆研究的传播学转向，即转向新闻媒介作为形塑集体记忆的重要介质，注重媒介如何利用历史和叙事方式形塑集体记忆。周璇（2019）借用了齐格蒙特·鲍曼的"立法者与阐释者"概念，强调媒介在集体记忆建构中的重要作用，认为媒介既为个体记忆划定了边界，又提供了个体记忆阐释的资源。胡百精（2014）阐述了互联网作为集体记忆书写和阐释的新媒介所带来的新特征：祛魅、断裂、窄化、公共舆论主导、常人社会消费和部落化等。他认为这些新特征一方面造成了集体记忆对于认同与合法性的危机；另一方面也存在着再造社会认同和共同体意识的潜能。

李红涛（2013）从新闻媒介在纪念性报道、聚像的运用等媒介记忆实践中如何影响集体认同及文化权威等方面，在理论上检视新闻媒介与集体记忆之间的关联。周海燕（2014）综述了目前学术界关于媒介在集体记忆传播中是断裂还是延续，是再现、凸显还是遗忘等功能的争论，并介绍了当前学术界关于媒介与集体记忆研究的几个热点问题，如记忆与认同、新媒体与集体记忆的关系等。李红涛、黄顺铭（2015）认为新闻生产即集体记忆的建构实践，在此前提下，他们关注新闻媒体如何在与社会、政治、文化、技术等互动中塑造集体记忆。

4. 新闻媒介与汶川地震集体记忆相关研究

除了对新闻媒介与集体记忆建构的关系进行学理上的探讨之外，近几年，学术界涌现了大量运用具体案例进行阐释的研究。尤其是汶川地震十周年前后，汶川地震作为研究案例一时成为热潮，特别是数篇硕士学位论文，对于不同的新闻媒介如何进行汶川地震的报道，建构了怎样的关于汶川地震的集体记忆，进行了各有侧重点的研究。

关于《人民日报》如何建构汶川地震集体记忆的，宋磊英（2018）以《人民日报》对汶川地震报道的不同议题进行文本分析国家意志在建构集体记忆中的作用。温燕萍（2019）以《人民日报》为样本，认为在建构策略上，《人民日报》主要以防灾减灾日来勾连关于汶川地震的记忆，依托纪念符号来增强对于汶川地震的记忆，运用今昔对比和纪念仪式来重构和维系记忆，增加凝聚力和促进国家认同。纪晓君（2019）以人民网作为研究对象，认为人民网再现和重塑的人物记忆、灾区记忆以及社会记忆受到时间、意识形态和不同的媒介技术的影响。

郭依琳（2019）对《人民日报》汶川地震周年纪念日的报道为例，思考了《人民日报》汶川地震集体记忆的建构策略的背后深意，将《人民日报》汶川地震周年纪念日报道作为"新闻仪式"，认为这种周期性的仪式在对集体受难记忆进行唤醒的同时突出政府的形象，强调社会主义在救灾和灾后重建中的优越性，主要目的是凝聚族群、增强社会认同、彰显大国形象。马湉湉（2019）认为汶川地震在《人民日报》中被表征为文化创伤，并通过特定仪式和空间生成意义，强化心理认同。

有的研究者将不同的媒体进行对比研究。徐沛（2019）以《四川日报》《人民日报》相关报道为例，从纪念性报道主题、建构策略方面进行对比分析。发现《四川日报》作为地方性媒体，相比于《人民日报》在建构策略上较为具体，但两者都突出党和政府在记忆建构中的核心位置和领导者角色。沈曼怡（2019）对比《中国青年报》、澎湃新闻网、《华西都市报》三家不同定位和价值观的媒介重塑的汶川地震记忆，认为尽管不同的媒介有不同的诉求与情境，但从整体上来看，三家媒体生产的记忆都是以纪念之名，以当下价值观引导和重塑关于汶川地震的集体记忆。

樊婷（2019）以澎湃新闻网、南方网、《华西都市报》、《成都商报》为例，重点探究不同的媒体对集体记忆构建的不同框架，强调不同媒介对汶川地震记忆构建的现实功能，如增强民族身份认同、引导主流价值观等。汪晶（2019）以人民网及其官方微博微信平台为研究对象，探讨各平台的互动形成官方记忆和民间记忆的内容互补、记忆方式呼应、情感共鸣的效果。李铭煜和黄军（2019）发现地方媒体与中央媒体的相关纪念性报道形成了高度契合的关系，都呈现由当初的灾难创伤性叙事转变为灾后发展的叙事中。徐开彬和徐仁翠（2018）认为四川地方媒体在建构地方认同、国家认同的记忆共同体中起到了关键作用。

曾珠（2019）选取《人民日报》《四川日报》《华西都市报》的相关报道，认为这三家媒体对于汶川地震十周年的记忆建构在把受众带入对于灾难记忆的同时，又能够引导受众展望未来，建构了积极正面的集体记忆。严娇（2019）对比知乎和《人民日报》的记忆建构类型与特征，认为《人民日报》呈现淡化灾难、凸显"国家力量"的特征；知乎则凸显伤痛、彰显个人记忆。楚月（2017）以2009—2016年《人民日报》《华西都市报》纪念报道为样本，以实证研究方法，从报道的数量、主题等角度对媒体如何建构集体记忆及对民众的影响进行了研究。姚红芮（2017）采用实证研究的方法对报纸媒体建构汶川地震记忆的策略与作用进行了论证。

还有研究者以新媒体为研究对象。王漫和董立林（2018）研究汶川地震10年来新媒体如何书写这一灾难的集体记忆。李隆环（2019）以新媒体对于汶川地震的记忆建构为研究对象，发现新媒体在塑造伤痛记忆和重生记忆方面发挥了重要作用。聂思宇（2017）研究知乎社区的问答协作中建构的汶川地震集体记忆，问答双方在记忆之场、记忆内容及受难者、救援者等记忆主体"再现"和"表征"地震创伤的过程中增强了彼此情感，加强了身份认同和民族共同体意识。

这些研究者比较注重集体记忆的社会功能与作用，多以实证分析的方法论证媒介的报道如何建构汶川地震的集体记忆，大多从媒体的报道量、媒体报道版面篇幅、报道版位、体裁形式、报道视角、报道主题、建构策略进行分析，关注汶川地震的集体记忆在不同媒介上的呈现，强调媒介在集体记忆建构中的认同作用和功能。

从目前的研究成果来看，研究大多停留于一般性的描述、归纳，理论支撑不够，缺少对集体记忆是如何被建构的即通过什么样的修辞策略被建构的，而且忽视了集体记忆的连贯性研究，如集体记忆如何保存与传承的研究较少。仅有少量的研究者（金玉洁，2017）基于汶川映秀的田野调查，探讨汶川地震的集体记忆如何塑造及传递，在记忆传递过程中，个人记忆与集体记忆如何相互交织、相互影响的。王晓葵（2016）从民俗学的角度对比海原地震和唐山地震的灾害记忆传承方式与权力在建构集体记忆中的作用及其背后的文化逻辑。这也从侧面佐证了媒介形塑集体记忆是一个权衡、选择的过程。

5. 文学与汶川地震集体记忆相关研究

汶川地震作为重大灾难事件，灾后文学的书写也成为传递集体记忆和个人记忆的载体。目前虽有研究者将视野投向汶川诗歌作品的研究，但是对于汶川文学作品的研究多集中于作为灾难题材的灾害叙事、文学批评的角度，强调地震诗歌的社会救赎作用。不少研究者肯定了大量汶川地震文学作品的社会作用，更多文学研究者对地震文学写作和灾难文学的不足进行了批评。

范藻（2010）对汶川地震以来灾难文学滞后、单一、清浅、浮躁、感性的情况表示忧虑。支宇（2009）指出灾难写作存在繁复的单声部、浅显的即时性、意义空间的局促与空乏等危机，建议借用西方后形而上学思想来拓展灾难文学的思想空间。李存（2009）认为地震文学应书写生命意识、生存意识。王志愿（2015）认为地震文学应进行人性书写与哲学反思。董琼（2019）指出地震文学存在多记录少反思、多纪实少想象、多感性少哲思以及艺术表现单一等问题。

部分研究者将汶川地震文学作品作为表征记忆和反思记忆的产物和媒介进行研究，如李祖德（2008）认为汶川地震诗歌表现的共同的民族情感、经验和精神，强化、凸显了国家、民族和人民的身份认同，是对民族苦难记忆的"历史化"书写。陈烨（2016）认为，汶川地震诗歌成为人们"心灵地震"的最佳"救援"力量，重现了诗歌的社会救赎功能。但是更多的研究者认为，汶川地震诗歌在建构灾难记忆和创伤记忆方面存在明显不足。

陈颖（2014）认为，汶川地震题材的书写由于写作视域的固化，仅停留于记录和情感宣泄上，难以超越灾难本身，融入人类灾难记忆。冯源（2010）批评汶川地震文学书写滞留于亲历性和真实性层面，对灾难意识挖掘不够，难以将灾难记忆上升为史诗般的民族记忆。龚小妹（2014）强调汶川地震文学应当肩负的社会责任、对生命的尊重、精神创伤的呈现、复杂人性的挖掘、对民族文化的思考，等等。谢有顺（2008）认为汶川地震诗歌呈现的灾难记忆仅仅流于灾难事件本身，是一个个灾难事实的叠加，难以抵达心灵的深处，必须将之凝结为创伤，转化为民族创伤记忆。彭银秀、张堂会（2018）则从更为宽泛的灾难文学角度，认为灾害文学书写要从个体苦难迈向集体苦难，建构灾害的文化创伤，把灾害记忆转化成文化记忆，承担起应有的生态伦理责任。

总的来说，从文学与记忆的角度，对于汶川特大地震这样的重大灾难事件的研究，缺乏将之转换为国家和民族创伤的文化创伤记忆研究。正如张堂会指出的，我们不应仅仅停留于对灾害事件的记录、展览与表象书写，而是应该侧重表现灾害事件中人的精神影像和内心世界，建构灾害的文化创伤与文化记忆。

6. 纪念仪式与汶川地震集体记忆研究

纪念仪式使得集体记忆得以延续，刘文军（2017）将媒介仪式作为记忆传递的介质，研究汶川地震报道中媒介仪式的"象征"和"情感"在社会整合和记忆传递过程中的润滑剂和黏合剂作用。李春霞（2008）认为汶川地震中媒介的报道使这一事件成为典型的"媒介仪式"，其召唤作用极大地强化了国家与国人的认同感。邢彦辉（2013）以北京奥运会、央视春晚、国庆60周年庆典为案例，研究电视仪式传播与国家认同之间的关系，以"记忆""符号"所对应的历史维度与文化维度来分析电视仪式传播实现建构国家认同的路径。

周嘉旎（2011）认为5·19全国哀悼日的仪式象征有助于增强组织（国家）的效能，增强组织成员的归属感和对于国家的依附感，同时警示没有民众情感有效参与的程式化仪式难以达到情感升腾的作用。姜燕琴（2009）从心理学的角度论述了5·19全国哀悼日仪式的意义，如尽情表达哀伤与痛苦、满足爱和被尊重的需要、建立与外界新关系、满足相互联系的需求。贾晓明（2010）从心理学的角度阐述灾难事件后丧葬仪式对人的心理修复功能，如情感的有效表达、神经系统的改变、认知的改变、提供完整的哀伤过程等。

荆云波（2009）以民族志的方式，采访、追叙了5·19全国哀悼日期间国家、地方、民众的表现，认为哀悼仪式体现了国家的在场和民众的认同，而且很好地实现了双方的互动与交融。周星（2017）从民俗学的角度，对比唐山、汶川、玉树地震后对待"亡灵"祭祀和超度的变化，认为对待"亡灵"的象征性仪式，从一个侧面反映了中国社会及文化的变迁。

以上研究大多集中于仪式传播对于想象的共同体的作用，对于社会认同和国家认同的力量及其功能阐释，部分研究涉及仪式对于心理和情感的修复功能等，较少有研究者关注仪式背后集体记忆的生产与再生产机制和意识形态和意义建构的关系。只有范可（2011）指出，灾难的仪式化建构是政治、权力和各种势力为其权力合法性、进行社会动员的手段，而意识形态与传媒的合谋，对灾难的记忆方向、内容及功能产生直接的影响。

7. 纪念性场所与汶川地震集体记忆相关研究

汶川地震后相关纪念性场所、建筑、空间与集体记忆建构的研究相对较少，杜辉（2016）将北川县城遗址博物馆看作兼具废墟、遗址、纪念地、博物馆和墓地等多维特征的"异托邦的空间"。在差异空间内表现出死与生、铭记与忘却、集体与个体、神圣与亵渎之间对立、抵消且彼此依存的关系。通过视觉化与物质化勾勒出北川可见与可感知的现实和象征性文化景观。

徐新建（2010）从中国传统文化中面对灾难时体现的"粉饰太平"和"忧患人生"两种人生观和对立路线，考察和对比了汶川地震后博物馆和遗址等场所，探讨"多难兴邦"和"居安思危"的文化记忆如何在中国的历史传承中成为可能。钱莉莉和张捷（2018）通过问卷调查、认知地图、GIS空间分析，对比北川老县城遗址官方记忆空间与居民集体"认知—情感"空间和行为空间的差异及互动影响机制，认为居民对于北川老县城的记忆夹杂着日常记忆、创伤记忆及怀旧情感和认同等复杂的集体记忆。马萍和潘守永（2017）从创伤博物馆的角度及具体展示策略进行研究，认为创伤博物馆可以通过营造"真实在场感"的展示策略来再现创伤记忆，并提出集中展示、场景复原、受难者视角的故事叙事等具体展示策略。

上述研究大多关注了纪念性场馆、空间作为象征性符号所具有的塑造集体记忆的属性。有些研究者还注意到了汶川地震后的展馆等场所与民族文化的关系、与政治认同的关系，关注到纪念性场馆作为一种有效的社会共享表征的功能。

简言之，目前关于汶川地震集体记忆的研究存在以下偏向：首先，在研究方法上，重视功能主义视角，重视媒介对集体记忆的社会功能和作用，忽略建构主义视角。而哈布瓦赫强调集体记忆的建构性，正是强调集体记忆建构过程中的可塑性、功能性和目的性。

其次，重视大众传播媒介对于汶川地震集体记忆建构的研究。汶川地震发生后，大量涌现的影视作品、诗歌、小说以及纪念性场所和纪念活动、仪式等，作为建构、保存集体记忆的重要媒介和载体却很少引起研究者的关注。

最后，侧重实证研究忽略理论建构。偏于单点透视缺乏全景视角。目前对于汶川地震集体记忆的研究倾向于从大众传播媒介的报道数量、篇幅、内容等方面进行实证研究，较少从学理上进行分析论证，而且大多采用单点透视的方法，即只聚焦于保存集体记忆的单一媒介，缺乏全景视角，缺乏贯通多种媒介并以修辞策略将之勾连起来的视角。

忽视"谁在建构记忆""记忆什么""如何记忆"等背后的集体记忆生产机制和修辞过程，尽管关于汶川地震集体记忆的相关研究不少，但较少关于集体记忆和修辞之间联系的研究。目前的研究大都继承了埃米尔·涂尔干（Emile Durkheim）的理论，将集体记忆作为实现社会认同、团结和身份认同的途径，而不是作为社会、文化或各种媒介修辞干预的领域。因此，积极参与到对各种媒介的不同修辞形式与集体记忆或社会记忆之间的联系中，这就是本书的主要目标。

这样，就有必要考虑超越涂尔干的必要性。也就是说，超越对维持和再现群体中的社会认同的过程和机制的描述。重要的是要强调不同媒介、修辞、隐喻、符号表征与集体记忆建构之间的关系，强调我们对历史事件的记忆不仅是一种由主导群体和阶层的利益所重构的记忆，也是与修辞、符号的联系所形成的记忆。因此，有必要涉及迄今为止尚未被仔细审视的集体记忆的媒介修辞维度。

鉴于此，本书将采用泛媒介的概念，不仅涵盖报纸、电视等大众传播媒介，还将前人所忽视的汶川地震诗歌等文学作品、纪念仪式、纪念场馆等纳入研究范畴。聚焦不同的媒介、文本、场所，以修辞为主线，串联起各种不同的媒介书写与表达，全面揭示各种修辞方式、象征表征是如何重构关于汶川地震的集体记忆的，尝试构建更为全面的研究图景。

四、拟解决的核心问题

本书拟解决的关键问题如下。

第一，不同的大众传播媒介和文学作品尤其是汶川地震诗歌是如何修辞性重构并唤起人们对汶川特大地震的集体记忆的？

第二，纪念仪式、纪念馆、纪念碑、废墟遗址等场所是如何修辞性地保存和传承人们对汶川特大地震的记忆的？

第三，汶川特大地震灾难事件的集体记忆建构中有哪些可以反复使用的象征隐喻、仪式传达民族和国家灾难和崇高的形象，并上升为国家的文化记忆形成国家认同？

第四，官方建构的汶川地震记忆与个人记忆如何互动协商，效果如何？

五、研究思路与框架

除绪论和总结外，本书总共分为六个部分，主要内容如下。

第一章集体记忆相关理论与概念。本章重点论述集体记忆与历史、媒介及修辞的关系。首先介绍集体记忆研究的兴起过程及其概念界定，对集体记忆与历史的异同进行比较。接着提出集体记忆是被社会建构的，是被各种意识形态、政治权力和社会目的等修辞框架所框定的，引入集体记忆与修辞的关系。最后，指出媒介与集体记忆的建构与保存密不可分，媒介不仅仅指大众传播媒介，还包括文学影视作品、博物馆纪念碑等纪念场所，也包括纪念仪式等身体媒介。

第二章大众传媒与汶川地震的集体记忆。本章主要采用实证研究的方法，运用内容分析法，选取一个纵切面和一个横断面，即 2008 年汶川地震发生 10 年来《人民日报》的报道和 2018 年汶川地震十周年全国各主要媒介的报道，探究不同媒介各自建构了怎样不同的记忆？不同媒介建构的记忆之间具有怎样的互动关系？通过定量分析和内容分析，本章发现《人民日报》作为官方媒体建构了"救灾—感恩"的集体记忆都市类媒体和知乎平台则建构了个人创伤记忆，部分个人创伤记忆自觉地与国家和政府塑造的集体记忆内容达成某种共识，体现了集体记忆与个人记忆的共谋关系。部分个人记忆则形成对集体记忆的补充性、对立性。

第三章文学影视书写的汶川地震记忆。文学作品作为记忆的载体，体现了作者对记忆的重构。本章以文学影视作品中的汶川地震书写为例，分析不同的作品是如何重构关于汶川地震不同的集体记忆的。首先，文学和影视作品在建构汶川地震灾难的创伤性记忆时，以纪念碑式修辞模式将灾难记忆转换为纪念碑性的记忆并进而上升为国家认同和国家想象，成为文学作品搭建的纪念碑。接着以汶川地震诗歌为例，分析个体的创伤如何被转喻成集体与国家的创伤，分析地震文学作品如何在国家、人民的修辞框架下建构关于地震的集体记忆从而获得身份的认同。最后分析地震文学作品蕴含的"凝聚性结构"如何将灾难记忆从灾难、创伤升华到崇高。

第四章场所与汶川地震记忆，探索各种纪念性场所建构的汶川地震，集体记忆。场所是集体记忆的容器，场所包括纪念馆、纪念碑、博物馆、废墟等。本章分别以唐山抗震纪念碑、汶川地震纪念馆等国家机构建立的场馆与唐山地震哭墙、建川博物馆等民间场所建构的集体记忆进行比较，阐述两种不同的修辞框架下建构的不同的集体记忆。本章将更具体侧重于对作为培育象征国家身份和想象中的民族国家的象征性空间进行分析，从纪念性场馆、地震遗址、馆藏物品等表现国家叙事、象征性场所的表征及神圣化呈现等修辞手段来考察审视如何培育汶川地震的集体记忆和社会凝聚力。

第五章集体记忆的仪式操演。集体记忆需要在仪式操演中传递与维持，通过仪式融入身体，从而形成"社会习惯记忆"，能够在群体中形成强大的凝聚力。仪式实践与不同的象征性力量相联系，建构的集体记忆也不同。本章采用对比的方法，分析唐山地震遗属以"烧纸"的民间方式祭奠亡故亲人的仪式与此后由政府部门主导的公共纪念仪式，探讨由此呈现的关于唐山地震的民间记忆与国家记忆的疏离。汶川地震后，在每年的 5 月 19 日至 5 月 21 日，举行全国哀悼日、汶川地震周年纪念以及各种民间祭奠等活动，国家主导的纪念仪式同时兼顾了民间情感与民众身份认同，从而实现了对汶川地震灾难记忆的国家在场和民众认同的良性互动与协商。

第六章交互与互补——多媒介的协奏，指出不同的媒介之间不是割裂的、离散的，集体记忆的建构是一个媒介化的动态性过程。汶川地震的集体记忆建构经历了新闻媒介、诗歌、小说等文本媒介的身份建构后，创伤的记忆在纪念碑、博物馆、废墟遗址和文物收藏中被物化书写，新的集体身份和记忆根植于这些纪念性场所中，将个人从事件的创伤性休克转移到创伤后的纪念空间，并在仪式惯例中形成。

不同媒介作为集体记忆动态转换组成部分的兴起、衰落和边缘化，这种对记忆动态性的转向，要求我们对为什么某些集体记忆被有意地凸显，或者为什么有些被边缘化的记忆在公共领域中被彰显的因素有新的认识。集体记忆的动态化使我们在思考集体记忆的修辞性建构中不仅考虑政治、经济、文化、意识形态等社会因素和框架的作用和影响，而且考虑记忆建构的"媒介框架"和记忆进入公共领域中的媒介的议程设定的作用。虽然我们的记忆永远无法还原真实的历史，永远会有各种因素影响历史的记忆建构，但我们可以透过媒介再生产记忆的过程了解集体记忆的修辞过程。

六、研究方法

第一，文本细读法。通过对于汶川地震相关诗歌、小说等文本的细读，分析这些文本如何运用隐喻，将个人在苦难中顽强求生与多难兴邦的隐喻相对应，如何通过主动性、转化性、建构性的遗忘，将汶川地震的创伤记忆最终嬗变为中国人民族身份的一部分，上升到文化记忆的层面，构成了阿斯曼所谓的文化记忆建构的基础即"凝聚性结构"，并由此产生对国家的认同。

第二，个案分析法。通过对某些个案如"哭墙"的纷争、建川博物馆等具体分析不同修辞框架如何建构人们对重大灾难事件的不同记忆。

第三，内容分析法。通过《人民日报》、知乎问答平台等对汶川特大地震周年纪念活动等报道，运用内容分析法，分析不同媒介、修辞框架如何建构对于灾难事件不同的集体记忆。

第四，对比分析法。对比分析唐山地震、汶川地震后官方与民间举办的各种纪念仪式，探讨不同的纪念仪式导致官方建构的记忆与民间记忆的互动关系及效果。

七、选题的创新性

第一，视角新颖。从修辞的角度研究对于汶川地震这一重大灾难事件的集体记忆建构，揭示修辞、符号表征机制和功能对于集体记忆建构的影响，揭示集体记忆建构性过程和特征。

第二，对比分析，之前的研究侧重于报纸、电视等大众传播媒介报道形式，以及对于重大灾难事件集体记忆建构的作用，而且基本上是微观研究，仅以单一灾难事件、单一媒介作为文本。本书突破狭义的媒介概念，将文学、传媒、纪念场所和纪念仪式等对于集体记忆的建构囊括在内，以修辞为主线，将汶川地震集体记忆的书写媒介勾连起来，揭示不同媒介如何在内在互联互动中实现对于汶川地震的集体记忆建构。

第一章　集体记忆相关理论与概念

第一节　集体记忆研究的兴起

一、记忆研究溯源

对记忆的研究，最早可以追溯到古希腊。古希腊诗人西摩尼德斯，讲述了其凭记忆描述宴会座席的传奇故事。柏拉图将记忆比作蜡版，为可靠的回忆提供必要前提，并且认为学习就是回忆理念世界里的原型。亚里士多德也探讨了记忆和回忆之间的联系，提出"回忆的过程蕴含了记忆，并且记忆伴随着回忆"[①]。

从学科上追溯当代记忆研究的发源，我们发现最早进行记忆研究的是心理学。正是心理学的快速发展，人们对记忆有了更为深入的了解。心理学家认为，记忆行为是一种心理学过程或认知手段，帮助人们从过去获取信息。记忆被认为是以个人的、鲜活的形式再现事件和留存信息，就像它们曾经发生过的那样，或者以某种可以解释的行为再现。从弗洛伊德到普鲁斯特都提到记忆的唤起力量，记忆将现实与过去连接起来，成为过去与现在的"黏合

[①]　时晓. 当代德国记忆理论流变［J］. 上海理工大学学报，2016（2）：154–158.

剂"。大多数观点认为，随着距离和时间的流逝，记忆的焦点将会越来越远而褪色，记忆的可靠性也会逐渐减弱。

到 20 世纪 20—30 年代初，仅仅把记忆当作现在和过去信息的连接工具已经不能充分解释记忆这个观念。哈布瓦赫的老师亨利·柏格森（Henri Bergson）认为记忆使时间变得相对，它充当过去和现在之间的交会点，唤起过去所有与现在类似的感觉，因此，记忆是"把过去延长到现在"①。

法国社会学家莫里斯·哈布瓦赫被学术界公认为是"集体记忆"这一术语的鼻祖。哈布瓦赫生于 1877 年，毕业于巴黎高等师范学院，拥有哲学学位，并拥有法律和艺术博士学位。他受到亨利·柏格森和埃米尔·涂尔干的影响。哈布瓦赫在 1925 年出版的《记忆的社会框架》（*The Frameworks of Memory*）、1942 年出版的《福音书中圣地的传奇地形学》（*The Legendary Topography of the Gospels*）和 1950 年出版的《论集体记忆》（*On Collective Memory*）中阐述了集体记忆这一理论。

学术界普遍将哈布瓦赫视为集体记忆理论的肇始者，但哈布瓦赫的集体记忆理论实际上传承于他的老师涂尔干。

埃米尔·涂尔干在 1912 年出版的《宗教生活的基本形式》（*The Elementary Forms of Religious Life*）一书中就纪念仪式与宗教信仰的关系进行了深入研究，并对"社会"（society）这一概念进行了强调。"集体意识"是涂尔干（Durkheim，1895）在定义"社会事实"（社会学的主题）时使用的一个术语，指的是集体知识、态度、价值观和行为在社会中的出现，主要是一种外显记忆系统。涂尔干认为，在现代社会，分散的彼此疏远的个体正是由"集体意识"将他们统一为一个运转的整体。现代人正是依靠着"集体意识"

---

① ZELIZER B. Reading the Past Against the Grain：The Shape of Memory Studies［J］.*Critical Studies in Mass Communication*，1995（6）：214–239.

的强烈认同感将自己与其他社会群体区分开来。

受到老师的影响，1925 年哈布瓦赫发表了他的开创性著作《记忆的社会框架》。哈布瓦赫用"群体"一词来替代涂尔干的大写的"社会"一词，并将集体记忆描述为复数，这表明群体间的共享记忆是社会分化的有效标志。哈布瓦赫将涂尔干的"集体意识"扩展为一种关于集体如何将他们的过去与现在结合的理论。他认为，社会凝聚力的基础是记忆，而且，它是一种不固定的记忆，每一代人都按照自己的视角重新解读。哈布瓦赫将这一观点扩展到一种他称为"社会框架"的集体记忆形式：它塑造了个人记忆，就像个人重新诠释集体记忆一样。因此，哈布瓦赫认为，个人记忆和集体记忆是不可分割地交织在一起的。

哈布瓦赫是第一个发展更全面的集体记忆理论的人，他对集体记忆理论最大的贡献是，将我们对记忆的理解从生物学框架、个体框架转为文化框架和社会框架。或许更准确地说，哈尔瓦赫将记忆转移到了社会关系领域。

弗雷德里克·巴特利特于 1932 年发表的经典著作《回忆》（*Remember*）也认为，记忆是一种建构性的活动，是通过共同的理解框架对过去的陈述。他通过一系列心理学实验来探索改变记忆的条件，并且得出结论：没有某种社会框架，记忆是无法进行的。记忆的理解及研究开始脱离生物的框架和心理学的范畴，融入社会学和文化的视角。

二、记忆研究热潮涌现

自哈布瓦赫提出"集体记忆"这一概念以后的几十年时间里，集体记忆这一概念并没引人关注，哈布瓦赫的研究也一直被束之高阁。从 1945 年也就是他去世的那一年，一直到 20 世纪 80 年代初，美国社会学家甚至没有对他的研究给予些许的关注。当时唯一一位致力于集体记忆研究的美国人劳埃德·华纳（Lloyd Warner）在 1959 年出版的《活着的和死去的人》（*The Living and the Dead*），是一本有关集体表征与符号关系的著作，全书由"政治与符号使用""历史符号""世俗与神圣的符号""神圣的符号系统""符号研究的理论与方法"五部分组成。书中提及涂尔干、弗洛伊德等人，但是没有提及哈布瓦赫。

但是 1980 年以后，哈布瓦赫的作品被多次引用，并逐渐开始得到认可，学界兴起了一股"记忆研究"热潮。在这一思潮中，学者们越来越多地把记忆看作一种社会活动。记忆不仅仅是在自己的大脑中完成的，还是通过在与他人的共同意识中完成的。集体记忆开始受到多个学科的广泛关注。集体记忆研究经历了一个短暂而激烈的快速发展和渗透时期，现在对记忆的研究已远远溢出心理学的学科范畴，涉及文化研究、哲学、社会学、文学研究、新闻传播学、政治学、建筑学、人类学、历史学、博物馆学等多个学科。

目前，记忆研究正在尝试研究如何在科学和人文学科的各种记忆之间建立对话。随着社会科学的不断发展，影响了记忆研究的跨学科性质，对集体记忆的研究实际上抹去了跨学科的界限。这使得记忆的研究成为不同类型的学者可以产生交集的地方，为不同学科的人创建了一个共享领域，所有人都能够使用不同的工具在其中探索。

近年来，人们对文化记忆和集体记忆及其与权力、政治、意识形态、表征和身份认同的关系越来越感兴趣。这些研究包括社会记忆理论和文化记忆理论的内涵与形式，公共记忆与政治、文化、身份认同的关系，以及文化记忆研究中有关历史、记忆和身份问题等相关重点问题。奥利克（Olick）描述了学者突然对集体记忆产生兴趣的原因：他们需要找到一个能够充分涵盖"集体表征"和"政治合法性"的术语，以达到服务于现在的目的，集体记忆一词恰能担此重任。桑格塔认为，集体记忆一词不过是意识形态的别名而已。德国历史学家莱因哈特·科塞莱克（Reinhart Koselleck）也持相同观点。①

在经历了制度、价值观等崩溃及语言学转向之后，意识形态一词已脱离当代话语系统，社会对记忆和身份认同研究日益关注。由于集体记忆被认为是研究过去历史如何塑造当今社会和政治问题的一个恰当的概念，意识形态和神话等术语就变得衰落和过时。在这一波"记忆热潮"中，政治、媒体、各学科学者、博物馆管理者纷纷投身到集体记忆的研究大军之中。

第二节　集体记忆概念界定与拓展延伸

一、集体记忆的界定

集体记忆这个术语缺乏概念上的清晰性和固定性，其内涵和外延都不确定。此处说集体记忆的明确定义很难界定，并不是说集体记忆没有被理论化，而是因为它像氧气一样无处不在。在哈布瓦赫看来，集体记忆可能存在于家庭一代代流传的故事、家庭闲聊的闲话、祖父母在家庭团聚时讲述的"美好旧日"的故事中；也可能存在于我们每天晨祷的仪式中，存在于我们每天必经的某一栋建筑里。就像氧气一样，集体记忆对人类来说是必要的，但它不易被察觉和界定。一方面我们每个人都有自己独特的记忆；另一方面也与我们生活的许多集体分享记忆，包括集体的成就、集体的错误、共同的经历和对历史的解释。

---

① 阿莱达·阿斯曼. 历史与记忆之间的转换［J］. 教佳怡，译. 学术交流，2017（1）：16-25.

自 20 世纪 20 年代哈布瓦赫引入"集体记忆"这个词以来，它已经被用在很多不同的学科领域。根据理论家们的学科分类和专业领域的不同，集体记忆的内涵和外延也往往有所不同，历史学家、社会学家、人类学家、心理学家和文学家对集体记忆的构成都有不同的理解。当来自不同专业背景和领域的不同研究者论及集体记忆时，并不确切地清楚哪些现象被纳入这个标签、哪些没有。总而言之，像集体记忆这样宽泛的跨学科研究似乎永远无法创造出一个通用的定义来满足所有试图宣称拥有这一研究领域所有权的领域。因此关于集体记忆的内涵、外延和确切定义，理论界鲜有共识。

不同的学者对于"集体记忆"有不同的界定。泽利泽认为集体记忆是"由群体决定和塑造的、对过去的回忆"①，集体记忆就是构建、分享和保留公共记忆的过程。艾沃纳·欧文·扎洛克（Iwona Irwin-Zarecka）认为，集体记忆是"一组关于过去的想法、图像和感受……最好不是位于个人的头脑中，而是位于他们共享的资源中"②。著名历史学家约翰·博德纳（John Bodnar，1992）用"公共记忆"而不是"集体记忆"来解释群体的记忆既不是个人的，也不是集体的，而是在"官方和本土文化表达的交汇"中产生的"对现实解释的争论"。③

彼得·格雷（Peter Gray）和肯德里克·奥利弗（Kendrick Oliver）也认为，将个人记忆和集体记忆完全分离是"不可持续的"。他们对集体记忆的概念有自己的理解，认为集体记忆和个人记忆之间存在着一种相互的关系，"集体记忆的表达必须由个体参与；而个体的记忆则是由其所属群体的记忆实践

---

① ZELIZER B. Reading the Past Against the Grain：The Shape of Memory Studies［J］.*Critical Studies in Mass Communication*，1995（6）：214-239.

② IRWIN-ZARECKA I. *Frames of Remembrance:The Dynamics of Collective Memory*［M］.New Brunswick, N.J.：Transaction Publishers，1994：7.

③ BODNAR J. *Remaking America:Public Memory,Commemoration,and Patriotism in the Twentieth Century*［M］.N.J.：Princeton University Press，1993：16.

以及与该群体其他成员交换记忆内容所构成和影响的"①。

在《从 A 到 Z 的记忆：关键词、概念及其他》(*Memory from A to Z：Keywords，Concepts，and Beyond*) 一书中，亚丁·杜代（Y. Dudai）指出："'集体记忆'一词实际上指三个实体：知识体、属性和过程。"知识体是将集体记忆作为一个静态的知识体系，"集体记忆"的概念，作为由"个体文化"共享的知识体，杜代所指的属性是群体中对于过去独特的整体印象。最后，这个过程是个体和群体之间理解的持续进化。也就是说，个体可以影响和改变群体的集体记忆，群体可以改变个体对作为群体成员和群体过去的理解。②

施瓦茨将集体记忆描述为"历史证据和纪念性象征中所体现的是对过去历史的再现"③。认为集体记忆存在于文化符号和实践中各种"记忆的载体"中，而不是在个人头脑中。在这方面，许多研究人员研究了呈现过去历史的各种媒介如纪念馆、博物馆、大众传媒和体化实践等，以验证某些特定的文化群体的集体记忆。对于许多这类研究人员来说，并不注重研究某些文化中个体的记忆，相反，他们注重研究某些群体的集体记忆。

当研究对象是一种文化而不是个人时，集体记忆可以被认为是在没有经历过某一特定事件的人之间共享的：也就是说，集体记忆是独立于经验的。例如，基尔斯托姆认为，通过集体记忆，人们成为"记忆社区"的成员。在那里，他们开始记住从未亲身经历过的事情，并认同集体过去的历史。④这种

---

① GRAY P，OLIVER K. *The Memory of Catastrophe*［M］. Manchester：Manchester university press，2004：4.

② DUDAI Y. *Memory from A to Z:Keywords，Concepts，and Beyond*［M］. N.Y.：Oxford University Press，2002：55.

③ FRENKEL，SCHWARTZ. The structure of Langevin's Memory Kernel from Lagrangian Dynamics［J］. *Europhysics Letters*，2000（5）：628–634.

④ KIHLSTROM I. Memory，Autobiography，History：Exploring the Boundaries［J］. *Proteus*，2002（2）：45–56.

概念包括对历史事件和历史人物的集体记忆，比如，美国人对亚伯拉罕·林肯的记忆，或者年轻犹太人对大屠杀的集体记忆。基尔斯托姆将这种方法运用得更加深入，他认为对遥远历史事件的集体记忆可能比亲身经历过的事件有着更加纯粹的"集体记忆"，因为没有个体记忆与集体记忆的相互作用。[①]

赫斯特（Hirst）和曼尼尔（Manier）将集体记忆定义为简单的"对过去历史的共享呈现"[②]，认为集体记忆是指一个群体的成员以类似的方式来回忆他们的过去历史。这个定义意味着对特定事件的集体记忆将取代对这些事件的个人记忆。换句话说，集体记忆是指群体中个体的记忆变得相似。赫斯特和他的同事们认为，集体记忆具有动态性，这意味着它不仅仅是个体记忆的集合，它是在群体对话过程中动态构建的，这个群体记忆的产物可能与每个个体单独记忆的产物有很大的不同。

因此，根据赫斯特等人的定义，集体记忆在认知上类似于自传体记忆，但它们的内容被社会过程塑造得更接近于其他个体的记忆。赫斯特等人的研究侧重于小群体中个人经历记忆的对话共享，以及个人记忆的结果。此外，赫斯特等人的定义意味着集体记忆只发生在共享的事件中，因为集体记忆是共享的个体记忆。赫斯特等人的研究集中在记忆群体中所有成员都经历过的事件上，例如，家庭出游度假等。

将"集体记忆"这个概念的以上所有用法统一起来，概括出一个普遍特征是，集体记忆是一种超越个人、由集体共享的记忆。

集体记忆既可以用来指聚合的个人回忆、官方纪念、集体表征以及共同身份等无形构成特征，也可以凝结为一种符号、建筑物和身体实践系统，如

---

① KANSTEINER. Finding Meaning in Memory：A Methodological Critique of Collective Memory Studies [J]．*History and Theory*，2002（5）：179–197.

② HIRST W，MANIER D.Towards a Psychology of Collective Memory [J]．*Memory*，2008（3）：183–200.

周年纪念日、某一场所、纪念碑、纪念馆、博物馆、文献、习俗礼仪、刻板的形象（融入表达方式中），甚至是语言本身。它还存在于梦幻般的回忆、个人见证、口述历史、传统习俗、神话、演讲风格、文学、艺术、流行文化等之中。

二、集体记忆相关概念辨析

自集体记忆研究的"奠基者"哈布瓦赫提出这个概念以来，集体记忆已成为人类学、历史学、心理学和社会学等不同学科的探究主题，而且成为公共舞台和媒体上的热议话题，不再是一个纯学术研究的现象。"集体记忆"这一术语在许多场合被重新概念化，"公共记忆""社会记忆""文化记忆""群体记忆""历史意识"等概念都进入这个领域。然而，集体记忆的整个概念仍然是一个被广泛引用却很少被明确界定的概念。集体记忆的性质和外延因学科和分析的领域不同而不同，不同的概念在不同的学科领域和语境下使用，有其不同的侧重点。有许多重叠的、相互冲突或者不相关的界定，会造成一定的混乱。对此，本书将目前群体记忆、公共记忆和社会记忆概念的区分梳理如下。

（一）群体记忆

詹姆斯·沃茨（James Wertsch）提到了两个群体记忆概念：一个"群体记忆"（memory in the group），是个体在某个社会群体中的记忆；另一个"群体的记忆"（memory of the group），即真正的集体记忆。对沃茨来说，不可能有"群体的"集体记忆（memory of the group），因为集体没有"头脑"，不可能进行记忆。根据沃茨的说法，集体记忆是由集体中的个体共享的，每个个体对集体过去的记忆或多或少是相同的。因为没有集体的"头脑"或"思想"，集体的记忆是分散在集体的各个成员身上的。[①]

群体成员在彼此的互动中或借助于某些共同的媒介进行记忆，社会学家奥利克的看法稍有不同。根据奥利克的说法，一方面，个体的记忆被"聚合"或"集合"了，"集合的记忆"是个体记忆的总和；另一方面，集体记忆是比个人记忆的总和还要多的东西，群体记忆可以是集体的记忆，而不仅仅是集合的记忆[②]。

（二）公共记忆

在关于集体记忆的研究中，公共记忆是出现频率较高的一词，常常与集体记忆混用。那么，什么是公共记忆呢？其"公开"特征——将这样的记忆与任何私下发生的事件进行对比，例如，那些发生在后台或个人家庭中的事件，"公共"意味着是公开的，像汶川特大地震等重大灾难事件和某些重大创伤性公共事件一般会迅速形成一个群体内所有人共享的公共记忆，也就是面向该群体内全体受害者的公共记忆。

爱德华·凯赛（Edward Casey，2004）认为，公共记忆有两个最主要的特点：一是该记忆的内容必须是对广大的公众来说是一种具有震撼性的事件，这些事件影响力深远，会成为人生的转折点；二是必须有一个承载公共记忆的重要的媒介或"辅助性工具"，即一个纪念性的场所，或是一个纪念碑、一个纪念馆等。因为公众正是借助于这样一个纪念性场所，才使得这些具有重大影响的公共事件得到追忆。[③]

---

① Wertsch V J.*Voices of Collective Remembering*［M］.Cambridge：Cambridge University Press，2002：21-22.

② OLICK K J.Collective Memory：The Two Cultures［J］.*Sociological Theory*，1999（3）：333-348.

③ 张俊华.社会记忆研究的发展趋势之探讨［J］.北京大学学报，2014（5）：130-141.

公共记忆在大多数学者的理论中被认为是建构一个共同的身份所拥有的记忆，这一身份为某一特定群体所拥有。它还为个体提供了一种与群体的象征性联系和归属感，就像欧文·扎洛克所说的那样，"锚定自我"。阿斯曼总结了这一观点，声称公共记忆由可反复使用的文本、图像和特定于每个时代和每个社会的仪式组成。这种公共记忆的建构有助于稳定和传达这个群体的自我形象。在过去的大部分时间里并不完全是，每个群体都以这种集体知识和公共记忆为基础，认识到身份的统一性和特殊性。

公众对群体的自我定义和内在身份的公共记忆非常重要，特别是在重大事件发生时。因此一些学者，如迈克尔·卡曼（Michael Kammen）和约翰·博德纳尔，将公共记忆与身份认同、民族认同、国家认同等直接联系起来。

集体记忆可以说是公共记忆的一种消极状态，因为它允许共同记忆而不是共同回忆，并允许那些在彼此不认识的情况下记住同一件事的人大量聚集在一起。

（三）社会记忆

关于"社会记忆"的概念，目前学术界并没有一个明确的定义和界定。社会记忆理论研究有两位重要人物：一位是美国学者保罗·康纳顿，着重研究社会如何传递保存记忆；另一位是德国汉诺威大学教授哈拉尔德·韦尔策（Harald Welzer），他将社会记忆定义为："一个大我群体的全体成员的社会经验的总和。"哈拉尔德·韦尔策是在将彼得·伯克的理论做广义的解释的基础上得出上述观点的。社会记忆包括口头流传实践、常规的历史文献（如回忆录、日记等）、绘制或拍摄图片、集体纪念礼仪仪式以及地理场所和社会空间等内容。这个定义强调了各种媒介的作用，它们可以用于构成过去这种社会

实践：互动、文字记载、图片和空间。它们承载着历史，而且在各自的社会应用中形成着过去。^①

在具体的应用研究中，由于研究者的切入点不同，集体记忆的性质和边界因研究的学科和分析领域而异，提出的记忆定义也有所不同，各有侧重。有的研究者偏好使用"集体记忆"一词，有的研究者偏好使用"社会记忆"一词，有的研究者偏好使用"公共记忆"或"群体记忆"。大多数社会学家、哲学家和历史学家倾向于用非常宽泛的术语来谈论集体记忆。其中"集体"指的是整个国家或文化。这几个概念和术语之间的界线并不明显，存在着许多交叉重叠之处，或者在某种程度上，公共记忆在一定条件下也可能是集体记忆或社会记忆的同义重复。

但事实上，研究者所讨论的都是某一社会群体成员所拥有的记忆与社会建构之间的关系。不论集体记忆、社会记忆还是公共记忆，他们都强调了记忆的社会建构这一本质特征，记忆都是社会重构的产物。本书意在展示上述表示和集体记忆有关的一连串概念界定的困难之处，并无意对上述概念进行明确界定。

三、集体记忆概念的拓展延伸

（一）康纳顿的"习惯—记忆"

保罗·康纳顿在《社会如何记忆》（*How Societies Remember*）一书中，重点研究了一种他称为"习惯—记忆"（Habitual Memory）的社会记忆形

---

① 哈拉尔德·韦尔策.社会记忆：历史、回忆、传承［C］.季斌，王立君，白锡堃，译.北京：北京大学出版社，2007：16.

式。康纳顿并不认同哈布瓦赫的集体记忆是历史重构的论述，认为哈布瓦赫过于强调了集体记忆动态建构的过程，而忽略了"集体记忆"如何保存和重现的问题。因此，康纳顿的研究重点是集体记忆是如何传递和保存的。康纳顿认为是某些传授行为使集体记忆得以传递和保存，他将纪念仪式和身体实践视为传递和保存集体记忆的最主要的传授行为。同时认为，我们对于过去的意象和有关过去的知识的记忆或多或少是在仪式的操演中传递和保存的。

康纳顿具体区分了三种明显不同的记忆形式：第一类称之为个人记忆，指的是那些以个人生活历史为目标的记忆行为，是与个人有关的记忆；第二类称之为认知记忆，涵盖了"记忆"的利用，或诗歌，或笑话，或故事，或城市的布局，或数学方程，或逻辑真理，或未来事实，等等；第三类指我们有再现某种操演的能力，即"习惯—记忆"。关于第三类记忆，康纳顿认为，"我们常常不记得我们是如何、何时、何地获得这些知识的，通常，只有通过操演的行为，我们才能认出它，并向他人展示，我们才真正记住了它"。认为"习惯—记忆"是一种"体化实践"（incorporating practices），是我们的身体在传递信息，理解信息，形成习惯并记忆。①

在仪式的操演中，参与者都被提醒与认知内容有关的东西，也正是通过操演，有关的内容被记住了，社会的惯性和延续性得以保证。特定文化的身体操演需要把认知记忆和习惯记忆结合起来。通过不断操演，社会规范和行为准则往往被认为是理所当然的，以至于被当作习惯来记忆。的确，正是因为操演的东西是操演者习惯的东西，所以群体在共同操演中记住的认知内容是如此有说服力和持久的力量。②

---

① CONNERTON P. *How Societies Remember*［M］. London: Cambridge University Press，1989：21–22.

② CONNERTON P. *How Societies Remember*［M］. London: Cambridge University Press，1989：22.

　　康纳顿的研究拓展了"集体记忆"概念，将之拓展到惯习、仪式操演、身体实践等领域对于记忆的作用。尤其是对于记忆的传递和延续进行了探讨，突出了纪念仪式的操演作为记忆的一种形式与记忆之间的关系，对仪式中的权力进行了揭示，拓宽了政治学、社会学、民俗学、文化学、传播学等学科的理论视野，对集体记忆的相关研究有参考借鉴作用。

　　康纳顿对哈布瓦赫"集体记忆"理论的拓展是建立在承认社会和集体是有记忆的基础上，记忆是在当下的社会框架下重构的，但是在记忆的传递与保存方面两人存在着差异。在哈布瓦赫看来，"我们根据我们所属的群体的需要和习俗重建我们的记忆，所有的记忆都强烈地受到当下的社会中介的影响并为之服务，因此是断裂的"。在康纳顿看来，记忆是延续的，是在仪式的操演和身体的惯习中重现的。他更为关注记忆是如何在社会中保存和重现的；哈布瓦赫则更为关注记忆是如何建构的。

　　总的来说，康纳顿批判地接受了哈布瓦赫关于集体记忆理论，尝试把"社会记忆"概念引入社会学，主张社会是有记忆的。康纳顿在理论上试图解决的问题是社会记忆是如何存在及如何传递的，并怎样对个人的记忆产生影响，以及怎样选择一种研究社会记忆的途径使之更富有成效。

　　社会记忆理论力求选择一种独特的理论根基，强调惯性和权力对构建社会记忆的影响。为了说明这一论点，康纳顿注重规则和运用之间的差距来进一步说明哈布瓦赫没能说明的问题，这种说明可用两点概括：一是他们的基本出发点都是社会记忆是存在的，并为个体记忆提供记忆的框架。社会记忆的传递与维系正是通过或多或少的仪式性的操演实现的。二是在社会记忆构建的过程中，权力发挥的构造作用。康纳顿指出，"控制一个社会的记忆，在很大程度上决定了权力等级"。哈布瓦赫与康纳顿都在追求对社会记忆有效的解释与结论，而康纳顿正是从这两点出发去构建社会记忆理论的。①

（二）阿斯曼的"文化记忆"

文化记忆的概念由埃及古文化学者扬·阿斯曼提出，与其妻子埃及古文化学者、英国语言学家、文化学者阿莱达·阿斯曼（Aleida Assmann）共同阐述，旨在为在不同的文化、时代和地点观察到的现象提供一个理论框架。强调文化的制度化准则（canons）在集体记忆的形成和传播过程中的作用。

阿斯曼的理论主张借鉴了哈布瓦赫的集体记忆概念，建立在区分集体记忆中的文化记忆和交际记忆的基础上。在阿斯曼看来，文化记忆确保一个特定社会（群体）的成员基于共同的过去而具有共同体、团结和相互联系的感觉。与交流记忆相反，它是跨世代的。它的目标是转移特定的内容和对过去的解释，以便某一特定社会的成员能够在它的基础上创造共同的记忆和共享共同的身份。阿斯曼的交际记忆类似于哈布瓦赫的集体记忆，其特点是贴近日常生活，一般不超过 80 年。而文化记忆可以超越千年，与身份建构相关，其特点是远离日常生活。文化记忆和交际记忆的范畴不是对立的，而是相互补充的。

文化记忆有其固定的边界点，可以一直回溯到远古，它的边界点不会随着时间的流逝而改变。这些固定的边界点是过去发生的重大事件，通过稳定的文化形成（文本、仪式、纪念碑）和制度交流（吟诵、实践、仪式）来保持对它们的记忆。文化记忆具有稳定性，一个集体的经验结晶，其意义一旦触及，可能会突然在几千年之后再次被理解。②

---

① 孙峰. 从集体记忆到社会记忆——哈布瓦赫与康纳顿社会记忆理论的比较研究［D］. 硕士学位论文，上海：华东师范大学，2008.

② ASSMANN J，CZAPLICKA J. Collective Memory and Cultural Identity［J］. *New German Critique*，1995（Spring-Summer）：125-133.

扬·阿斯曼的文化记忆理论试图将记忆（当代化的过去）、文化和群体（社会）三者联系起来。他强调文化记忆的以下特点：第一，身份的凝结作用，一个群体能够从文化记忆中获得对其身份统一性和独特性的认识；第二，文化记忆通过重构起作用，或是通过挪用，或是通过批评，有时是通过保存或转变将自己的知识与现实的和当代的情境联系起来；第三，文化记忆具有稳定的形式；第四，文化记忆具有组织性；第五，文化记忆中所保存的知识具有约束性，具有教育、教化、人性化的功能和具有行为规范的功能；第六，文化记忆具有反射性，它反映了社会群体的自我形象。

和哈布瓦赫一样，阿斯曼夫妇也认为记忆不仅仅是一种神经或心理学现象，更重要的是作为一种社会建构存在。文化存在着共时维度和历时维度，兼具协调性和持续性的功能——一方面创造共同的生活语境，使得同时交流成为可能；另一方面，文化为每个个体和每一代人提供了条件，使得他们不必从头再来。在阿斯曼夫妇看来，记忆正是实现历时性和时间延续的器官。在这一点上，阿斯曼和哈布瓦赫的观点产生了分歧，体现在记忆的集体性上：在哈布瓦赫那里，集体记忆指的是个体记忆的集合，这种通过集体互动而形成的记忆，归根结底还是个人的记忆。①

与此相呼应的是，"集体"（collective）一词在1869年的法国使用的时候被当成一种对抗"国家社会主义"（state socialism）的方式，即作为支持生产资料个人所有制度的表征。康纳顿（2000）在其著作《社会如何记忆》中对此进行了发展，认为记忆的社会构成更多是社会群体的共同记忆，而纪念仪式和身体实践使这种共同记忆成为可能。

透过哈布瓦赫的描述可以看出，集体记忆一般讲述个体生平框架内的历史经验，自然地通过人际交流产生，仅限于代际之间，强调和日常生活的亲

---

① 燕海鸣.集体记忆与文化记忆［J］.中国图书评论，2009（3）：10-14.

近性。扬·阿斯曼将这种记忆称为交际记忆，它是个体记忆中的鲜活记忆，可以和同代人共享，但他认为哈布瓦赫正是在这一点上止步不前："他可能想到了：一旦活生生的交流通过客观化的文化形式结晶下来……群体关系和当代关涉就失去了。"当记忆经过代际的传承沉淀成为历史，集体记忆的知识特点也随即消失。[①]

阿斯曼夫妇提出的文化记忆则是超越时间与个人的，是在反复进行的社会实践中一代代获得的知识。文化记忆固定在一些过去发生的重大事件中，通过仪式或庆典引起注意，强调与日常生活的疏离。它延展了集体记忆的时间轨道，所要回答的问题也正是"我们是谁"和"我们从哪里来、要到哪里去"的文化认同问题。这种时空维度的思考，其实和哈罗德·英尼斯（Harold lnnis）所说的时空偏向和詹姆斯·凯瑞的"传播的仪式观"有着微妙的联系，但阿斯曼却以记忆的名义将其体现出来。[②]

第三节　集体记忆与历史

一、集体记忆与历史的区别

集体记忆是对过去的呈现，历史也是对过去的呈现，两者有何不同？哈布瓦赫、阿斯曼、诺拉和康纳顿都对历史与集体记忆的关系进行了阐述。

---

① 方惠.昨日重现：媒介变迁中的记忆研究进路［C］// 复旦大学新闻学院，台湾大学新闻研究所，澳门大学，等.中华新闻传播学术联盟研究生学术研讨会.北京：中国传媒大学电视与新闻学院，2014：366–378.

② 方惠.昨日重现：媒介变迁中的记忆研究进路［C］// 复旦大学新闻学院，台湾大学新闻研究所，澳门大学，等.中华新闻传播学术联盟研究生学术研讨会.北京：中国传媒大学电视与新闻学院，2014：366–378.

在当代哲学和史学中，历史和集体记忆往往被视为不同的类别，而且被视为具有本质上冲突的类别。造成这种情况的原因是两者呈现过去的方式的愿望不同。但是，将历史与记忆之间的关系放在一个长远的历史视野下观照时，两者之间的关系并非如当代哲学和史学中一样，从来都是对立甚至冲突的，而是呈现不断发展变化的关系。在 18、19 世纪历史成为一个学科之前，历史与记忆表现为同一的关系，历史记录的核心功能便是保留一个朝代、教派、民族或国家的记忆，并通过历史记录为这些机构提供一个体面的过去，而使它们合法化，并确保其存在的持久性。这一时期的历史编纂完全体现当下的需要，它为国家或共同体履行特定的功能[①]，为统治阶层服务，使其政权合法化，通过历史书写控制人们的记忆从而掌控未来的走向。

历史与记忆的这种同一关系也表明，并不是所有的事件都可以编入历史并成为所有人的记忆，而是只有那些符合统治阶级需要的丰功伟绩和能够为其特定需要服务的内容和事件才能够进入历史的书写，并且只有统治阶层和特定人士才有资格书写。

19 世纪以来，随着历史成为一门独立的学科，历史与记忆的同一关系开始分化。历史与记忆的分化，首先是基于学科属性的不同。历史渴望对过去做出准确的描述，期望建立一种客观的不偏不倚的叙述。即使这意味着历史记录者必须放弃受人喜爱的、往往是服务自我的叙述。相比之下，记忆或集体记忆在重构过程中受到一些修辞策略和修辞框架的影响是不可避免的。即在重塑历史记忆的过程中有选择性、有目的性地重构，因此即使面对相互矛盾的证据，集体记忆也不会改变。[②] 在集体记忆中，过去是阐释性地与现在的需求和意愿联系在一起的，如果有必要，过去历史的某些部分可能会被有意

① 阿莱达·阿斯曼. 历史与记忆之间的转换［J］. 教佳怡，译. 学术交流，2017（1）：16–25.

② LACAPRA, DOMINICK. Canons and Their Discontents［J］. *Intellectual History Newsletter*，1991（13）：3–15.

地、有组织地遗忘、扭曲，以满足当下的需要。

哈布瓦赫也赞成历史与记忆进行不同的学科归属划分，他对历史和记忆做了明确的区分，认为记忆分为两种类型：历史记忆和集体记忆。历史记忆作为我们最熟悉的学科的形式存在，如著名史学理论家多明尼克·卡拉普拉（Dominick LaCapra）所指出的，其本质上是将时间分割为一个个不相关的支离破碎的记忆点。历史倾向于把时间分割成离散的、不同的区块，这些区块按时间顺序进行了图式化。正因为如此，历史记忆有别于传统或集体记忆。哈布瓦赫认为，"毫无疑问，历史是人类记忆中最值得关注的事实的集合"。而集体记忆建立了从过去到现在事件的统一、流动，是一种非人为的连续性，集体记忆只从过去那里保留存在于集体意识中对它而言活跃且能够存续的东西。处于上述区块之外的历史，很容易引入事实的简单划分，一劳永逸地固定下来。

如此一来，历史不仅仅服从于对系统化的说教需要。相反，哈布瓦赫认为，"每个时期显然被认为是一个整体，对之前和之后的大部分人来说是独立的"。每一个集体记忆都需要一个限定时空范围内的群体的支持。只有把过去的事件从保存这些事件的群体的记忆中分离出来，并切断使这些事件与所发生的社会环境的心理生活密切相关的纽带，同时只保留这些群体的时间和空间轮廓，才能把这些事件的总体记录在一起。因此，历史和记忆是不同的，就像修昔底德把他的历史看得比他的诗人前辈更重要一样。历史在各个时代都是独立存在的，而记忆则随着持有记忆的群体生或死。

在《福音书中圣地的传奇地形学》等作品中，哈布瓦赫关注的是公开可用的纪念符号、仪式和技术。这些符号、仪式和技术强化了哈布瓦赫对"历史"与"集体记忆"之间的对比。这种对比不是公共与私人之间的，而是基于过去与现在的关联：历史与集体记忆都是公开的社会事实。哈布瓦赫认为自传体记忆是我们经历的事件的记忆，尽管这些经历是群体成员经历的，而历史记忆是通过对重大事件按照时间线进行编年记录传递给我们的记忆。历史是被史书保留的过去，我们个人不再与之产生"有机的"联系。过去的历史不再是我们当下生活的"有机"组成部分，而集体记忆则是建构我们身份的活跃的过去，它凝聚在纪念性符号、仪式等之中，是我们生活中的有机部分。

哈布瓦赫对记忆与历史的关系做了两方面的对比：集体记忆是一种非人为的、具有连续性的思潮；历史学的记忆则是从一个时期过渡到另一个时期。历史学家眼中的现在与过去好比两个相邻的历史时期，都同样真实有效。集体记忆是复数的记忆，家庭、朋友、社会团体、宗教协会等群体交往构成了集体记忆的丰富内容；而历史只有一个，着眼于整体的历史通过比较历史事件的差异性，向我们呈现一幅过去的完整景象。然而，哈布瓦赫又不无矛盾地道出在社会和历史变化的同时，其间的连续性不曾动摇。这种连续性表明记忆与历史一般，都是沟通过去、现在与未来的支撑。[①]

但是，哈布瓦赫认为从书本上读到的、在学校里教过和学过的过去的事件，都是根据需要经过挑选、组合和评估的。它们并不强迫任何一个人类群体把它们作为活跃的财富保存下来。哈布瓦赫认为，只有在现代社会，历史才会挑战集体记忆。在传统社会中，没有历史。以哈布瓦赫在《福音书中圣地的传奇地形学》中的传奇地形为例。早期的基督徒，对"历史上的占领者，如我们所认为的……他们的记忆与纪念活动、祭祀仪式、盛宴和游行联系在一起"。

由于集体记忆是"传统的储存库"，所以哈布瓦赫说："一般的历史只有在传统的信仰结束、社会记忆衰退或破裂时才开始。"这意味着，历史通常始

---

① 闵心蕙. 断裂与延续——读"文化记忆"理论 [J]. 中国图书评论，2015（10）：81-87.

于传统终止的那一刻——始于社会记忆演化和分崩离析的那一刻。只要回忆还存在，就没有必要以文字的形式将其确立下来，甚至根本没有确立的必要。同样，只有当一段时期的历史、一个社会的历史乃至于某个人的历史处于太遥远的过去，以至于人们不能指望在他们生活的环境里还能找出许多对那些历史至少还有一点回忆的见证人时，我们才需要将这些历史写下来。[①]

哈布瓦赫认为历史一旦确立，就会保持稳定，它的事实流和界限会一劳永逸地固定下来。历史由一系列史实和证据支撑，历史是对过去的科学再现，相对客观，不受其实践者所处的社会环境的影响。而记忆则具有一种可塑性。集体记忆，即普通人对过去的看法，反映了人们对现在的关注。哈布瓦赫认为，当集体记忆与当前的经历不再相关时，它们就会自然消失。

历史学家告诫人们不要在为当下服务的时候去创造、重塑和重构过去的历史，但这恰恰是在集体记忆的情况下所鼓励的。这一过程一般是运用图式化或简化的方式，这与分析历史的过程形成了对比。正如美国历史学家诺维克所说：从历史的角度去理解一件事，就是要意识到它的复杂性，要有足够的超脱性，从多个角度去看待它。要接受主人公动机和行为的模糊性，包括道德上的模糊性。而集体记忆则是尽量简化，从一个单一的角度看待事件，对任何模棱两可的东西都不耐烦，常常将事件简化为神话原型或象征表征。[②]集体记忆常常构建有关英雄主义和崇高、创伤的故事，这些故事是与当下需求保持一致的。由于这些原因，集体记忆从来不会被固定下来，而是随时可以被修改和重塑。它有重塑过去事件的力量，可以创造全新的记忆。

阿斯曼非常关注记忆和历史之间的关系，并对其做了追本溯源的梳理。他认为，记忆与历史的对立并非自古如此，而是从 19 世纪之后才逐渐形成

---

① 阿斯特莉特·埃尔，冯亚琳. 文化记忆理论读本［G］. 余传玲，译. 北京：北京大学出版社，2012：87.

② NOVICK P. *The Holocaust in American Life*［M］. Boston：Houghton Mifflin Company，1999：34.

的。德国历史学家莱因哈特·科塞莱克认为，"历史"这个概念自 18 世纪下半叶才具有现代特征，此时"历史"变成一个抽象的"集体单数"，取代了之前作为"复数"出现的概念。

不同观点、立场各异的历史讲述演变成现代意义的"历史"概念，犹如溪流汇入大海。大海的意象出自哈布瓦赫，他把集体记忆与历史对立起来，把历史称为大海，而此处的历史其实应是"历史学"。阿斯曼认为"历史学"的专业语境在 19 世纪成型，这之后，历史和记忆才对立起来。对于早期史籍来说，它们本身就是一种形式的回忆、是一种记忆的保留。在西方文明的早期，"历史"和"记忆"这两个概念紧密结合在一起，尤其在神话或口述文学中，历史与记忆的融合是所有早期文明历史记述的显著特点。从古希腊、罗马时期直至近代，记忆总是处于史籍撰写的突出地位。历史的任务就是讲述王朝、国家、机构的出身与记忆，以证明其延续的合法性。这是一种"过去策略"——通过制造记忆，使之服务于当权者。

19 世纪，历史成为一门学科，历史学的客观性要求使之与政治诉求逐渐脱离，历史客观、科学的一面与记忆主观、个人的一面对立起来。针对记忆与历史的对立，阿斯曼提出"被居住的记忆"和"未被居住的记忆"这一对概念。记忆是"被居住的记忆"，它有生命载体，视角存在偏差；历史是"未被居住的记忆"，它既属于所有人，又不属于任何一个人，它是客观和中立的。"功能记忆"就是"被居住的记忆"（记忆）；"存储记忆"则是"未被居住的记忆"（历史）。[①]

在阿斯曼对过去的两个人物摩西和阿赫那吞的描述中，我们可以发现历史和集体记忆之间存在着类似的对立。阿赫那吞是古埃及一位君王，也被称作阿蒙诺菲斯四世，他作为一个真实的人物存在于古埃及的历史中。但是，

---

① 时晓.当代德国记忆理论流变［J］.上海理工大学学报，2016（2）：154–158.

在阿赫那吞的名字从国王名单中删除，他的纪念碑被拆除、铭文被删除之后，他已被世人遗忘了好几个世纪。即使在今天，历史与他似乎也没有联系。而摩西则呈现相反的情况，虽然没有证据表明他的历史存在，但几个世纪以来，他一直是犹太基督教一神论传统中集体记忆的重要组成部分。事实上，正如阿斯曼所指出的，摩西"成长和发展只是作为一个记忆的形象，吸收和体现了与立法、解放和一神论有关的所有传统"①。

在保持历史和记忆之间的区别的同时，阿斯曼认为，要反对一种明显而过于简单的对立，这种对立将导致"对'纯粹事实'的一种过于冷静的概念，而不是创造神话的记忆的自我中心主义"。对他来说，理解这两种对待过去的方式的不同之处的关键是它们在多大程度上是根据现在来塑造的，并且是通过现在的视角来塑造的："历史一旦被记住，被叙述，被使用，也就是说，被编织到现在的结构中，它就变成了神话。"②

对诺拉而言，在 19 世纪科学的历史形成之前，历史和记忆是统一的，此后它们便被割裂开来。因此，他在作为社会实践的前现代记忆和自愿且有意为之的现代记忆之间进行了区分。这是一个简单的区分。它源于哈布瓦赫相信历史是科学的这一信念，也源于诺拉对过去的怀旧情怀。

诺拉认为，历史在加速，平衡被打破，记忆和历史远不是同义词，现在更是导致根本的对立。记忆是鲜活的，由一定的社会群体承载，记忆处于不断的变化中。由于部分记忆被遗忘，记忆的变形没有被意识到，因此记忆易受到操纵和擅自调用。然而，历史是对不再存在的事物的重构，这种重构是有问题的，也是不完整的。记忆是一种永恒的实际现象，记忆总是当下的现

---

① WERTSCH V J. Collective Memory: Conceptual Foundations and theoretical Approaches [J]. *Memory*, 2008, 16（3）: 318-326.

② WERTSCH V J. Collective Memory: Conceptual Foundations and Theoretical Approaches [J]. *Memory*, 2008, 16（3）: 318-326.

象，是把我们与永恒的现在联系在一起的纽带；历史是过去的再现。记忆，是有情感和魔力的，它只承载那些适合它的事实；历史是世俗化的思想活动，是批判的。记忆把回忆放置于神圣的殿堂中；历史则把它从神坛驱赶下来。

记忆与历史所联系的群体紧密相连。也就是说，如哈布瓦赫所说，记忆的数量和它联系的群体数量是一样多的，就是有多少群体就有多少记忆。记忆本质上是多重的，但又是特定的，既是集体的、多元的，也是个人的。相对而言，历史属于每一个人，又不属于任何一个人，因此它才具有普遍的权威。记忆根植、积淀于具象的物体之中，如纪念性场所、博物馆的藏品、叙事的文本等；历史的发展具有时间的连续性，它与事件的时间演变及事态发展联系在一起。

历史与记忆相对立，历史总是怀疑记忆，而记忆的真正使命是压制和摧毁历史。[①] 诺拉的核心观点是历史和集体记忆之间的矛盾，他认为"真实记忆"即使没有被消除，也在很大程度上被制造批判性历史记录的做法推到了一边。对他来说，结果是"我们说了这么多的记忆，因为它所剩无几"。我们感到有必要创建"我的记忆之境"（记忆的场所），"因为不再有我的记忆环境，真实的记忆环境"。[②]

对于历史与记忆之间的对立，诺拉提出了一个限定条件。诺拉质疑历史解构了神圣的过去；而（记忆场所）重建了它。诺拉还认为，并非地理意义上的遗址是神圣的场所，是记忆的场所，例如，国旗和圣歌、纪念碑和神龛、避难所和废墟、雕像和半身雕像、肖像和历史画、硬币和奖章、节日和仪式也是记忆之场所，甚至包括"文学、电影以及明信片、卡通和海报等大众媒体中流行的视觉形象"，等等。这些在诺拉看来也都是重要的记忆场所。

---

① NORA P. Between Memory and History：Les Lieux de Memoir ［J］．*Representations*，1989（spring）：7–24.

② NORA P.Between Memory and History：Les Lieux de Memoir［J］．*Representations*，1989（spring）：7–24.

二、集体记忆与历史的互补与联系

历史与记忆之间除了对立与矛盾的关系之外，也存在着相互作用的互补关系。哈布瓦赫观察到，历史从记忆结束的地方开始，用记忆来抵消历史。历史对于那些支离破碎、没有统一的集体记忆的群体来说，起着非常重要的作用。这种意义上的历史和集体记忆有一种积极的关系，即记忆来源于历史而不是被历史揭穿。然而，很明显，集体记忆并不是纯粹的，因为人们记住的东西可能不如他们记忆和利用它们的方式重要。

尽管这些学者和其他学者对集体记忆与历史的关系在某些方面有所不同，但都很明确地认为，集体记忆是基于过去的，记忆是将过去与现在、当下与未来联系起来的桥梁。在这个意义上，交换使用"集体记忆"和"历史"这两个术语似乎是可以接受的。集体记忆常常与历史相混淆，主要在于，集体记忆的重塑过程具有一种隐匿性，它实际上做了比纯粹记录和记忆更多的事情。在本质上，集体记忆必须考虑其建构者隐性的选择和筛选。

传统的历史学家最关心的是记忆的准确性，以及记忆如何正确地描述过去某一时刻实际发生的事情；对当代记忆研究抱有一定程度的不信任，怀疑这些研究试图侵犯历史的权威。不太传统的历史学家则考虑到历史和集体记忆之间更复杂的关系，认为历史和集体记忆在不同时期可以是互补的、一致的，或是对立的。

康纳顿认为，历史最好同集体记忆（又称"历史重构"）区分开来。历史重构的实践可以在某些方面从社会群体的记忆获得指导性动力，也可以显著地塑造他们的记忆。当国家机器被系统地用来剥夺公民的记忆时，有组织地忘却就是有效的方法之一。[①]

---

① 保罗·康纳顿. 社会如何记忆［M］. 纳日碧力戈，译. 上海：上海人民出版社，2000：9.

从记忆研究的角度来看，历史和记忆之间的区别具有变动性。在与历史的关系中，记忆被视为"有时撤退，有时泛滥"。历史有时扮演着类似变色龙的角色，呈现记忆的某些特征。在伯纳德·刘易斯（Bernard Lewis）的著作中，他用了几个概念，例如，"被记住的历史"——大致相当于集体记忆；"恢复历史"——从早期集体记忆的排斥中恢复过来；"重构的历史"——有目的的历史。无论是被设计、解释还是捏造，在那些倾向于集体记忆而不是传统的历史叙述模式的人当中，史学的转折点是"与集体记忆的各个层面的变化有根本关系"。在上述每一种情况下，研究记忆的学者都一致认为，集体记忆比历史更具有灵活可变性。①

"历史"和"集体记忆"应该被看作互补的术语，不是对立的两极，可帮助我们理解特定的意识形态是如何被接受、修改，甚至被拒绝的。也就是说，官方的"历史"和"集体记忆"是有争议的领域，无论是历史还是集体记忆，都不缺乏修辞。正如阿隆索（Alonso）所解释的，"历史是修辞的，它的目的是说服"和"民间的和官方的历史论述是相互联系，而不是分开的"。历史是被大多数知识分子接受的对过去事件的真实记录。只有土地在"大一统"的情况下，对外才能以"国家"的名义说话。②而且，集体记忆是广大观众对这些历史的公开接受或认可。将这些术语并置可以让我们看到历史和集体记忆如何共同发挥三种修辞功能，它们有助于建构个人和集体身份，维护我们的传统，并允许我们遗忘部分记忆。

目前，学者们对历史和记忆的看法与过去已然不同，两者绝非截然不同，而是相互联系，虽然不相同，却是相通与融合的。集体记忆既不同于历史，

---

① FRIEDLANDER S. *Memory，History，and the Extermination of the Jews of Europe*［M］. Bloomington：Indiana University Press，1993：38.

② ALONSO A M，MARIA A. The Effects of Truth：Re-presentations of the Past and the Imagining of Community［J］. *Journal of Historical Sociology*，1988（1）：33-57.

又与历史有相通之处。记忆是对过去的一种重塑性阐释，它不同于历史，因为集体记忆的重构并不受历史学科客观性要求的束缚与制约。尽管克罗奇认为一切历史都是当代史，任何历史都不是过去真正的历史，虽然受到证据客观性等学科规则的束缚与控制，但历史也存在着不同程度的可塑性。

历史学家对于过去历史事件的叙述，主要意图在于讲述真实的故事。但故事的真相从来不是稳定和持久的，因为这种真相是由社会和文化建构的，这些故事也绝不能说出过去的全部真相。但是，一切严肃的历史著作的基础都在于求真的意图和再现过去时的公允。而历史记忆的制造者则不用承担这一义务。不过，记忆与历史也有相通之处，这是因为历史学家是在社会共享的过去的总体形象中，在集体的历史心态中，构思他们的故事。历史学家向来是民族国家和其他群体与认同的大祭司，因此可以通过历史来塑造他们的记忆。历史学家的任务在于揭示记忆与历史之间的联系，但不混淆两者之间的差异。[①]

第四节　集体记忆与修辞

一、记忆是修辞实践

每一种谈论过去的方式都是一种修辞实践，是一种构建历史和知识的方式。传统的修辞学和记忆的研究是密不可分的，几乎所有的经典修辞学著作都把记忆作为修辞学研究的重要组成部分之一。在《献给赫伦尼厄斯的

---

① 阿龙·康菲诺. 历史与记忆［J］. 付有强，译. 天津社会科学，2014（6）：126-132.

修辞学》（*The Rhetoric for Herennius*）中，作者将修辞的研究领域划分为发明（invention）、谋篇（arrangement）、文采（style）、记忆（memory）和发表（delivery）这五大门类，在古希腊的修辞学中扮演着重要的角色。

亚里士多德把回忆作为准备和实施修辞行为的先决条件。因此，他把回忆的过程比作绘画艺术，或者把图像放入蜡中，以展示知识是如何组织起来并存储在记忆中，以备以后使用。

柏拉图没有把记忆看作一种通过回忆达到特定修辞目的的行为工具，而是把记忆作为修辞本身的基础。柏拉图把修辞学作为一门传达永恒真理的艺术，而不是简单的说服和演讲艺术。他认为记忆对于认识真理的本质至关重要，因为它以人类灵魂中不可磨灭的形式存在。他拒绝那种陈腐的观点，即在诡辩家和演说家的影响下，修辞学家必须通过精心设计来改善记忆和回忆。因为在柏拉图看来，知识就是回忆，记忆只是创造了本该自然存在的知识。

18 世纪的修辞学学者由于受到古典时期修辞学文本的熏陶，因此认为记忆是修辞学表现的一个基本要素。但是，现代主义者将知识体分割成各个学科，这使得记忆的修辞功能出现了问题。记忆越来越多涉及修辞的创造和对已经获得的知识的回忆和发现。因此，18—19 世纪的现代主义者，在研究方面，坚持把记忆作为一种演讲术的基本技巧。结果是，记忆的概念得到了极大的扩展，在所有有说服力的论证的产生中起着至关重要的作用。

集体记忆中许多重要的理论和问题与修辞学有交叉的地方，20 世纪 80 年代和 90 年代，解释"集体记忆"的各种话语以及相关学科和跨学科等的研究兴趣再度兴起。与此同时，不同学科的研究者扩展了关于"修辞"的概念，诸如符号的象征以及话语的表达等都包括在内。更为宽泛的修辞观认为，诸如，纪念碑、公共艺术、流行文化、文学、建筑、仪式、风俗等都包括在修辞的对象中。哈布瓦赫认为集体记忆也是一种修辞实践，通过这种实践，公众对过去的历史进行重塑，以反映当前社会和政治问题的看法。

关于记忆与修辞学之间的关系，当代记忆学者与修辞学者持有许多共同观点。有学者总结了修辞学与记忆研究的共同主题，在此将这些主题称为他们的共识：①记忆是由当前的关涉、问题所激活的；②记忆叙述共同的身份认同，建构集体归属感；③情感激活记忆；④记忆是片面的、有倾向性的，因此常常引起争论；⑤记忆依赖于物质和 / 或符号的支持，记忆是有历史的；⑥这些观点都是记忆研究者中基本没有受到质疑的观点，即哈布瓦赫所强调的"我们对过去的理解随着我们的现状和需求的变化而变化"[①]。

遭遇质疑的是，部分记忆研究者在进行集体记忆研究时，有时将集体记忆与个人记忆混为一谈，或将个人记忆置于无足轻重的地位。相比之下，修辞学学者更加关注的是集体记忆和公众的问题，在修辞学中重新唤起记忆的重要性。在政治象征性话语中，集体记忆是动员公众和激发民族认同的至关重要的部分。但实际上，个人的记忆同样不应被忽视，因为个人的记忆在特定的情况下，往往会受到群体记忆、公共记忆和国家记忆的影响，往往会唤起过去的某些部分记忆，也会影响个人对过去记忆的理解。

二、哈布瓦赫的集体记忆框架理论

哈布瓦赫关于集体记忆与修辞之间的关系的论述主要体现在他认为个人的记忆受制于集体记忆框架之中。"集体记忆"与"意识形态"之间有着微妙的关系。"意识形态"一词在 20 世纪 60—70 年代被广泛运用。之后由于其与政治联系过于紧密，逐渐退出当代话语体系，"集体记忆"逐渐取而代之。

---

① 　GRAU B M. *Beyond Performance*：*Rhetoric*，*Collective Memory*，*and the Motive of Imprinting Identity*［D］. Tampa Bay：University of South Florida，2014.

"集体记忆"掩盖了"意识形态"过于明显的操纵意图和框架，而这也正是集体记忆隐藏着的修辞功能所在。事实上，集体记忆常常肩负着意识形态的功能。就如同斯图亚特·霍尔（Stuart Hall）认为的，意识形态的工作是为主体（个人和集体）构建身份认同和知识的立场，使之能够说出意识形态的真相，就像是真正的作者一样。

集体记忆的本质是修辞性的，它允许对过去的细节进行虚构、重新安排、精化、简化和省略，常常将准确性和真实性放在一边，以适应身份认同、权力影响和权威以及政治派别需要等各种广泛的需求。正如个人记忆的需要与群体记忆和集体记忆进行互动才能被唤起。集体记忆的修辞作为社会黏合剂，往往会有意地消除可能会导致个体之间相互分离或隔阂的记忆，在各种群体和个人之间建立联系。在哈布瓦赫看来，个人无法记忆，个人的记忆只有置身于集体记忆的框架下才能被唤醒从而进行记忆。

在哈布瓦赫看来，集体记忆不是记忆的终点，相反，它是一个理论框架。各种意识形态、修辞、社会群体和政治意图都可以以此为基础。集体记忆天生具有修辞性，它的建构、传播和保存都有特定的服务目标，服务于特定群体的利益。正是这种框架和修辞决定了我们记住什么样的历史以及我们如何记住它。从这个角度来说，集体记忆无法脱离权力和意识形态的影响。

哈布瓦赫对记忆的变迁非常有兴趣。与他那个时代的许多思想家相反，哈布瓦赫认为，在社会历史的进程中几乎没有个人，历史和社会的前进是由社会群体推动的。哈布瓦赫的研究集中在记忆构建的细节上，因为记忆构建既发生在个人的头脑中，也发生在这些头脑所依存的社会空间中。哈布瓦赫为个体记忆建构提供了另一种可能性，认为个体记忆不可能独立地存在，个人也无法记忆。实际上，每个个体大脑中构建的记忆都是由社会和它所依存的群体提供的，是在与社会互动中建构的，每一个个体记忆的结果都是通过一个社会建构的记忆框架（集体记忆框架）来解释的。在这个过程中，记忆从个体中分离出来，成为集体的一种行为、一种建构。

记忆从个人到集体的转移是哈布瓦赫思考的重点——个人记忆是如何产生意义的？哈布瓦赫认为，个人记忆的意义产生于集体和群体所提供的框架的意义。我们知道情境和事件的意义，是因为我们把它们放在一个社会建构的记忆的意义框架中。人们必须依靠社会来汇集和赋予储存在个人头脑中的图像和信息以意义。

因此，哈布瓦赫指出，集体记忆的最根本的特征就在于，它是一种社会建构的产物。社会提供了个体进行记忆的框架，它也不是什么神秘的群体思维，正如哈布瓦赫在《论集体记忆》中所指出的那样："当集体记忆在一群相互结成整体的人中间持续存在并从其基础上汲取力量时，作为群体成员的个体才会记住。"[①]

由此可见，一个社会中有多少集体记忆，就有多少群体和机构。不同的社会阶层、家庭、机构都有其成员在较长一段时间内建立起来的独特记忆。当然，是那些处于这些群体环境中的人，利用这个环境来记忆或再现过去。正如哈布瓦赫所说："每一个集体记忆都需要特定的空间和时间中一群人的支持。"[②]

从这个意义上来说，存在着一个框定个人记忆的集体框架。在这个记忆的社会框架之下，个体意识将自身置入这些既定的框架之内，并自觉或不自觉地融入能够唤起回忆的记忆中去。

因此，哈布瓦赫的集体记忆理论是建立在社会框架的必要性之上的。正

---

① HALBWACHS M. *On Collective Memory*［M］.Translated by COSER L A.Chicago：The University of Chicago Press，1992：48.

② HALBWACHS M. *On Collective Memory*［M］.Translated by COSER L A.Chicago：The University of Chicago Press，1992：48.

是这种社会框架，对储存在个人头脑中的图像、符号、记忆等进行筛选、组织并赋予意义。正是通过这个过程，集体记忆在社会中形成，联系、区分着群体和群体成员。哈布瓦赫反对关于记忆起源的心理学概念，声称个人的心灵最终无法独自产生记忆；相反，个体的大脑只能成功地存储于记忆图像上。这些图像，在脱离社会的影响时，"没有一致性、深度、连贯性或稳定性"。如果没有一些社会框架和来自个人所属的不同群体的影响，这些存储的图像就不能被回忆或构建成记忆。

哈布瓦赫用梦来单独展示人类大脑有限的运作方式，认为人们只有在睡眠时才真正脱离社会。梦通常缺乏连贯性，这证明了社会互动和社会框架为记忆图像提供了稳定性和意义。哈布瓦赫通过梦的隐喻有效地说明了这一点。[①]

在哈布瓦赫的集体记忆理论中，"谁记忆以及记忆是如何发生的问题是个关键的中心问题"。他不断地阐释，人们并不是独立地进行回忆，而是在其他人的帮助下进行回忆，是在特定的社会环境中维持记忆的。记忆的延续，甚至是私人的记忆，总是由我们与各种集体环境的关系发生的变化来解释。曾经存在过的过去和社会环境，随着生活在其中的一代人的消亡而消亡。历史建筑、纪念碑、博物馆等可以作为过去的遗迹或象征保留下来，但当代只能通过当前社会框架的镜头部分地重建过去。无论记忆是一种共同的经历还是独处的时刻，个人的记忆都是与社会和群体的记忆框架联系在一起的，是被生活中的话语、图像、建筑和景观所包围的。这些外部环境超越了个人的经验，同时又在个人经历的基础上对个人记忆产生影响。

哈布瓦赫将外部对记忆的影响称为社会框架，其范围几乎是无限广泛的，从家庭、朋友、工作、生活、传统等，以及他所认为的国家政治、权力、意

---

① HALBWACHS M. *On Collective Memory*［M］.Translated by COSER L A.Chicago：The University of Chicago Press，1992：41.

识形态和文化习俗等力量。甚至思维模式或某一群体成员之间的共同兴趣和价值观也被哈布瓦赫认为是社会框架。而且这个社会框架是不断变化的，它是一个社会中的成员与之不断交互作用而建构和修正的。同时集体记忆的社会框架并非个体记忆的总和，它是跨越代际而遗留下来与社会主导思想相一致的集体意识。个人可能无法察觉到它的存在，但是可用以重构我们关于过去历史的想象。

　　集体记忆只能在特定的社会环境中维持。因此，对历史事件的记忆与社会群体所产生和再现的集体表征密切相关。作为表征符号的历史建筑、纪念碑、博物馆、仪式习俗等可以作为过去的遗迹或象征保留下来，但是这些符号同样是被当前的社会框架所塑造，当代只能通过当前社会框架的修辞重构部分过去。这些器物和经过修辞的话语、记忆也成为国家认同的一部分——传播、建构与集体目标相一致的价值观。集体记忆强化了身份认同和民族精神，因此有助于一个国家和民族的发展，并使其朝着自己的方向发展。

　　集体记忆或文化记忆在不同领域的作用是不同的，集体记忆和文化记忆与身份关系密切，其变化暗示着个体身份、群体形成、政治意识形态的变化。当集体记忆的力量通过语言、文学影视作品、纪念碑、仪式等表现出来时，表现得越隐蔽，它的修辞性效果就会越强大。在《论集体记忆》一书中，哈布瓦赫提到，当集体记忆成为常识时，它是最强大的。集体记忆作为一种潜在的表现形式，赋予建构集体记忆者这种修辞力量。

　　研究集体记忆的修辞性，并不是要研究记忆或回忆对过去现实的某一部分有多准确，而是为什么历史建构者在特定的时间以特定的方式构建他们的集体记忆。集体记忆的特殊性使我们注意到为什么在某些时候，过去历史事件的某些要素会被强调或削弱。统治阶层或某些特定群体出于社会政治的某些目的，会为了突出某些记忆而有意识地进行修辞。有时，一些特殊的事件，例如，某些公共性重大创伤事件，这种被选择的创伤的集体记忆成了群体认同的一种修辞工具。而被选择的创伤可以被用来作为意识形态宣传教育工具和身份认同的工具，有时是以集体记忆重塑这样一种人们甚至没有意识到的修辞方式。

哈布瓦赫的社会框架理论在集体记忆研究中的应用，意义在于使记忆研究者不仅仅关注特定的文字、图像、器物、场所、仪式的书写与表达。更为重要的是社会框架理论提醒研究者关注并确定谁构建了集体记忆，为谁构建的集体记忆，以及为了什么目的而构建的集体记忆。

然而，哈布瓦赫的社会框架理论也存在明显的局限性。陶东风先生批评哈布瓦赫的框架理论过于夸大了社会框架对于个人记忆的影响和控制，忽略了记忆主体的反身性，忽略了记忆主体的反叛性，忽略了个人记忆的异质性。集体记忆固然可以凭借各种文本的书写与表达，可以沉淀于记忆场所，表征于仪式的操演中，但是集体记忆最终的承载者是每一个记忆的个人。所有的书写，所有的场所都只是客体或物品，直到它们被个人能动地阅读，被个人记忆，被个人历史性地思考。

而且，集体记忆和个人记忆不是分离的，而是相互影响、相互依存的。哈布瓦赫认为，个人记忆无法脱离集体记忆而存在，实际上，也不存在脱离个人记忆的集体记忆。美国历史学家苏珊·克兰（Susan Klein）认为需要将个人记忆融入集体记忆之中，正是每一个个人运用了他们的"历史理解"，才使得集体记忆成为可能。苏珊·克兰所说的"历史理解"正是哈布瓦赫所称的"历史记忆"，也是涂尔干的"集体意识"。哈布瓦赫将涂尔干的"集体意识"扩展为一个关于集体如何将他们的过去与他们的现在相结合的理论，但哈布瓦赫也提出，正是所谓的"历史记忆"提供了我们参与没有亲身经历的事件或认同集体记忆的一个契机。只不过哈布瓦赫过于强调社会框架对于个人记忆的控制，而忽视了个人的历史意识和历史记忆在记忆过程中的作用。

每一个个人的生活经历、历史意识和集体记忆是相互渗透的，而且个人的历史意识对于集体记忆和个人记忆的影响是长期的、持续的、潜移默化的。它深深地嵌入个人的意识和记忆中，嵌入个人对于历史的认知中，嵌入个人对国家、社会、民族、群体的想象中。所以个人的记忆也是内在的，并潜意识地包含了集体的记忆，个人的历史意识本身已经成为集体记忆的一部分。

集体记忆是多元的、复杂的。哈布瓦赫说，一个社会中有多少团体和机构，就有多少集体记忆。社会中每个群体都拥有自己的社会框架，来支持其特定的集体记忆。任何一个群体都有一个集体的记忆或者细分的记忆、亚群体的记忆。这些记忆框架之间并非统一的，而是存在着相互冲突、竞争、斗争。例如，在美国国内关于大屠杀的记忆就存在着两种不同的记忆，它们相互矛盾、相互竞争。同样关于知青下乡的记忆，不同的群体也有不同的记忆。同时，记忆的不同版本在不同的政治体系和社会中的不同群体中具有不同的接受度。例如，对于官方建构的集体记忆，那些认同它的人很可能是拥有权力的人，那些边缘群体，要么游离在外，要么进行抵抗或反叛。

集体记忆由集体中的个体所共享，但是并非每人的集体记忆都是同样的。个人对于集体所建构的记忆既可能接受并内化，也可能是抵抗的。不同个人之间的集体记忆是异质的，甚至是反叛的。集体的记忆分布在集体中的每个成员身上，需要成员之间的互动、协商。个体之间的共同记忆依赖于彼此的记忆，同时也需要个人记忆和集体记忆之间的互动、协商，将这些共享记忆集合起来、联系起来，整合成群体中的大多数人都能接受并记住的记忆，从而融合为集体记忆。

因此，我们要意识到集体记忆的社会框架与个人记忆之间的复杂性，一方面，集体记忆的社会框架制约着个人的记忆；另一方面，个人的记忆具有反叛性和抵抗性，也可能产生对集体记忆的反记忆。但是，我们不能简约化地将两者对立起来，在抵抗集体记忆的宰制时，切不可天真地以为个体记忆能够在集体记忆、社会记忆之外保持自己完全的纯洁性、本真性和所谓"原初性"[①]；同时，集体记忆框架对于个体记忆的"植入"，也不可能是彻底的、绝对的，个体记忆中总是存在"溢出"集体框架的"漏网之鱼"。[②]

第五节　集体记忆与媒介

一、记忆媒介的演变

无论是个人的记忆还是集体共享的记忆，都是由各种媒介所触发和塑造的。任何记忆都需要承载其内容的介质，没有媒介，记忆的内容将无所依附，也无法储存和传播，所以记忆必须借助特定的媒介。

构建人类记忆的最基础的一个媒介是人类的大脑。人类的大脑是记忆储存的重要载体和媒介，记忆和回忆的基本载体和体内媒介是大脑和中枢神经系统。在语言和文字产生之前的原始社会，记忆只能存储在人的大脑中，无法流传和保存。古老的助记方式需要借助一定的媒介，如柏拉图借助于蜡版来进行记忆，其他的方式如借助地点和方位以及图案等来进行回忆和记忆。

例如，古希腊有一种被称为"位置法"的特殊记忆方法，即借助位置来

---

① 陶东风. "文艺与记忆"研究范式及其批评实践——以三个关键词为核心的考察 [J]. 文艺研究，2011（6）：13-24.

② 陶东风. "文艺与记忆"研究范式及其批评实践——以三个关键词为核心的考察 [J]. 文艺研究，2011（6）：13-24.

帮助记忆。西塞罗（De Oratore）通过西蒙尼德斯得知了下面的故事：某天，西蒙尼德斯被委托写一首抒情诗——赞扬一位罗马贵族。为了更好地进行演说，西蒙尼德斯一一对照背诵了几乎所有宴会客人的名字。宴会举行的当天，西蒙尼德斯在众宾客面前发表了演说之后，在宴会厅外被卡斯特和波利克斯的信使召去。离开没过多久，大厅的屋顶塌了，压死了所有到场的宾客。整理现场时，由于尸体血肉模糊，亲属们无法辨认。这时，西蒙尼德斯挺身而出，根据尸体所在的位置一一予以辨认。

据说，在没有便宜的纸张和书写工具的年代，这种回忆的方式使西蒙尼德斯相信，记忆的基本法则就是把要记住的人与事物的影像、位置联结起来。可以说，事物的影像和方位、地点是早期进行记忆的媒介之一。

语言产生之后，成了除了大脑神经系统之外重要的记忆媒介。人类记忆可以经由语言一代一代地流传下去。但是，语言作为记忆的媒介，将记忆局限于人本身，也就是记忆必须依附于活生生的载体上，一些记忆随着拥有这些记忆的人的消亡而消亡。例如，早期的游吟诗人最初就有保存集体记忆的功能。在今天，口述见证者和民间歌手在保存记忆方面发挥着同样的作用。在口头文化里，媒介（记忆支撑、符号载体）和载体（回忆主体）很少被分离开来，在没有文字或者外部储存技术的情况下，人们的记忆就要担负起保存文化传统的责任。[①] 记忆的内容依赖于口头作为媒介，例如，带有意识形态功能的神话起源，它在仪式中被提起并赋予集体身份。

最后，文字的出现首次实现了将记忆从体内转移到物质载体上。

---

① 阿斯特莉特·埃尔，冯亚琳.文化记忆理论读本［G］.余传玲，译.北京：北京大学出版社，2012：37.

二、个人记忆到集体记忆的转换媒介

虽然古老的记忆方式在后来的助记形式中依然存在，但如果不突出记忆传递媒介（外在的物质手段）的历史发展，几乎不可能讨论集体记忆。

因为在过去记忆的媒介、渠道和手段常常被认为是"人工的"，随着时间的推移，它们被纳入人们所接受的记忆的文化建构中。而且当代人们对记忆的社会基础的兴趣至少可以追溯到记忆从头脑到外部轨迹的历史转变，没有记忆在"人工"场所的外化，记忆的社会位置就不那么清晰。但是，即使在早期的文化中，直接承载记忆的物质形式也能产生重要的作用。

在上述人类记忆的几个层次中，最为基本的一个层次是人类的大脑，但是大脑和脑神经中枢并非一个独立的系统，而且需要相互作用的交感区域来维持和发展自己。供给和稳固生物学记忆的大脑交感区域有两个：一个是社会的相互作用和交流；另一个是借助于符号和媒介的文化的相互作用。神经网总是与这两个维度相连；社会网络和文化领域。[①] 文本、图像和文物古迹等物质表现以及节目、仪式等符号手段都属于后者，只有在这样的前提下才能讨论哈布瓦赫所说的从个人记忆到集体记忆的转换。

时间、身份和记忆之间的这种联系在三个层面上运作：内在（或个人）、社会和文化。在内部层面，记忆是关于人类神经心理系统也就是个人记忆的，直到 20 世纪 20 年代，这是唯一被认可的记忆形式。在社会层面，记忆是关于交流和社会互动的。哈布瓦赫的集体记忆理论认为，人类的记忆和一般的意识一样，依赖于社会化和交流，记忆可以作为社会生活的一种功能来分析。记忆使人类能够生活在群体和社区中，而生活在群体和社区中使我们能够建

---

① 阿斯特莉特·埃尔，冯亚琳.文化记忆理论读本［G］.余传玲，译.北京：北京大学出版社，2012：43–46.

立记忆。

记忆由三个必须协同工作的部分的相互作用构成：载体、环境和支架。在神经记忆中，载体是具有大脑的生物体；在社会记忆中，载体是通过共同且有规律再现的记忆基础得以稳固的社会群体；在文化记忆中，三者的关系变化得更加彻底，它以诸如符号、物体、媒介、程序及制度等可传输、可流传的客体为载体，替代了寿命有限的人并通过可传播性保证了长久效力。①

国家、民族、社会团体等机构和组织没有记忆的头脑，它们必须借助于记忆的媒介和符号书写和表达记忆。同时，这些机构和团体与该记忆"制造"身份认同。因此在从个人记忆转换到集体记忆的过程中媒介起着关键作用。媒介作为交换机将个人记忆和集体记忆两种层次的记忆构成相关性并成为两者的连接端。个人记忆只有通过媒介的呈现和传播才能获得社会相关性。

在从个人记忆走向集体记忆的过程中，我们不能仅对二者做一种简单化的类比，机构和组织不像个体那样拥有记忆，当然，它们也没有与个体相类似的神经网络。各种机构，以及更大的社会组织（如国家、政府、教堂或者电影院等）都没有记忆，只是通过记忆的象征（如符号、文本、图像、仪式、礼节、场所和遗址等）的帮助，来"制造"属于它们的记忆。这些组织和机构用这种记忆"建构"一种认同。这样一种记忆是建立在选择和排除的基础之上的：它将有用与无用、相关与不相关的记忆明确地区分开来。因此，集体记忆必然是一种中介记忆。物质媒介、象征符号和实践活动将集体记忆储存起来，并移植到个体的心灵和思想中。②

哈布瓦赫提出集体记忆建构的社会框架理论时，认为虽然每个个体是记忆的主体，但个体的记忆是在社会环境框架的召唤下获得的，并在社会文化

---

① 阿斯特莉特·埃尔，冯亚琳.文化记忆理论读本［G］.余传玲，译.北京：北京大学出版社，2012：43-46.

② 阿莱达·阿斯曼.历史与记忆之间的转换［J］.教佳怡，译.学术交流，2017（1）：16-25.

背景中进行解读。从哈布瓦赫的理论来讲，我们可以认为集体记忆是由两个相辅相成的方面组成的：一方面，是在我们周围发现的各种记忆符号，如纪念场所、博物馆、仪式和媒体报道等中介；另一方面，集体记忆的框架理论表明，社会中个人对于过去的记忆和集体记忆是相互关联的。但是个人记忆和集体记忆是如何建立关联的呢？

阿斯曼认为要将短暂的个人记忆转换为长久的集体记忆，使之一代一代地传承下去，就必须以多样化的形式进行阐释和组织：①充满情感张力和号召力的故事中的情节；②帮助记忆的视觉符号和语言符号；③学习机构和大众传播媒体；④展示遗物的遗址、遗迹；⑤重塑不同时代的记忆并加强集体参与度的纪念仪式。①

个人记忆需要依赖于外在的符号进行代际传承，集体记忆也需要依托于反复使用、重现的象征符号，承载族群的意义体系和"共同理解"，能够不证自明、自然而然地表征内部认同和外部区隔；诸如，图书馆、博物馆、档案馆、纪念馆、教育和艺术机构等组织重新表征并进行代际传承，也可以借助集体行动和纪念仪式，周期性地制造"集体欢腾"，以纪念和复活过去，是重塑集体记忆的最好方式之一。②

以上多种方式、多种资源都可以作为集体记忆书写和表达的媒介和手段，既有文本的书写，也有物性的书写，但是其中最有效的建构集体记忆的手段之一就是大众传播媒介。与博物馆、雕像和其他纪念性场所和器物提供的集体记忆不同，大众传媒覆盖的受众面最广、影响力最大。

在修辞学与集体记忆研究中，有研究是由传播学领域的学者提出的，他们非常关注大众传播媒体的记忆表征。大众传播媒介不但反映和传播集体记

① 阿莱达·阿斯曼. 历史与记忆之间的转换［J］. 耿佳怡，译. 学术交流，2017（1）：16–25.
② 胡百精. 互联网与集体记忆构建［J］. 中国高校社会科学，2014（3）：98–106.

忆，而且与集体记忆的构建和演变密不可分。大众传媒，尤其是电视中呈现的历史的故事，远比课堂上、历史教科书中呈现的要生动得多。此外，在课堂教学和历史教科书要求注意历史事实的客观呈现，但大众传媒可能会倾向于与过去的历史和记忆建立个人和情感上的联系，这种联系与集体记忆有关。因此，大众传媒对于集体记忆的构建和维护极其重要。大众传媒对于过去重大事件的集体记忆建构的主要方式是报道纪念活动和各种纪念仪式。周年纪念新闻是以有意义的方式将过去与现在联系起来，纪念的对象常常是统治者希望建立社会共识的事件或人物。

总之，集体记忆无处不在，并且有多种再现和保存的媒介。它可能出现在空间场所的风格中，嵌入物理景观中，再现于仪式的操演中，或者文学创作的故事中，随意的个人对话中。既包括狭义的媒介即大众传播媒介，也包括广义的媒介，这些包括：国家假日、公众演讲、纪念馆、博物馆、仪式、风俗习惯、文学影视作品、摄影、雕塑等各种各样的媒体。

第二章　大众传媒与汶川地震的集体记忆

第一节　大众传媒作为集体记忆修辞工具

一、新闻媒介作为集体记忆的中介

集体记忆可以用多种方式构建，使用多种媒介。但是，重构和唤起集体记忆最有效的手段之一就是大众传媒。

事实上，大众媒体与记忆之间的关系是复杂而重要的。对大多数公众来说，大众传媒是我们了解、理解历史的主要来源，是我们认知历史的主要工具之一。大众传媒为公众提供了特定的历史叙事，也是记忆历史的来源之一，更是重塑公众记忆的一个重要机构、中介和"历史的初稿"。在现代社会，集体记忆的生产与再生产往往依靠专门化的社会机构。大众传媒是公众获取信息的重要来源，它提供的各种文本、图像与信息决定着受众"想什么"，记录了也培育了公众将来应该记住什么。大众媒体对生活的全面渗透，也使得其变成支配性的公共信息提供者，新闻媒体对集体记忆的建构，不仅涉及重大历史事件，更是涵盖日常生活。因此对集体记忆的建构起着举足轻重的作用，成为塑造对过去认知的有力工具。

　　李红涛、黄顺铭认为，大众媒体不仅是记忆的"平台"或"渠道"，它借助各种叙事方式"重访"或"再现"过去，建构并"介入"现实，实质是一种"记忆实践"（mnemonic practices）。他们认为，我们有必要将新闻生产视为"记忆实践"①。

　　詹姆斯·凯瑞（James Carey）的传播的仪式观认为新闻媒体的传播是一种致力于维护社会公共记忆的仪式，创造、维护、表现和庆祝共同的精神和信仰；认为大众媒体的新闻是一种共享集体记忆的仪式。詹姆斯·凯瑞的传播仪式观区别于仅将新闻传播视为信息的传递与位移，尽管这样一种理解新闻传播的模式模糊了生产者和接受者之间的界限。因为在凯瑞看来，新闻传播的本质是，受众不再是受众，而是一种参与者。新闻传播活动是一个记者和观众的对话与共享，以一种团体或共同的身份基于想象共同体（国家认同、群体认同）的精神共享、共识的一个场所，一同构建集体记忆和共享集体记忆。

　　在现代社会中，尤其是大众传媒时代，人们生活在强大的隐喻、象征及各种修辞中。这些隐喻、象征、修辞部分是由媒体转化而形成的。我们对过往历史的记忆在一定程度上是媒体选择记忆的历史，是媒体的记忆转化为我们个人记忆的历史。进一步说，如果媒体没有选择记忆，媒体没有讲述报道这一事件或这段历史，那么相关的集体记忆就会被抹去。因为只有那些被新闻媒体认为值得铭记、了解的历史片段才会成为公众永久的记忆。

　　既然集体记忆的建构是由媒体有选择性地进行建构的，那么新闻媒体如何在文化、政治、技术和社会的场景中，通过与其他社会机构或社会群

---

① 李红涛，黄顺铭.新闻生产即记忆实践——媒体记忆领域的边界与批判性议题［J］.新闻记者，2015（7）：36-45.

体的互动来修辞性地塑造集体记忆，是我们考察媒体与集体记忆关系的重要问题。①

二、新闻媒介的修辞框架与集体记忆建构

新闻媒介作为建构集体记忆的介质已成为共识，但是具体来说，媒体如何建构集体记忆呢？本书中提到的几位记忆学者提供了一些可能性。首先，通过实时的报道，媒体提供了记忆生产的"原材料"。然后，大多数人通过媒体报道"经历"重大的国家事件。此外，媒体还通过充当原材料的"仓库"来支持集体记忆的构建。过去的历史事件就像一个蓄水池，新闻媒介提供"原材料"——文字、照片、视频、音频等，还可以自由地在其中翻找记忆标记，从中调集记忆，重新编辑关于这一历史事件的故事或文字，并从当下意义来解释它们。在这个过程中，原本不打算成为历史记录的"文本"变成了历史。可以说，这些事件都是框架后的事实。

由于事件的原始含义不再为我们所熟知，所以由新闻媒体作为记忆编辑器来恢复、修改它，甚至可能是完全重新组合它。在这样做的过程中，新闻媒体不仅"重温"了过去，还重塑了过去。新闻媒体讲述的新故事将"过去与当下、当下与未来"联系起来，创造出一种具有当下意义的叙事轨迹。因此，新闻传播媒介是一个框架。在这个框架内，社会群体可以构建自己的公共时间感。这是集体记忆的一个维度，通过这个维度，社会群体获得了一种共同想象空间，并在此想象空间中共享过去、现在和未来，从而建构共同的集体记忆。

---

① 李红涛，黄顺铭.新闻生产即记忆实践——媒体记忆领域的边界与批判性议题［J］.新闻记者，2015（7）：36–45.

　　但是媒体如何建构集体记忆呢？哈布瓦赫认为，集体记忆需要一定程度的社会框架，以便记忆发挥作用。媒体建构集体记忆的过程需要重复，为了不忘记它的过去，一个国家或一个社会群体必须不断地复述它的故事，这是一种建构性叙事的复述。然而，随着每一次复述，"来自过去"的叙述都呈现新的形式和意义。哈布瓦赫认为记忆在很大程度上是对过去的再现，借用了现在的框架，这种再现是通过对过去的被改变的记忆再现而实现的。哈布瓦赫将这种记忆工作比作对一幅肖像的润饰，在这个过程中，新图像覆盖了旧图像。

　　哈布瓦赫认为，社会框架必须建立在适当的位置上，并在群体中传播，以便记忆发挥作用。在这一点上，与新闻媒介的相似之处也是显而易见的。尽管新闻专业主义要求对报道对象保持客观中立和不偏不倚的态度，但在新闻实践中，新闻框架无处不在。

　　框架研究的起源通常被认为是欧文·戈夫曼（Erving Goffman）1974年的作品《框架分析》。1974年社会学家欧文·戈夫曼将起源于认知心理学的框架理论引入文化社会学研究领域，并从此成为分析媒介报道内容最为常见的方法之一。戈夫曼认为，人们在认知社会事件时总是倾向于采取一些主要的（Primary）"基模"（schemata）来解释。这些基模帮助人们用确定的语词来定位、感知、识别和标签看似无限的具体事物或事件。他把框架描述为"解释图式"，是人们感知、认识、解释、理解世界的一种认知结构。[①]

　　不同的学者对于框架有不同的理解。潘和克西克（Pan and Kosicki）在《新闻话语的框架分析》中将框架称为一种方法；[②] 也有学者认为框架是一个理

---

① 　GOFFMAN E. *Frame Analysis*：*An Essay on the Organization of Experience*［M］. New York：Harper &Row，1974：10–39.

② 　ZHONG D，PAN，KOSICKI G M. Framing Analysis：An Approach to News Discourse［J］. *Political Communication*，1993（10）：55–75.

论或范式，如舍费勒（Scheufele）的《框架作为媒体效应理论》，^①普莱斯、图克斯伯里和帕瓦斯（Price，Powers，Tewksbury）的《转换思路：新闻框架对读者认知的影响》^②，恩特曼（Entman）的《框架：对断裂范式的澄清》^③。

随着社会学、新闻传播学、语言学等学科对"框架"概念的广泛运用和深刻阐释，"框架"成了一个被越来越多学科领域所认知的重要理论概念。"框架"实质上反映的是一种社会建构主义（social constructionism）思路，本质是探讨框架如何被社会建构（包括谁是框架提供者，frame sponsors），框架如何影响人们的理解和偏好（preferences）。^④

本书将框架视为一种修辞。

西方古典的修辞学研究大都集中在修辞的实际应用上，认为修辞是为了达到特定的目标，是对于口头或书面交流的策略性使用。这种研究强调了两个主要观点：一方面，我们使用的语言或传播媒介具有工具性或目的性；另一方面，我们希望通过语言的使用达到劝服等特定的目标。从这个意义上说，修辞是有说服力的手段和技术，它试图影响我们个人和集体的观念与行为。这与框架理论的核心（信息的选择性呈现能够影响态度、观念、决策和行为）是相一致的。框架通过人为赋予的"选择"和"凸显"的功能^⑤，微妙地引导我们以特定的方式过滤对世界的感知，使现实的某些方面比其他方面更引人注目，从而影响着人们对客观现实的认知和立场。从这个意义上来说，框架就是一种修辞。而大众媒介建构集体记忆的过程正是通过潜藏着的框架式处

---

① SCHEUFELE D. Framing as a Theory of Media Effects [J]. *Journal of communication*，1999（1）：103–122.

② PRICE V，TEWKSBURY D，POWERS E. Switching Trains of Thought：The Impact of News Frames on Readers' Cognitive Responses [J]. *Communication Research*，1997（5）：481–506.

③ ENTMAN R M. Framing：Toward Clarification of a Fractured Paradigm [J]. *Journal of Communication*, 1993（4）：51–58.

④ 钟之静. 媒介框架竞争：群体性事件网络舆论话语实践 [J]. 今传媒，2015（11）：16–19.

⑤ 钟之静. 媒介框架竞争：群体性事件网络舆论话语实践 [J]. 今传媒，2015（11）：17.

理，或通过选择性地调集记忆，在无形中建构媒介框架，并用当下的意义重新编辑，以重新进行意义的生产过程。这个过程不断重复，随着每一次重复，来自过去历史的叙述都呈现新的符合当下的意义。

媒体试图选择性地重构记忆以产生影响，那么媒体运用修辞框架重构的记忆是否能产生影响和认同？以美国当代著名的新修辞理论家伯克（Burke）为代表的新修辞学派认为，修辞并不总是故意要有说服效果。伯克认为，古典修辞学的关键术语是"说服"，"新"修辞的关键术语是"同一"和"认同"。从心理学的角度来说，新闻框架作为解释图式，只有在社会化过程或其他类型的社会学习中获得现有的相关或适用解释图式，其影响力才是有效的。

换句话说，出现在媒体或作为传播活动一部分的框架，当它们与受众所持有的感知产生共鸣时，最具影响力。感知通常是指对突然变得相关的另一个问题的强烈感受，或与价值观念、信仰、政治或意识形态等价值结构产生共鸣。新闻框架的作用就是将公众的心理感知点连接起来。它们暗示了两个概念、问题或事物之间的联系。比如，当观众看到框架信息后，他们会接受或至少意识到这种联系。当一个问题的信息或新闻故事所暗示的价值、观念与特定受众中的心理之间存在一定的联系时，这个问题就被成功地框定了。或者，如果一个框架绘制的连接与一部分公众已经重视或理解的内容不相关，那么消息可能会被忽略或缺乏个人意义。

与这些心理解释相辅相成的是，美国著名的政治社会学家威廉·甘姆森（William Gamson）等提出了对新闻框架的"建构主义"解释。甘姆森认为，新闻是一个复杂的社会建构过程。① 根据甘姆森的研究，为了理解政治问题，公民使用媒体报道中可用的框架作为资源，并将这些框架与通过个人经验或

---

① GAMSON, CROTEAU, HOYNES, et al. Media Images and the Social Construction of Reality ［J］. *Annual Review of Sociology*，1992（18）：373–393.

与他人传播形成的框架结合起来。媒体框架可能有助于在公民中设定"框架竞赛"的条件，但它们很少能够完全决定公众舆论。相反，作为"框架竞赛"的一部分，一种解释可能会获得影响力，是因为它与当前的价值观念或一系列事件产生了共鸣与认同。正如甘姆森的研究表明的，社会建构主义框架方法也强调如果没有受众积极的心理参与，框架效应就不会产生，受众对框架影响的敏感性也不会使他们成为无知的被愚弄者。

新闻框架的概念也促使集体记忆研究者意识到新闻媒体在制作、生产和传播新闻时受到的许多限制，这些限制可能会影响通过媒体建构集体记忆和重塑集体记忆的修辞框架。媒体可以通过保存一些"记忆"的同时，埋葬另一些"记忆"来促进集体记忆的构建。新闻媒介的记忆建构受到经济、政治、意识形态等方面因素的影响。

新闻媒体是现代社会的一种普遍存在的力量，媒体在为广大人群构建集体记忆方面具有相当大的力量，因此一段记忆在媒体中呈现的方式以及媒体建构记忆的修辞框架可能会影响受众和群体的集体记忆。根据哈布瓦赫的记忆框架理论，媒体建构的记忆尽管经过久远的代际跨越，它的具体内容和细节已经变得模糊不清，但是它作为潜藏在记忆深处的集体意识留存下来了，我们仍然能够在这个框架内召唤对这一事件的回忆，记忆跨越时空在群体成员的意识中重聚在一起。

艾迪（Edy）基于对 1965 年洛杉矶爆发的"瓦茨骚乱"的研究，发现新闻调用历史事件的方式主要有三种：一是纪念报道，即在纪念日对历史事件进行报道；二是历史类比，即把过去的类似事件和当下的新闻事件进行对比，从而强调某种框架；三是历史语境，即将当下事件发生的原因追溯到历史事件上。简单地概括，即媒体通过"唤醒""凸显""遮蔽"来重构集体记忆。①

---

① GAMSON, CROTEAU, HOYNES, et al. Media Images and the Social Construction of Reality ［J］. *Annual Review of Sociology*，1992（18）：373-393.

三、不同媒介的集体记忆建构：赋权与去中心化

塑造集体记忆的"选择—构建"过程是持续的，它涉及政治、文化和意识形态方面的对抗，因为不同的解释者在公共舞台上争夺他们对过去的解释地位。

这就涉及集体记忆建构主体的权威问题：谁有权讲述关于过去的集体故事？关键问题是，谁可以成为集体记忆的构建者和讲述者？谁拥有唤醒集体记忆以解释现实的权力？这又涉及集体记忆与权力的关系问题。米歇尔·福柯（Michel Foucault）认为，"记忆是斗争的重要因素之一……谁控制了人们的记忆，谁就控制了人们的行为脉络。因此，占有记忆，控制它，管理它，是生死攸关的"。雅克·德里达（Jacques Derrida）则更明确地指出，"从过去到现在"的记忆建构就是一个权力运作过程，就是"过去"和权力一同"重获光明和重新开始生命运动的过程"。①

在建构集体记忆的各主体中，一个最重要也是最具有权威性的主体是国家和政府，它通过主流媒体和其他渠道积极推进为国家身份提供"恰当"内容的特定历史。在影响新闻媒介建构集体记忆方面，国家和政府是一个特别强大的助记剂，它往往没有同样强大的竞争对手。

在大众媒介出现之前，讲述历史、塑造集体记忆主要是由学术和政治精英来完成。但是随着大众传媒的产生，以及各种新传播技术和新兴媒介的出现，讲述过去历史的权力不再是学术和政治精英的专利。如今，重大历史事件的公共意义不仅通过学术和政治精英的解释，而且也通过各种大众传播媒介获得。

大众传播媒介如今也被赋权作为历史叙述者和集体记忆塑造者，那么，

---

① 转引自胡百精. 互联网与集体记忆构建［J］. 中国高校社会科学，2014（3）：98–106.

大众媒体是如何运作并实施文化权威，或者更确切地说，是如何协调作为记忆媒介和对过去的解读的角色？在争夺权力叙述过去并注入意义中，新闻媒体的定位非常独特：一方面，新闻媒介呈现自我，被社会视为社会文化斗争的平台，作为一个公共平台和领域，为政治精英、学者、各种群体提供了一个公共领域，新闻媒介这个平台被寄希望于影响集体过去的叙述方式及理解；另一方面，新闻媒介也是集体记忆建构竞争中的参与者，不同的媒介在争取自己作为过去社会故事的权威讲述者。

特定的媒介机构以及个别的媒体专业人士扮演着重要的记忆代理人的角色，他们渴望提供自己对集体过去的解读。这种解读总是根植于过去和现在的个人经验或制度要求，而媒介专业主义、商业和意识形态倾向常常影响着大众媒体在叙述过去时所扮演的角色。除此之外，不同的媒介还运用不同的叙事策略、叙事框架和运作模式，围绕着对过去事件的呈现，可能经常会出现不同甚至冲突。社会中不同的群体也可能会根据自己不同的兴趣，试图促进（或阻碍）公众对不同历史事件的讨论，或者对同一事件赋予不同的含义。

但是集体记忆并不仅仅发生在公共领域，也发生在私人领域，例如，家庭聚餐、班级聚会和老朋友的拜访。正如欧文·扎洛克所指出的，"人们如何看待过去的历史，以及他们如何理解历史和记忆历史，很大程度上取决于他们的经验" [①]。随着网络等新媒体的出现，新的语境下公共与私人之间的关系也随之发生变化，网络可以看作是介于公共话语与私人互动之间的中间道路。这个平台上发生的交流动态是以日常互动的形式出现的，个人观点和个人想法经讨论和协商达成共识。

互联网将记忆和交流、对话、协商联系在一起，使与多个对话伙伴的存

---

① IRWIN-ZARECKA I. *Frames of Remembrance*：*The Dynamics of Collective Memory*［M］. New Brunswick，N.J.：Transaction Publishers，1994：9.

档和交流成为可能。它作为一个平台，使得具有不同文化背景的网民可以参与一个事件的集体记忆建构过程之中，可以展开对话、交流、协调。通过这种方式，集体记忆作为"不同的视角"的集体协商，在如何记忆过去的问题上进行"对立和争论"。

网络的开放性将互不相关的信息碎片拼凑起来，不同的故事及其来源、解释和观点被选择并组织成或断裂或连贯的叙述。在这个意义上，网络媒体形成了一种新的混合形式的记忆。这种新的记忆是公共的，因为个人数字记忆呈现在网络平台中被所有人"可见"。但也是私有的，因为这种记忆可以不断地被修改，甚至也能被完全清除。新的数字媒体及其相关技术也提供了在汶川地震这样举国悲痛的时刻建构集体记忆和集体身份的可能性。

换句话说，网络自下而上的参与式文化允许个人参与到集体记忆的生产过程中，集体记忆不再只是被个人所记忆和消费，而是允许个人以参与式和去中心化的方式创造性地生产出来。因此，通过我们的数字实践、我们与技术的交互以及我们与数字网络的连接产生的新记忆是被所有人可见的，是每个人都可以访问到的。此外，它是流动的，因为它可以被网民或某一群体塑造和修改，从而使得这种记忆也成为一个网络社群和某一群体的记忆，建立和维护彼此的关系和群体身份。

同时，这也从另一方面表明，互联网可以被理解为一个民间性的记忆场所。互联网正在成为一个替代官方记忆叙述和官方观点争论的新舞台，这可能会挑战官方叙述（知乎问答上关于汶川地震记忆的一个案例研究表明，情况并不总是如此，见下一节）。而官方的记忆媒介，如博物馆、主流媒体和历史教科书等，往往优先官方叙述，是为了使建构国家认同的方式更具合法性，而互联网可以让更多的声音参与生产集体记忆。与博物馆、主流媒体传统自上而下的建构记忆方式相比，互联网被认为是一种自下而上的参与式文化，这意味着记忆是以参与式、去中心化和去地域化的方式创造性地产生的。

通过传统记忆媒介构建的记忆叙事在很大程度上还是被官方和主流媒体控制着。尽管如此，互联网为非地域性的、自下而上的、参与性的集体记忆构建所提供的潜力表明，在汶川地震的集体记忆建构中也存在类似的集体记忆创造过程。集体记忆也进入大众书写时代。[①]

本章第二节将以实证研究的方法探讨汶川地震的集体记忆建构中，官方媒体和民间网络媒体各自建构了怎样不同的记忆，一般媒体和特定媒体的权力来源是什么，各个不同的媒介所建构的记忆之间存在怎样的关系。

第二节 不同媒介视域下汶川地震集体记忆的修辞框架研究

一、问题意识与研究构架

甘姆森的建构主义框架理论，使我们可能会提出这样一个问题：框架是否通过凸显或改变观点直接塑造了个人的认知？框架是否使某些关注在公共领域更加突出，从而使它们更有可能被个人用来解读一个问题或主题？框架是否会激活情绪反应，从而调节产生框架效应的认知机制？

汶川 5·12 特大地震距今已逾 10 年，惨烈的伤亡成为国人无法抹去的记忆。每年 5 月 12 日前后，关于汶川地震的记忆与报道就会见诸各类媒体，汶川地震已然成为中国人的集体记忆。在关于汶川地震集体记忆形成的过程中，

---

① 胡百精.互联网与集体记忆构建［J］.中国高校社会科学，2014（3）：98–106.

各种大众传播媒介无疑起到了举足轻重的作用。本节着重于探究不同性质的媒介是如何建构和形塑汶川地震的记忆的？是否产生了效应？本节拟从集体记忆理论和修辞的角度解决以下的问题。

第一，以《人民日报》为主的官方媒体对于汶川地震进行了什么样的集体记忆建构？运用了怎样的修辞框架？

第二，关于汶川地震，都市类报纸和知乎平台等非官方媒体形成了怎样的记忆？

第三，不同媒介建构的记忆（集体记忆和个人记忆）之间是否相互影响？官方媒体的修辞框架是否产生了认同？

为了回答上述三个研究问题，本节选取一个纵切面和一个横断面——《人民日报》自 2008 年汶川地震发生后 10 年来的报道和 2018 年汶川地震 10 周年全国各主要媒体的报道进行定量分析和内容分析，其中会特别注意作为个人记忆平台的知乎问答。

二、《人民日报》对汶川地震集体记忆的修辞框架

（一）样本选择

周年纪念日新闻是对具有里程碑意义的重要历史事件周年纪念日活动的报道，以定期唤醒公众对该重要事件的记忆，它为研究新闻媒介建构集体记忆的修辞框架对公众记忆之影响提供了一个很好的窗口。

本节选取 2009 年至 2018 年 10 年间，每年的 5 月 12 日前后一个月《人民日报》关于汶川地震的报道文章为样本。选择这个时间段，是因为汶川地震发生于 2008 年 5 月 12 日，除地震发生当年媒体进行大量集中报道外，之

后汶川地震逐渐淡出媒体报道。但由于纪念日的设立，每年"5·12地震纪念日"前后会出现相对集中的报道。选《人民日报》是因为从1948年创刊以来，其一直作为党和政府的喉舌，最具权威性和典型意义，是官方媒体的代表，《人民日报》的报道最能够代表国家和政府对于汶川地震的记忆。

对此时期内的《人民日报》逐日逐条进行阅读，最后得到有效报道篇数为285篇（不含图片新闻）。

（二）报道时间及数量分布分析

对285篇报道进行分析，汶川地震报道数量及其分布如图2.1所示，汶川地震报道篇数总体呈现逐年减少的趋势，5周年和10周年各有一个小高潮。

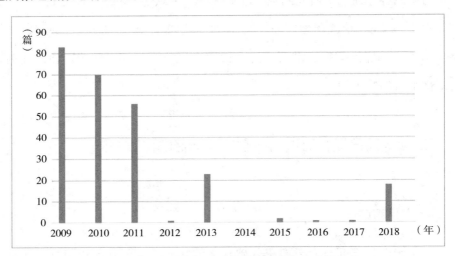

图2.1 《人民日报》汶川地震报道篇数及时间分布

（三）修辞框架分析

修辞框架分析基于对报道全文的阅读与理解，从而判断《人民日报》对汶川地震报道呈现的集体记忆修辞框架。

本书将285篇报道提炼出13个报道角度或报道主题如下。①领导活动；

②抗震救灾重建成就；③抗震救灾重建举措；④抗震救灾重建精神；⑤抗震救灾重建英雄人物；⑥感动感恩，表达感恩之情；⑦灾难记忆；⑧抒发情感；⑨地震科普；⑩祝愿希望；⑪周年纪念；⑫亲历者灾后重生；⑬地震相关的场馆建成、座谈会、事迹报告会等其他消息（见表 2.1）。

表 2.1　报道主题分类

主题	篇数	占比（%）
领导活动	7	2.5
抗震救灾重建成就	73	25.6
抗震救灾重建举措	23	8.0
抗震救灾重建精神	28	9.8
抗震救灾重建英雄人物	49	17.2
感动感恩	20	7.0
灾难记忆	7	2.5
抒发情感	5	1.7
地震科普	8	2.8
祝愿希望	12	4.2
周年纪念	7	2.5
亲历者灾后重生	15	5.2
其他消息	31	10.9

从表 2.1 可以看出，占比最大的分别是报道抗震救灾重建成就（25.6%）、抗震救灾重建英雄人物（17.2%）、抗震救灾重建精神（9.8%）和抗震救灾重建举措（8.0%）等主题；其次是感动感恩类主题（7.0%），灾难记忆主题（2.5%）。

分析《人民日报》的汶川集体记忆修辞框架，我们首先要将研究放置在权力的视角之下。权力问题和权威问题是大多数集体记忆范式下产生的研究的首要问题，即集体记忆由谁来建构？建构怎样的记忆？媒体从权力的角度出发，以自己的结构和形式塑造公众记忆。权力中心的记忆构架，自王朝时代起就成为中国灾难叙事的中心。张庆园在《传播视野下的集体记忆建构》

一书中指出：重构集体记忆从来都是现实社会中各种权力竞相争夺和角力的焦点，而具体的操作方法也离不了对符号和渠道的控制。

集体记忆本身就是一个符号体系，其传承离不开载体，其传播离不开媒介。①《人民日报》建构的汶川地震集体记忆具有风向标作用。《人民日报》作为党和国家的权威媒体，在建构集体记忆过程中，以塑造身份认同和国家认同为主导，以凝聚共识为主导，将汶川地震的集体记忆放置在政治和官方媒体的双重修辞框架之下。将灾难记忆放置在救灾、战胜困难、团结、认同、感恩的框架之下，这个框架决定了国家对汶川地震的意义建构和解释。

　　1. 凸显救灾框架：集体记忆的基调

《人民日报》的报道中可以看出，救灾重建成就的报道和工作经验即救灾重建举措的报道占比共 33.6%，即三分之一的内容重在凸显救灾成绩与工作经验方面的报道。《新居建成》《住上新房子，过上好日子》报道了地震一年后的都江堰市向峨乡：全乡两千五百多位失去住房的村民们都住进了新房子，而这一切都得益于党和政府将村民的住房修复工作作为灾后重建工作的重中之重，把尽快解决民众住房作为重要的民生工程真真切切地落实到位。

《雅安灾区 废墟上崛起新家园》报道了雅安市作为四川 6 个重灾区之一在加快经济社会发展、加快灾后恢复重建步伐、加快移民工作进程方面的举措和成就。《汶川地震重灾区如今充满生机》报道了地震 10 年来，在党和国家的坚强领导下，汶川地区经济结构更加优化，人均 GDP 大幅提升，财政实力持续增强，灾区发展成效显著。《十年重建 家园更美》展现了新北川重新焕发生机的面貌，《智慧火花在灾区闪耀》歌颂了四川灾后重建规划专家指导组在抗震救灾和灾后重建规划工作中所付出的智慧与汗水。《抗击汶川地震的

---

① 张庆园. 传播视野下的集体记忆建构——从传统社会到新媒体时代［M］. 北京：中国社会科学出版社，2016：32.

"四川实践"与启示》揭示了中国特色的制度优势和"能够集中力量办大事"的政治优势是抗击地震巨灾胜利的重要原因。

《生产全面恢复震前水平》《加快建设幸福美好新家园》《"汶川十年 美丽涅槃"》等报道从灾区人民生活、家园重建、灾区生产、城市建设等方面报道了汶川地震后所取得的成就及灾后重建工作中的措施和工作经验。可见《人民日报》所建构和呈现的国家对于汶川地震的记忆是在凸显党和政府救灾重建的修辞框架下进行的。

第一，这与中国从远古神话时代到现代中国长期以来的文化基因有关，中国从远古时代就开始了"灾难—救灾—英雄"的集体记忆模式。在中国远古神话中，著名的女娲补天、后羿射日、大禹治水等神话故事都是有关灾难的。"天不兼覆，地不周载，火滥炎而不灭，水浩洋而不息，猛兽食颛民，鸷鸟攫老弱。""十日并出，焦禾稼，杀草木，而民无所食。猰貐、凿齿、九婴、大风、封豨、修蛇皆为民害。"

人类承受着一个个洪水滔天、天塌地陷、猛兽横行、万物枯竭、民无所食的大灾难，然而每一次灾难总是伴随着"拯救者""英雄"如女娲、后羿、禹等的出现，炼石补天、治水、射日等壮举就是在抗灾救灾和救世。张光直在《中国青铜时代》中将其概括为"天灾与救世"。在中国的远古神话中，抗灾英雄面对灾难的不屈不挠、坚韧不拔、奋不顾身的救灾的行为和精神，积淀在中华民族的文化记忆里，保存着中国人民对于灾难的集体记忆，"灾难""救世"凝结着中国集体记忆的基因。

到了现代中国，共产党和毛主席将中国人民从日本侵略的水深火热中解救出来，从人们耳熟能详的"没有共产党就没有新中国""毛主席是中国的救星、人民的大救星、民族的救星"等传唱中，可以看出远古神话中的英雄被革命烈士、共产党和领袖毛主席所替代。

"灾难—救灾—英雄"的集体记忆和灾害叙事在中国人民的心里留下深深的烙印，也延续在当今的汶川地震的报道中。从《人民日报》的报道中可以看出，"救灾"与"抗震精神"交织在一起，共同纳入"灾难—救灾—英雄"的灾难叙事和爱国叙事中。"灾难"（地震）被打败，体现在党和政府以及抗震救灾的解放军和武警战士的英雄壮举之中，其实质是远古神话中"英雄叙事"和"灾害叙事"的回归。

重大灾难事件可能对一个国家的政治稳定、国家认同产生重大影响。在重大灾害事件中，国家能否众志成城拯救受害者，重建受灾地区，还是无能导致各种矛盾的激化，这可能会影响到国家的凝聚力。汶川地震后，党和政府的抗震救灾表现和《人民日报》等媒体"救灾""成就"的报道体现了"战胜灾难"人定胜天的民族精神和英雄叙事，"任何困难都不能压倒英雄的中国人民"，强有力的国家和政府带领英勇的中国人民"战胜""征服"了汶川特大地震这场灾难，成为灾难的救赎者。

过多地渲染灾害本身或者地震的损失和破坏性不利于提升士气，灾害的破坏性和悲剧性也不利于融入"灾难—救灾—英雄"这种英雄叙事中。《人民日报》的报道中，更多的是凸显党和政府抗震救灾重建的行动、措施、成就以及抗震救灾中涌现的英雄人物。

第二，是"抗灾救灾才是新闻"理念的延续，形成了"抗灾—救灾—英雄"的灾害叙事模式。

1948 年 10 月，《人民日报》刊发了一篇新闻《全区人民团结斗争战胜各种灾害》。这是一篇类似于工作报告的长新闻，整个新闻分为三个部分。第一部分详细罗列了全区包括冀南、冀中、太行、北岳、冀鲁豫、太岳等几个地区遭受的各种灾害，包括水灾、虫灾、春荒、旱灾、风雹灾、狼猪灾、瘟疫等，还有各种灾害受损人数、面积、危害等。第一部分内容占据新闻的三分之二篇幅；第二、第三部分分析了遭灾原因，介绍了救灾成绩和经验。有关部门对这篇新闻进行了批评，批评报道大篇幅罗列各种灾害，给人造成一幅黑暗的图画，使人读后感到异常沉重的压迫。既然全区秋收平均有七成，就应该着重从积极方面宣传战胜灾荒的巨大成就。

1950 年 4 月 2 日，中央人民政府新闻总署在《关于救灾应立即转入成绩与经验方面报道的指示》中，反对纯客观地报道灾情，要求各地新闻机关"现应立即转入救灾工作的报道，重点突出救灾经验与成绩，一般情况下不要再过多报道灾情"①。1954 年长江流域发生特大洪水，新华社制定报道原则：①报道灾情，不要盖过生产；②着重报道积极同灾害斗争，战胜灾害，夺取丰收；③报道范围暂时固定在几个可以确保的重点和某些受灾较轻、很快可以恢复生产的地区；④不做全面报道，不讲具体灾情。② 在这一系列的指示下，我国的灾难性报道形成了"抗灾救灾出英雄""灾害不是新闻，抗灾救灾才是新闻"的报道理念。③

改革开放以来，这种报道理念逐渐得以扭转，尤其是一些营利性媒体和新媒体基本摆脱了这种报道模式，但是在官方媒体中，这种报道理念仍在沿用。从前文的框架分析中，可以看出，《人民日报》的报道更多地采用官方视角，描述党和政府的救灾措施及灾后重建成就，以及抗震救灾重建中的英雄人物；灾情实况和灾害影响未过多渲染，多宏大叙事，凸显党和政府的领导、抗震救灾精神。《人民日报》对于汶川地震的报道，仍然是"抗灾—救灾—英雄"战胜灾难的报道框架。

---

① 沈正赋.灾难新闻报道方法及其对受众知情权的影响［J］.新闻大学，2002（2）：44–47.

② 张君昌.60 年来中国应对突发事件的政策法规及新闻报道和编辑理念演变［J］.中国编辑，2009（3）：48–51.

③ 孙发友.从"人本位"到"事本位"——我国灾害报道观念变化分析［J］.现代传播，2001（2）：33–37.

第三，是《人民日报》的媒体属性所决定的。《人民日报》是党的机关报，作为党报，奉行列宁的党报应该是党的宣传者、鼓动者和组织者的理念。《人民日报》正是在这一观点指导下践行其核心理念"党性原则"并始终保持对党和国家的忠诚。《人民日报》作为政府的喉舌，必然是宣传党的纲领、政策和方针的重要渠道，尤其是在汶川地震这样的重大灾难性事件中，它的基本功能是向社会公众传递或塑造其潜在的信仰、精神和价值观。

据前文的数据，《人民日报》的报道中，弘扬抗震救灾重建精神和反映党和政府抗震救灾重建举措和成就的占比较高。其实质是通过《人民日报》反映党和国家对于抗震救灾的重点工作体现在"拯救""救灾"等方面，强调政府对于"拯救生命"和恢复重建的重视。《人民日报》的功能是"宣传""动员"和"凝聚"，宣传党和政府应对灾难的举措，动员全社会朝着共同的目标应对灾难，激发社会共识，将遇难者个人的命运和国家命运联系起来，在"救灾—英雄"主义的叙事中凝聚共识。

总的来说，《人民日报》通过有选择性的宏大叙事，将汶川地震记忆的"灾难—救灾—英雄"修辞框架纳入党和国家的记忆体系中，隐含着权威性和合法性，最终完成党和国家对于汶川地震集体记忆的建构。

2. 价值框架：凝聚集体记忆

集体记忆系统由符号记忆、情节记忆和价值记忆构成。[①] 价值记忆对于集体记忆至关重要，价值记忆是集体成员共享历史记忆的一致与运用。

重大灾难事件进入群体的集体记忆中，不仅是对事件的再现，还包括对这一灾难或创伤的持续重构，包括对于它的意义和价值的重构。灾难的集体记忆不同个人记忆，个人记忆更多来源于个人的直接生理和心理体验；集体记忆存在于事件的幸存者的体验之外，并且被群体成员记住。他们可能在时

---

① 詹小美，康立芳. 集体记忆到政治认同的演进机制［J］. 哲学研究，2015（1）：114-118.

间和空间上远离灾难事件，尤其是那些从未目睹过真实事件的灾难幸存者的后代，对这些事件的记忆可能与幸存者不同，而这些过去事件的建构可能在一代又一代中呈现不同的形态和形式。重大灾难不仅是一种破坏性的事件，而且也是构建集体意义的一个不可替代的部分。一个群体过去所遭受的重大灾难的集体记忆，可能会产生一种选择性的灾难建构动力，这种动力将灾难、记忆和精神意义文化价值之间的联系编织起来。

在公共政治话语中常常蕴含着丰富的表征和隐喻，对历史的集体表征并不一定反映历史真相，而是历史事实与共同的精神和信念价值的结合。共同的精神和信念是形成和维持群体身份的基本要素，《人民日报》作为党和政府的导向和标杆，通过多难兴邦的政治表征和隐喻，隐含着其修辞框架。通过隐喻的抗震救灾方面，建构特定意义，凸显中华民族精神，从而建构出民族精神和身份认同，契合国家的内在需要和共同体集体记忆的要求。

在《人民日报》对汶川地震报道中，歌颂抗震救灾重建精神的共28篇，占比9.8%。尽管大地震造成极大的创伤，看下列标题的关键词《伟大的抗震救灾精神永放光芒》《团结就是力量 拼搏才能胜利》《挺起中华民族不屈的脊梁》《传承文明 精神永在》《人民至上是历史的正常》《这里正从悲壮中生长希望》《重整山河织锦绣》《努力建设幸福美好新家园》《让爱传下去……》《在这里我们写下中国力量》《那些不屈的力量让我们前行》《大爱无疆 手足相扶》《从汶川到玉树：一个国家在磨砺中前行》，可以感受到，在巨大的灾难面前，中国没有乱，四川没有垮，中国人民没有消沉下去，而是在与灾难斗争中，展示了不屈、奋起、团结、拼搏、文明、希望、大爱无疆、以人为本、万众一心、众志成城等民族精神。

在重大灾难中，民族精神和价值提供精神动力。在汶川地震记忆建构中，《人民日报》调用抗震救灾精神框架，凸显在应对灾难、战胜灾难中，中华民族所显示的民族精神，建构了国家在灾难中淬炼砥砺奋进的集体记忆。这种民族精神和意义的建构，也是中华民族在漫长的历史中连续性的集体记忆中的一部分，是中国人民面对困难时的一种文化衍生，与中国文化最深层的价值观和愿望产生了共鸣。中国人民常常在灾难中寻找积极乐观向上的意义，对于重大灾难事件，这种意义和精神的记忆建构促进了群体的凝聚力和共同的命运感，以及对群体身份的认同感。也为群体的过去、现在和未来成员之间提供连续性的价值认同和精神认同，实现历史、文化的连续性和跨时代认同。

记忆是情感性和象征性的，会无意识地不断变形，易受操纵和挪用，且依附于个人或群体。集体记忆的移情性使它在修辞上具有强大的力量，感受群体中其他人的痛苦或快乐，能使个人记忆转换为集体记忆。

由国家层面的口号式的价值记忆的灌输，无法形成全体成员共享记忆的一致性和互动性，情感认同在集体记忆建构中的重要性不容忽视。灾难性事件尽管造成巨大的创伤，但是创伤性事件作为集体记忆能够成为文化象征，在灾难事件和创伤性事件之后，情感可以被激发和调动，可怕的灾难性事件也可以成为公众动员和产生情感认同提高民族认同感的绝好时机。这些具有象征意义的创伤性事件，是见证什么是国家和民族重要的价值观的时刻，是凝聚人心的时刻。

因此，建构创伤记忆的重要性是在集体中建立一种休戚与共的情感，成员可以进而构筑集体意识的共同参与感。具体而言，它并不需要每位成员都经历过该创伤性事件，只要将这个集体形塑为一个具有同一身份标志的情感凝聚体，就能"唤起成员犹如经历过这些创伤事件的经验"①。《人民日报》的

---

① 张惠岚.创伤、记忆与仪式：后二二八纪念性文化的叙事及建构［D］.硕士学位论文，中国台北：台湾中正大学，2011.

报道中抒发情感表达心愿的篇目共 17 篇，每一个人都并非经历过汶川地震，但这些报道中表露的情感激发我们的共鸣，使我们认同汶川地震的受难者就是我们的手足同胞，在分享他们的鲜活回忆时，我们也会体验到一种难以名状的伤痛。当我们进入全国人民众志成城、抗震救灾的情境中时，我们更能够感受到一种前所未有的爱与力量。

作为重大创伤性灾难的亲历者，一部分人会选择寻求"伤口的闭合"，实际上并不愿意再次回忆血淋淋的场面，提及惨痛的创伤，因此灾后不宜再过多地渲染创伤和展示伤痛，以免引发继发性创伤。《人民日报》关于"汶川地震灾后周年纪念"的篇数仅有 7 篇，占比 2.5%。灾后更为重要的是帮助灾民走出阴影，重新生活，因此《人民日报》的报道突出对灾后重建过程中表现突出的英雄人物和先进事迹的报道，报道党和国家如何在危难之后帮助灾区人民战胜困难克服恐惧，建构了"有困难找组织，危难时刻身边有党和政府"的集体记忆。《人民日报》汶川地震报道中，歌颂抗震救灾重建英雄人物的共49 篇，占比 17.2%，是所有主题中比重较大的一部分。

在灾难性事件之后，灾民和社会需要克服恐慌感。灾民需要治愈创伤，需要值得信任和可以依赖的对象。在《永远和人民血肉相连——记在地震废墟上为恢复生产、重建家园而英勇奋战的中国共产党人》中，中国共产党人始终奋战在恢复生产、重建家园的最前线，成为广大受灾群众最可靠的领路人、最信赖的贴心人。《回望志愿者遗书》歌颂了一批志愿者不顾个人安危义无反顾奔赴汶川的故事。《他们奋力耕耘在震区……》记录了一个个奋力耕耘在震区、不是亲人胜似亲人的英雄们。通过一个个生动的故事，《人民日报》在潜移默化中建构了灾后共同承担责任、战胜困难、休戚与共的情感和共同应对灾难、重构命运共同体的集体记忆。

3. 感恩框架：引导和固化集体记忆

在汶川地震集体记忆的形成过程中，《人民日报》所建构的救灾主题和感动、感恩主题形成互动，使所建构的救灾与感恩不断被突出与同化，使之更加趋近和服务于《人民日报》的修辞框架。在不断地突出、结构性淡化、再诠释下，记忆建构方（《人民日报》）和影响方（公众）之间共享汶川地震集体记忆。

从表 2.1 中可以看出，感动感恩主题共 20 篇，占比 7.0%。《关爱与希望中，我们在成长》报道一群被救的孩子心存感激、回报关爱的故事。《受过帮助，更知恩图报》报道"5·12"时接受过帮助的灾民和村民们知恩图报，作为志愿者，走村串户，帮助受灾群众搭建过渡房，以这种特殊方式纪念"5·12"。《长大我当空降兵》报道汶川地震中为解放军所感动，立下"长大我当空降兵"誓言的程强踏上了参军路，到了空降兵部队。再如下面这篇报道中记者的感悟：

汶川地震 10 周年之际，记者重返震区，到处可见漂亮整洁的楼房耸立，也在青山绿水间感受到震区群众的感恩之心。"涌泉之恩、滴水相报"——这是记者听到当地群众说得最多的话语。今年，汶川县将 5 月 12 日确立为汶川"感恩日"。（5 月 7 日《新华每日电讯》）

群体中每个成员独有的记忆如果缺乏一定的条件，就会成为零散的碎片化的个人记忆，最终难以聚合成为群体共享的集体记忆。也并不是每个人的记忆都会进入一个群体的集体记忆，它也不会总是以最初的形状和意义进入记忆。感恩意味着认同和内化，是个人记忆提升为集体记忆的前提。《人民日报》作为党的喉舌，根据政治认同的修辞需要，有选择性地突出这些感恩记忆，而忽略其他记忆，使之进入集体记忆的领域。

根据哈布瓦赫的理论，所有的个人记忆都是在集体记忆的框架下进行的。集体的框架内植于个人的记忆中，个人记忆不能在集体的框架之外保持"纯粹性"，个人会在集体记忆的框架下定位记忆。个人的感恩记忆呼应着、印证着《人民日报》认同的目标，而且个人记忆更为鲜活，更富有感染力，更能够将抽象的集体记忆具体化。《人民日报》提供的这样一个持久的记忆框架，会对个人记忆的内容产生巨大的影响，强化和规制个人的感恩记忆。个人的感恩记忆和《人民日报》所建构的集体感恩记忆就这样形成了一个相互渗透、相互影响的闭环。

三、不同媒介的汶川地震 10 周年记忆

在上一小节中考察了《人民日报》如何进行汶川地震的集体记忆的实践，考察了被记住和淡化的东西，以及谁来建构记忆、由谁记忆以及产生了什么样的效果。从上一小节的分析中，我们可以看出《人民日报》将记忆和遗忘的实践置于意识形态的语境中，从而使去权力化的个人记忆的可能性被遮蔽。

既然有意识形态和权力主导下的党和国家建构的集体记忆，那么便会有去权力化去意识形态的个人记忆。个人记忆与官方记忆的资源争夺反映了一种权力关系，对记忆的争夺、支配和重塑体现了人们的社会地位。个人记忆不是处于与权力相关的外在位置，而是多种多样的：个人记忆在权力主导下的集体记忆中扮演着相互补充的关系。

当我们把记忆和遗忘的文化实践作为多重权力关系汇聚的场所来审视时，首先要注意的是不同媒体视角的异质性，以及在多重关系汇聚中，记忆的形成、破坏、维持或消亡。记忆凸显或淡忘的背后不仅有社会、政治和权力的影响因素，还有一点是肯定的：我们不能把个人、一代人或公众的记忆与作

为所有形式记忆载体的媒体的特点及其影响力分开来讨论。分析不同媒介对于汶川地震 10 周年记忆的修辞框架，我们还需要将其与承载记忆的媒体特点联系起来讨论。

　　不同的媒体在相互竞争的"权力—修辞"框架之间，试图引导重塑一个给定的记忆。不同的媒体包含着特定的话语体系和它们制造和重塑记忆的特定方式。在"权力—修辞"框架之间的斗争中，一些记忆占据了优势，得以传播和认同，另一些记忆则被淡化和遗忘。一些个人记忆被推到了边缘，不被大多数人注意，甚至成为隐形的记忆，成为不依存于权力的记忆。

　　传统的集体记忆研究中，由于受到研究视野和研究框架的局限，也由于一直以来个人传播能力的弱小，个人在集体记忆建构中的主观能动性被长期忽略。哈布瓦赫以个人为中心的研究取向虽然关注个人记忆，但个人记忆只是以被动感知的角色出现，更像是被集体记忆"施舍"的对象。而在以社会为中心的集体记忆研究取向中，个人意识被弱化了。到了阿斯曼夫妇的研究中，个人仍然被"精心呵护"，对于整体的集体记忆建构从不发言。难道个人只能被动地接受那个"记忆的社会框架"？除了在被研究时能够表达一下自己理解集体记忆时的心路历程之外，个体对于集体记忆就再无发言空间了吗？ ①

　　本小节中我们要考察的是《人民日报》之外的都市报和知乎平台中是否包含一些被抹去或隐于主流框架之外的经历和记忆。凸显救灾、感恩等主流框架在《人民日报》的宏大叙事中占据主导地位。那么都市类报纸尤其知乎平台的个人记忆又呈现了怎样的记忆呢？

　　（一）数据选择

　　2018 年 5 月 12 日是汶川地震 10 周年纪念日，全国共有数十家媒体对

① 张庆园. 传播视野下的集体记忆建构——从传统社会到新媒体时代［M］. 北京：中国社会科学出版社，2016：195–205.

此进行报道，大部分媒体仅有一条相关报道。本书将此类媒体排除在研究范畴之外，选择推出策划报道并且报道篇数在 3 篇以上的媒体，确定了 8 个媒体样本，涵盖了传统纸质媒体、网络媒体和网络问答社区知乎。这 8 个样本是：人民网、澎湃新闻网、《华西都市报》、《成都商报》、《南方都市报》、《新京报》、《楚天都市报》和知乎。经过逐篇阅读，最终确定有效报道篇数为 76 篇，知乎问答主题 96 个。

（二）报道数量分布分析

汶川地震 10 周年报道数量分布见表 2.2。人民网推出了专题策划《奋进　巨变　展望——"5·12"汶川特大地震十年特别报道》，报道数量最多，达 23 篇。澎湃新闻网推出了专题策划《汶川地震十周年·记往开来》，报道数量仅次于人民网，共 16 篇。《华西都市报》推出专题策划《"5·12"汶川特大地震 10 周年 放眼皆是绿水青山 地震伤痕不再》，报道数量为 14 篇。《成都商报》推出专题策划《把家园建设得更加美好——以习近平同志为核心的党中央关心汶川特大地震灾后恢复重建发展纪实》，报道数量为 10 篇。《楚天都市报》推出专题策划《涅槃，汶川地震十周年祭》，报道数量为 7 篇。《南方都市报》推出专题策划《汶川地震，十年新生》，报道数量为 3 篇。《新京报》没有专题策划，只有 3 篇相关报道。

表 2.2　汶川地震十周年报道数量分布

媒体名称	报道篇数
人民网	23
澎湃新闻网	16
《华西都市报》	14
《成都商报》	10
《楚天都市报》	7
《南方都市报》	3
《新京报》	3
知乎	96

（三）修辞框架分析

入选的 8 个媒体样本有作为《人民日报》的网上信息发布平台人民网、专注时政与思想的互联网开放平台澎湃新闻网、定位为市民服务的《楚天都市报》《华西都市报》等都市报，还有分享知识、见解的问答平台知乎。不同性质的媒体对于汶川地震 10 周年的记忆修辞框架有何不同？本书将各媒体的报道提炼出 8 个报道角度或报道主题（见表 2.3）。

①领导关怀：以习近平同志为核心的党中央关心汶川地震灾后重建恢复工作；

② 10 年重建成就：报道灾区在生产、生活、家园、环境等重建方面取得的成就；

③ 10 年重建举措：报道各级政府、部门为了灾区恢复生产生活而采取的措施、行动；

④灾后 10 年美好生活：灾民在灾后 10 年间生活改善，过上幸福生活；

⑤亲历者 10 年重生及变化：灾难亲历者在灾后走出阴影，开始新的生活及 10 年来的变化；

⑥歌颂英雄及感恩：歌颂灾后重建过程中令人感动的人物或事件，并表达感恩之情；

⑦个人创伤记忆：对地震灾难的回忆及记忆；

⑧一般动态消息：与地震相关的场馆建成、座谈会、研讨会等消息。

表 2.3　报道主题分类

媒体名称	报道主题类别	篇数
人民网	领导关怀	3
	重建成就	8
	灾后美好生活	8
	歌颂英雄及感恩	1
	一般动态消息	3
澎湃新闻网	亲历者十年重生、变化	3
	重建成就	2
	歌颂英雄	1
	个人创伤记忆	6
	一般动态消息	4
《华西都市报》	重建成就	3
	重建举措	3
	亲历者十年重生、变化	6
	一般动态消息	2
《成都商报》	灾后重建成就	4
	重建举措	2
	亲历者十年重生变化	3
	歌颂英雄及感恩	1
《南方都市报》	重建成就	2
	灾后美好生活	1
《新京报》	亲历者十年重生变化	1
	重建成就	2
《楚天都市报》	重建成就	3
	歌颂英雄及感恩	4
知乎	个人创伤记忆	73
	歌颂	1
	感恩	2
	反记忆	16
	地震知识科普	2
	一般消息	2

如果我们将歌颂领导关怀、重建成就、重建举措及感恩类主题归类为国家的集体记忆，将灾难亲历者 10 年重建经历、10 年变化及个人灾难记忆、个人创伤记忆都归类为个人记忆。从表 2.3（除知乎外）可以看出，国家集体记忆共 39 篇，占比 51%，个人记忆 28 篇，占比 37%，一般动态消息 9 篇，占比 12%。需要说明的是，由于知乎社区的宗旨是"与世界分享你的知识与经验"，使得知乎社区 100% 都是个人记忆，因此统计上述占比时未将知乎社区的数据统计在内。

从上表统计数据来看，7 家媒体尤其是人民网，对于汶川地震 10 周年记忆的修辞框架与《人民日报》基本一致。人民网的 23 篇报道，除 3 篇是一般动态消息外，其余 20 篇皆为"救灾—成就"类主题。澎湃新闻网和几家都市类媒体更侧重于个人的灾难记忆，如澎湃新闻网关注了几位失独者的创伤记忆，网站专题还向用户征集个人的汶川记忆，用户也可以发布自己的汶川地震记忆与网站进行互动。

其他几家媒体如《华西都市报》《成都商报》《南方都市报》《楚天都市报》、澎湃新闻网等媒体以都市市民为主要受众。成都商报《十年新生·那些人》选取地震中曾经感动我们的那些人，如"最美断腿女孩"廖智、"敬礼娃娃"郎铮、"背妻男"吴家芳、"可乐男孩"薛枭等的 10 年历程，更有人情味，也更为细节化。这几家媒体所建构的汶川地震记忆与官方媒体人民网有所不同。

如同样报道灾区失独家庭，《人民日报》有三篇，分别是《灾区 1641 名妇女孕育新生命》《再生育技术服务两年来四川震区 2106 名婴儿出生》和《孕育生命最幸福》。

给记者留下最深刻印象的，是许多曾经在地震中失去子女的家庭，在国家政策的支持和社会各界的关怀下，又相继孕育了新生命。这些孩子是幸福的化身，是快乐的传播者。他们的降临，是生命的重建，是希望的延续。逝者长已矣，生者应珍重。新的生命已将希望延伸至未来，只有珍视当下，努力生活，才是对生命最崇高的礼赞。对于逐渐远去的伤痛，我们刻骨铭心；对于充满希望的未来，我们满怀期待。就这样前行，才是对幸福生活的完美诠释。

（《人民日报》2013 年 5 月 16 日）

《人民日报》的这篇报道侧重于展示成就，如"孕育新生命""幸福化身""快乐传播者""生命重建""希望延续""生命最崇高的礼赞"等表述。《人民日报》作为官方媒体所建构的集体记忆是通过凸显与共同历史相关的知识生产实践而产生的，所建构的汶川地震官方记忆通过对共同的过去赋予一种意义，并同时通过淡化对创伤记忆的解释，意图创造和维持一个灾后再生育群体幸福和希望延续的美好记忆，而失独者个人和家庭的生存境遇被淡化了。个人记忆则试图越过这些淡化、沉默和遗忘，对官方记忆所产生的成就性记忆进行补充。

同样的题材，澎湃新闻网的三篇报道则用不同的视角，建构了另一种关于汶川地震和失独家庭的创伤记忆。在《三位失独母亲自述：生养或领养，想再要个孩子》中，向传秀、张子玉和张晓晶（化名）都是四川绵竹市汉旺镇的失独母亲，在 10 年前的汶川地震中，她们分别失去了 20 岁刚参加实习的儿子、16 岁读初三的女儿和 12 岁读六年级的女儿。10 年来，向传秀等三人都曾尝试受孕再生，多次去医院治疗，长时间用中药调养身体，但由于年纪大、身体差等原因，没有如愿。

在《绵竹"断腿铁汉"：十年了，唯失独这关过不去》中的刘刚均是汶川地震的受害者，地震时，他乘坐的大巴车被垮塌的山石压埋。他在巨石下被压一天多后，让亲戚用钢钎、水果刀斩断了自己的小腿，并指挥亲属为自己止血、包扎，最终获救。作为顽强生存的典范，他曾当选北京奥运会奥运火炬手，参加火炬传递，鼓舞和感动了无数人。这样一个有钢铁般意志的汉子，却难以走出失独这一关。和失去一条腿带来的伤痛相比，丧子之痛来得更加猛烈而绵长。从那以后，每年除夕、中秋和 5 月 12 日，刘刚均都把自己关在屋子里，哪儿也不去。刘刚均说："10 年了，什么都走出来了，就是（丧子）这关没过得了。"

相比之下，53 岁的杨建芬日子过得更为艰辛，也更令人心酸。5·12 地震中，她和丈夫失去了 16 岁的独女。接着丈夫抑郁，试管婴儿失败，第一次收养的女孩出走……当第二次收养的女儿洋洋一天天长大时，丈夫却被查出罹患癌症，不到一年就离她们而去。丈夫给她留下了一辆电动三轮车，成了她艰难度日的全部依靠。生意最好时，一天也不过收入 22 元。她希望政府能考虑她的特殊处境，安排一份适合自己的长期工作，"哪怕擦厕所也行"。杨建芬给社区书记打电话，社区书记表示很为难。每天接洋洋放学，是杨建芬最开心的时刻。和所有震后再生养的父母一样，杨建芬面临高龄抚养的经济和心理双重难题。更大的忧虑在于，与女儿成长速度同步的，是杨建芬日渐衰老的身体，她有时会想："我老了，女儿还没长大怎么办？"

相比于《人民日报》的三篇报道，澎湃新闻网的三篇报道更为关注个人的创伤体验，表现个人在艰难生活中的挣扎和苦楚。如果说《人民日报》等传统主流媒体所建构的集体记忆是被当下赞许的有意淡化创伤记忆，那么澎湃新闻网的三篇报道呈现的个人记忆则是在宏大的历史记忆和生活体验之间的挣扎，是以另一种个人记忆的存在标示着人们拒绝遗忘创伤，以个人记忆来补充和填补占主导地位的国家记忆模式及内容，提供另一种记忆和身份的形式，成为主导记忆之外的另一种记忆。

我们不应该期望整个社会的每个人都以完全相同的方式记住过去。个人记忆不同于集体记忆的统一和解释，个人的认知、情感和政治生活不同程度地会陷入"权力—国家"的多向关系的各种紧张、对立和互补之中，会影响个人的思维方式、情感方式和记忆方向与内容。因为个人记忆是在不同的权力关系网络和不同的互动形式中形成和保留的，它们以各种（但并不总是完全一致的）方式塑造了个人的记忆。

2011年上线的知乎社区，官方宣称截至2018年11月底，注册用户数突破2.2亿。作为分享个人知识和经验的平台，2018年5月12日关于汶川地震10周年的话题共96个，庞大的注册用户通过话题、回答、评论等方式参与到汶川地震记忆的书写和建构中。由于网络的匿名性，知乎提供了一个更为真实、自由、去权力化的关于汶川地震的个人记忆平台。在知乎平台上96个话题中，歌颂、感恩的话题只有3个，占比为3%；个人创伤记忆73个，占比76%。由此可见，知乎呈现的是与《人民日报》等官方媒体不同的汶川地震记忆。

2018年汶川县将5月12日确立为汶川"感恩日"。知乎平台上纪念5·12汶川地震10周年主题问答中，一网友提问：5·12汶川地震10周年，作为四川人的你怎么看这天被确立为"汶川感恩日"？网友的回答呈现两种截然不同的观点，反映的是网友在这10年中对汶川地震记忆的感知和体验。一部分网友作为汶川地震的亲历者，反观自身经历和体验，个人记忆能自觉地与国家塑造的集体记忆达成某种共识，体现了集体记忆与个人记忆的共谋关系。如下面这几位用户的回答：

作为地震中幸存下来的人，十年过去了，回想起当时，再看现在，最想说的的确是感恩。

首先觉得自己很幸运还活着，其次想起当年全国人民的帮助，包括捐款，做志愿者和震后的重建，越是随着时间推移越觉得难能可贵，充满感激之情。

定义为感恩日，是活着的人每到这个时间最真的感受，毕竟已经过去10年了，不是每个人都愿意一直活在悲痛之中，每天被悲伤的记忆折磨，或许我们会想起一些不幸去世的亲人，但那个时间多是某个下午或傍晚，独自一人的时候，而不会拿出来大肆宣扬。10年后的这一天，是大家公开纪念的日子，作为四川人，更愿意向全国人民展现一些积极正能量的东西，向对我们伸出过援助之手的人感恩，也感谢大家还记得这个日子。

（知乎用户木枝，https://www.zhihu.com/question/276478617）

那年我在阿坝州州府马尔康，那年我很感动那么多人帮我们，有句话一直记得：川人从未负国，国人绝不辜负川。虽然这句有些经不起推敲，但作为四川人听着这话总有一种泪水夺眼而出的辛酸和感谢。这么多年能喝加多宝的时候我都不喝王老吉，因为当年我记得是他们捐了一亿，不管为什么，我记下这份情。我对地震这件事我作为四川人，作为阿坝州人对全国，对全世界的人民的援助是真诚的，心怀万分感激的。谢谢你们！一位曾经战斗在阿坝州的普通人的想法。

（知乎用户贾疯子，https：//www.zhihu.com/question/276478617）

一些知乎用户具有一定的主体性和反思能力，能够从集体记忆和他人的个人记忆中获取资源来看待感恩的修辞框架，修正他人的个人记忆，如下面三位用户：

2008年5月12日，四川汶川发生大地震。

后来中国政府宣布每年 5 月 12 日定为"全国防灾减灾日"。

2008 年 6 月，山西省太原市有政协委员提议，为表达对灾害遇难者的追思，增强全民忧患意识，提高防灾减灾能力，有必要设立"防灾减灾日"或"中国赈灾日"。后经中华人民共和国国务院批准而设立，自 2009 年起，每年 5 月 12 日为全国防灾减灾日。

（知乎匿名用户，https：//www.zhihu.com/question/276478617）

幸存者的感恩活着，追悼亲人，这些冲突吗？一个地方政府为了感谢全国帮助而设立的地方纪念日和全国为防灾减灾而反思冲突吗？为什么会扯到丧事喜办，被无限上纲。有的人真是揣着明白装糊涂。

只看见感恩日看不见赈灾日，而且感恩和哀悼矛盾吗？一方有难八方支援，幸存者不应该感恩支援的人呢？更不提那些在救灾中牺牲的武警消防解放军战士，都是十八九岁，人家命就比你贱该为你赴死还不配得到你的感恩？

天灾人祸，天灾人祸，你也知道是天灾？人祸是救援人员的祸吗？是劳累致死的解放军战士武警官兵的祸吗？是执行高强度飞行救援任务不幸牺牲的邱光华 5 人机组的祸吗？是那些在救灾过程中因塌方、山体滑坡、余震等次生灾害牺牲的人的祸吗？他们凭什么不应该得到受助者的感恩？

反观真正的幸存者都在感谢，从汶川到北川，从茂县到绵阳，从都江堰到成都，无数川人都在感激，感激是为了什么？是为了更深刻地理解什么是生命，什么是有价值的，是为了更好的明天。

说这些并不是说就要无视地震中暴露的问题，而且要分清什么是值得肯定鼓励的，什么是需要批评改正的。政府不是一个人，而是一个复杂而庞大的组织，你要有针对性的批评才有建设性，同时也要看到 10 年来我们有没有进步，以前做得不到的地方比如建筑质量验收体系，建筑抗震标准，省级常备应急救援力量，国家级应急指挥统筹体系，军队救援专业技能，等等，一系列维度现在有没有做好。

这才是一个公民该有的态度，这才是一个公民正确行使建议权、批评权和监督权的态度和方法。而不是乱骂一气，发泄自己的情绪，只有破坏性，没有建设性。

（知乎匿名用户，https：//www.zhihu.com/question/276478617）

5月12日在汶川地震之后就被设立为全国防灾减灾日，并且作为经历汶川地震的重灾区灾民，见证了全国各省市对受灾市县的对口援助，见证了全国社会各界爱心人士企业的善心善举，保持感恩之心是很正常的事。汶川设立"感恩日"并不是为了感谢天灾，而是感谢天灾过后的人事。

（知乎用户SHOT，https：//www.zhihu.com/question/276478617）

尽管以《人民日报》为代表的官方媒体在每年的汶川地震周年纪念日以凸显灾后重建和感恩的修辞框架来形塑集体记忆，并在与大部分网民的互动中完成了国家层面的集体记忆，但是集体记忆并非铁板一块。在互联网平台上，由于大众的介入，集体记忆不断被补充和解构；在知乎平台上官方媒体正在生成的集体记忆陷入多元话语竞争①，官方媒体与普通网民之间、网民之中的不同社群和个体之间，针对汶川地震感恩记忆的叙述和解释展开竞争。部分网友对地震中某些被淡化的问题的反思从某种程度上挑战了官方修辞框架建构的感恩记忆。如在感恩日问题上，部分用户建议用反思代替：

---

① 胡百精. 互联网与集体记忆构建［J］. 中国高校社会科学，2014（3）：98-106.

建筑抗震的目标是"小震不坏、中震可修，大震不倒"。

但是抗震标准每增加一度，成本普遍增加5%～10%，作为一个幅员辽阔，人口众多的国家，高质量建筑物实在欠债太多。

更糟心的是，在地震中，学校校舍因为房间大，门窗多，抗震性最差，才有了我们一次又一次心如刀割的回忆。

经历过这么多苦难，希望我们不要再忘记伤痛，用反思代替歌颂。

以更透明高效的政府，更坚不可摧的校舍，把中国所有的城市乡村建设成为抵御地震最安全的家园。

以此告慰遇难同胞的亡魂。

（知乎用户地理狗看世界，https://www.sohu.com/a/231347304_607971）

与其感恩不如推动硬性抗震标准。

（知乎网友晁天哲，https://www.zhihu.com/question/276478617）

作为四川人，强烈反对。

汶川地震死去了那么多的老乡。为什么牺牲那么多人，天灾虽然可怕，但是豆腐渣工程却间接害死更多人……

（知乎匿名用户，https://www.zhihu.com/question/276478617）

塑造集体记忆的选择/构建过程是持续的，不同的解释者竭力争取在公共舞台上争夺对过去的解释地位。这关涉到集体记忆建构主体的权威问题：谁可以成为集体记忆的构建者和叙述者？谁拥有唤醒和重塑集体记忆的权力？也就是说，一般媒体和特定媒体的权力来源是什么？这就涉及甘姆森所提及的"框架竞争"，不同的媒体透过框架传达意义，争夺记忆。福柯认为，记忆是斗争的重要因素之一……谁控制了人们的记忆，谁就控制了人们的行为脉络。①

在大众媒介出现之前，讲述历史、塑造集体记忆主要是由学术和政治精英来完成。在建构集体记忆的各主体中，一个最重要也是最具权威性的主体是国家。它通过主流媒体和其他渠道积极推进被视为国家身份提供"恰当"内容的特定历史。在影响新闻媒介建构集体记忆方面，国家是一个特别强大的助记剂，它往往没有强大的竞争对手。但是随着大众传媒的产生，以及各种新兴媒介的出现，尤其是网络等新媒体的赋权，讲述过去历史的权利不再是学术和政治精英的专利。如今，重大历史事件的公共记忆不仅通过学术和政治精英的解释，还可以通过各种大众传播媒介和网络等新媒体获得，集体记忆开始进入大众书写和个人书写时代。知乎等平台成为个人记忆与官方记忆抗争、反思、互补的场域。

对比《人民日报》、都市报和知乎等不同媒介建构的汶川地震记忆，以《人民日报》为代表的官方媒体以凸显"救灾—感恩"的修辞框架作为助记剂在形塑和重构公众集体记忆方面具有一定的作用，是集体记忆建构的主要承载体。对集体记忆的控制在很大程度上取决于其等级，官方和主流媒体通常是在与认同相关的修辞过程中发挥作用，引导公众记忆的方向，使当前的舆论环境合法化，但其作用并非无限。知乎等个人记忆平台呈现的是去权力化、多元化、个人化的记忆。

就个人记忆和集体记忆之间的相互关系来说，在网络等新媒体出现之前，个人由于缺乏有效的渠道和能力去建构他们对于重大事件的个体记忆，因此个人记忆基本被忽视。然而个人记忆并非可有可无。都市类报纸尤其是知乎作为个人记忆平台所呈现的记忆表明，个人记忆是不可忽视的，尽管没有脱

---

① 胡百精．互联网与集体记忆构建［J］．中国高校社会科学，2014（3）：98-106.

离集体框架的个人记忆，个人记忆受制于集体记忆，但集体记忆易形成同质化现象。个人记忆则既可能自觉地与国家和政府塑造的集体记忆内容达成某种共识，体现了集体记忆与个人记忆的共谋关系。个人记忆也可能形成对集体记忆的互补性、抗争性。

个人记忆和官方记忆的资源争夺和话语权争夺反映了一种权力关系，对记忆的阐释、支配、重塑体现了人们的社会地位。个人记忆不是处于与官方记忆相关的外在位置，而是多种多样的，它们在官方主导下的集体记忆扮演着相互补充的关系。另外，个人记忆、集体记忆不能分开对待。

第三节　集体记忆作为宣传

一、集体记忆作为宣传：记忆的修辞性工具

传播学奠基人之一哈罗德·拉斯韦尔（Harold Lasswell）认为，宣传是通过符号（文学、手势、旗帜、纪念碑、音乐、服装、徽章、发型、硬币和邮票设计等）来系统地影响他人的信仰、态度或行为的一种努力。有意地、突出重点地选择信息使宣传有别于单纯的信息传播。宣传者有一个特定的目标，为了达到这些目的而选择事实、论点和符号的表征，并以其认为最有效的方式呈现出来。①

将集体记忆作为宣传，可以说是一种记忆修辞和记忆工具。集体记忆作

---

① 哈罗德·拉斯韦尔.世界大战中的宣传技巧［M］.田青，张洁，译.北京：中国人民大学出版社，2003：1—16.

为宣传和修辞，以官方媒体和主流媒体的报道为记忆的基础来源和前提，是以宣传为目的和手段，彰显和突出价值化、道德化、崇高化已经过去的历史记忆。

以培育认同为导向的作为宣传的集体记忆在某种程度上是被修辞的特定的记忆，而这种记忆反过来也反映宣传的目标。从集体记忆作为宣传的角度来看，汶川地震的集体记忆是一种强有力的记忆建构修辞策略。

宣传是带有目的性的观点传播，汶川地震的创伤不能仅仅表现出来，还可以通过将集体记忆转化为教育性记忆和宣传性记忆进行建构和强化。将集体记忆作为宣传，党和国家参与构建身份认同，构建和强化的救灾、歌颂、感恩等记忆超越了创伤本身，使地震灾难不再仅仅是一个创伤的记忆。这样的记忆建构策略反映了国家认同的愿景，对于汶川地震的集体记忆成为群体团结和集体认同的载体，汶川地震被赋予新的意义，经过几代人的建构之后，对于汶川地震的共同记忆在社会传播中被重塑。

二、集体记忆作为宣传的功能

上一节中以实例证实《人民日报》等主流媒体所建构的汶川地震集体记忆，可以传播党和国家的价值观，弘扬民族精神。

因此，汶川特大地震集体记忆的一个关键作用（或许是无意的），是党和国家对自身价值观的公开展示和承诺。与此同时，由于汶川地震的报道最终服务于宣传党和政府核心价值观的目的，救灾、歌颂等的集体记忆是预设的，有助于形成国家认同、民族精神的传承，这成为汶川地震集体记忆建构的主要关注点之一。

记忆是各种意识形态汇聚的场所，不同的记忆总是存在的，不同的媒介建构呈现不同的记忆，不同的社会群体也拥有各自不同的社会记忆。社会中的不同群体都在建构、保存并巩固各自的集体记忆。为服务于不同的目标，集体记忆的内容不断地被重塑、修正与遗忘。因此，凝聚一个社会多元的、易变的记忆，为了达成共识的需要，以及就应该宣传哪些历史记忆做出决定的需要，是必要且是理所当然的。

集体记忆作为宣传是对党和国家形塑自身形象、获得认同的一种方式。因此，官方媒体所建构的汶川地震记忆通常以凝聚力和认同感为目标，同时也避免某些记忆形式的淡化、移位、分散和分离。这些记忆形式会影响官方建构的记忆从而形成反记忆。因此，集体记忆作为宣传不仅仅是对历史的反映或再现，且是以一种提升党和政府形象、整合分歧、避免反记忆的方式对过去的再现。

从前面的论述中，我们看到以《人民日报》为代表的官方媒体建构的集体记忆与都市类媒体和知乎等个人记忆平台呈现的记忆既有共谋的一面，也有相互补充甚至对立的一面。各种不同媒介平台的叙述提供了关于地震灾难的不同记忆，除了官方的记忆建构之外，有别于官方叙事修辞的记忆不能简单地理解为对主流意识形态设定的另一种叙事的承认和合法性而进行的斗争。

国家和个人记忆之间的对立在不同的媒介平台上呈现。官方建构的集体记忆（又称"国家记忆"）与国家的价值观产生共鸣并将"宣传"视为一种将国家记忆置于个人记忆之上的修辞策略。对于汶川地震创伤的特殊记忆是由官方媒介和主流媒体对国家记忆的强调而产生的。国家和个人的不同记忆能够维持和体现汶川地震记忆的完整性，而不是卷入个人与国家记忆之间的冲突或者国家记忆淹没个人记忆。

集体记忆作为宣传对于社会互动具有重要作用。集体记忆需要依托于群体中个人的经历、理解与表述。记忆作为宣传，意味着促使个人的记忆发生转换——从历史到心理认同的转变，集体记忆内化为个人记忆，从被动接受客观信息到主观接受的转变。

事实上，往往是通过求助于宣传记忆，不同记忆才得到解决。集体记忆之所以成为宣传记忆，是因为集体记忆的本质是由社会建构的，集体记忆保留宣传性特征和修辞性特征，当一个社会建构的记忆面临"矛盾"时，宣传记忆的重要性就凸显出来了。国家的创伤，如汶川地震为塑造国家特征和振兴提供原材料。国家为了保证汶川地震的历史和记忆会被正确地记住，通过政府主流媒体的报道描述了宣传记忆如何塑造党和政府救灾的形象，并激发对党和政府的感恩之情。

在汶川地震的集体记忆建构中，宣传围绕着抗震精神、民族精神和情感的渲染进行，对于身份认同和集体想象的形成至关重要。换句话说，情感在社会群体内的集体身份和培养认同关系的构成中循环并发挥着重要的作用。个人情感如何转化为集体导向的情感，即对过去事件的经历或记忆如何嵌入集体记忆中？宣传中，情感渲染、宣传企图和集体记忆是相互联系的。通过宣传和教育促使个体成员认可和赞同党和政府所建构的集体记忆及身份。宣传是一种软性引导，即认同的实现。换句话说，通过媒体的宣传潜移默化地被引导如何记忆汶川地震的创伤。因此，对于汶川地震的集体记忆，不可避免地成为一种强大的象征和有效的工具，强化了国家认同。

因此我们仔细考察汶川地震的集体记忆是如何作为爱国主义宣传的，就会发现汶川地震的集体记忆与身份认同、国家认同的过程有着不可逆转的联系。这是一个三位一体的过程，记忆的作用被视为对集体历史的记忆。集体记忆作为宣传本身呈现为两个不同但相关的任务：一方面，向受众提供集体记忆的内容，要宣传集体的过去；另一方面，让他们将自己视为内容一部分的态度（认同）。

　　这就需要整个社会成员有一个共同的汶川地震集体记忆：①认同不仅是集体记忆作为宣传的终点，也是集体记忆作为宣传开始的前提；②官方建构的集体记忆只有内化于个人的记忆中，并且将个人的记忆还原融入集体记忆之中，才能使全体社会成员拥有共识的集体记忆。唯有能够达成共识化的集体记忆才能在这一过程中发挥着关键作用，因为个人的记忆使共同分享成为可能，只有在达成一致的集体记忆的前提下，才能实现共享的集体记忆。

第三章　文学影视书写的汶川地震记忆

第一节　文学作为集体记忆的媒介

一、文学与历史、集体记忆

集体记忆的承载媒介多种多样，文本叙述的方式如文学作品作为集体记忆的媒介，存在于多个不同的体裁中：诗歌、报告文学、小说等。影视作品既可以作为大众传媒，也可以作为文学文本。由于影视作品与诗歌、小说等在虚构、想象、塑造形象方面具有相似性，因此本书中所指的文学作品包含影视作品在内。文学作品等虚构文本可以作为集体记忆的媒介，在于它们可以通过叙事结构、符号和隐喻等生动地描绘个人和集体记忆的内容，构建对历史事件的各种想象，对集体记忆进行表征，批判性反思集体记忆的过程和问题，是一种特殊的塑造和重构集体记忆的方式。

哈布瓦赫的集体记忆理论正是强调其对于过去历史的意义制造。从这个意义上来说，集体记忆和文学作品之间存在着某种交集。文学一方面是人类记忆的产物；另一方面是人类记忆的组成部分。我们可以将文学作品作为集体文本，为集体记忆的建构提供叙事模式和意义结构。

　　文学作品和集体记忆都是以建构的方式来实现对于现实和历史的阐释。文学作品建构、阐释世界的过程和集体记忆重构的过程是相似的，所以文学作品是重要的集体记忆媒介之一。

　　个人记忆既是集体记忆的组成部分，也必须通过集体记忆才能进入人类共同的历史和经验之中。事实上，一个优秀的作家所关注的，不仅仅是个体记忆的独特性，而是要通过这种独特性，寻找与历史进行有效对话、与集体记忆进行深度重构的审美通道。人们常说，文学是对人类存在的可能性的一种探求和展示。但这种可能性是建立在一定的集体经验之上的想象，而不是胡思乱想，否则，那只是缺乏审美交流价值的个人呓语。也就是说，文学创作不可避免地要遵循人类固有的经验和逻辑，从个体出发，向集体记忆的深层挺进，寻找并反思人类的历史存在。①

　　将文学作品视为历史，并不是要求文学作品在叙事上承担历史编纂的功能，从而剥夺其虚构和想象的基本特性，而是表明文学作品在重述人类的共同记忆的过程中，表现明显的"历史化"意味。因为很多时候，人们常常将一些重大的集体记忆，直接概括为广义上的历史。有关小说、集体记忆与历史之间的关系的判断，海登·怀特（Hayden White）从历史的构成角度认为，历史学家撰写历史和小说家创作小说，使用的都是相同的修辞手段，拥有同样的叙事结构，所以历史学家自以为所记述的都是真实可靠的"事实"，有别于小说家的想象和虚构，因而有赖于比喻性语言的模式，而只有这种比喻性的语言，才可能使这一建构显得圆满，有条有理。

　　怀特甚至认为，历史叙述和文学叙述并没有本质的区别，书写历史只不过是书写小说的另一种方式而已。作为一个怀疑主义者，怀特的判断显然有些片面和偏激，但道出了文学创作与历史之间无法剥离的内在关联，而这个

---

① 余华，毕飞宇，王嘉良，等.文学：想象、记忆与经验［C］.上海：复旦大学出版社，2011：142.

关联的桥梁就是集体记忆。[①]

文学离不开历史和集体记忆，因为文学有时本身就是历史，如"荷马史诗"、游吟诗人的口述等，既是文学也是人类共同的集体记忆。文学不断地回述历史、建构意义，并非仅仅因为每一个个体的人都具有历史的意义和文化的意义，还在于文学既是人类记忆的产物，也是一种固化记忆的形式，在重建人类文化记忆中承担作用。文学运用富含意蕴的隐喻象征实现人类文化的建构功能，承担了对民族文化内涵和文化范式的重铸功能。

英国著名批评家弗·雷·利维斯（Frank Raymond Leavis）在《伟大的传统》中评价艾略特小说时，将"人性关注""兴味关怀""道德关怀"视为杰出作品的基本标准。这些标准从人性、文化、道德等方面道出了文学应有的价值和功能。要使文学的这些价值和功能得以真正发挥，我们就无法回避各种集体的记忆，更无法回避人类自身的历史。正因如此，文学总是以这样或那样的方式走进历史，走进各种集体的记忆，直面和思考人类群体生存的普遍困境。他进而认为："在一位伟大的小说家手上，完美的虚构可能创造出真正的历史。"这是文学创作与集体记忆之间的天然共振，它表明了文学既是历史记忆的一种特殊载体，也是对历史的反省、修正和补充。[②]

二、文学作为记忆媒介的功能

文学作品作为记忆的媒介，可以满足两个基本功能：一是记忆形成。文学作品借助于对现实和历史的叙述，积极地参与记忆文化的形成，这在某些历史性文本中得到明显的体现，如"荷马史诗"、《史记》、《左传》等作品，

---

① 余华，毕飞宇，王嘉良，等.文学：想象、记忆与经验［C］.上海：复旦大学出版社，2011：144.
② 余华，毕飞宇，王嘉良，等.文学：想象、记忆与经验［C］.上海：复旦大学出版社，2011：144.

文学文本和历史记忆交缠在一起。文学作品在保持历史基本事实的基础上注入血肉，形成历史记忆。而在一些有影响的远古神话传说作品中，文学文本通过对现存记忆文化中想象结构的肯定或是加强，从个人记忆到集体记忆，在不断接受记忆邀约的同时，实际上也是在参与人类记忆的重构。或者说，文学创作本身就是在通过一种特定的审美方式，为人类修补和保存记忆。在这个过程中，文学作品还常常带有批判性反思性的观察视角。[①] 在文化记忆的语境中，文学作品是特别重要的记忆形成、固化和反思的媒介。

另一个功能是解构和修正。文学创作的特点是有能力、有倾向性地将历史事件中被遗忘、屏蔽和被压抑的，以及我们未注意的、无意识的方面，通过有选择性叙述，将来自不同记忆系统的元素和被不同群体遗忘的事物汇集到文学文本中，创造新的文化记忆档案。既有现实真实的烙印，又倾注了作家个体的想象与思考。经过文学作品的重塑和重组，文化记忆元素在向文学文本过渡的过程中，脱离了原有的语境，以新的方式进行组合和排列，形成新的、不同的记忆叙事。众多作品所构成的丰富信息，就有可能在历史学家的视野之外，还原人们曾经有过的生活史和命运史。[②]

阿斯特莉特·埃尔认为，在集体层面上，文学作品可以实现文化记忆媒介的三个功能：存储、传播和暗示（cue）。文学是一种储存媒介，也是一种传播媒介。文学还可以作为一种媒介暗示，作家用他们的作品来唤醒民族认同。在个体层面上，文学作为记忆的媒介框架发挥着巨大的影响。文学作品及其模式存在于特定的社会群体中，塑造知识、生活经验和个人的记忆，也

---

① 阿斯特莉特·埃尔，冯亚琳．文化记忆理论读本［G］．余传玲，译．北京：北京大学出版社，2012：242.

② 余华，毕飞宇，王嘉良，等．文学：想象、记忆与经验［C］．上海：复旦大学出版社，2011：139.

在特定的文化背景下被回忆。①

　　文学作品作为承载记忆的媒介，始终无法脱离个人记忆和集体记忆的影响和制约。一方面，文学保存历史、指向历史、还原历史，甚至明显地改造已有的记忆叙述，对历史进行修正，补充对于历史的想象；另一方面，文学作品凭借着虚构和历史想象，通过内容、符号和表征实现其对于记忆的可塑性，重塑我们对历史事件意义的新的理解。

　　文学作品如何被读者作为集体记忆的媒介功能化，在一定程度上要追溯到文本的修辞上。集体文本的接受框架可以通过一个文学的策略，即集体记忆的修辞学激发出来，集体记忆的修辞学是一个文学作品的形式和方法的集合，它在影响潜力的意义上可以让读者把文本作为集体文本来接受。文学作品通过叙事和各种修辞模式创造意义的倾向，文学作品不同的修辞模式、建构方式和表现方法会引发不同的记忆方式。

　　集体记忆的修辞学的影响反映在不同的模式中——文本的表达方式的总和。埃尔认为文学作品特殊的"集体记忆的修辞学"和它多样的模式（经验的、纪念性的、对抗性的以及反思的），意味着文学作品可以根据不同的回忆方式来（重新）构建过去。从中可以有如下四个不同的模式。②

　　①经验模式：在这种模式中，经由文学表现的各种形式将历史表现为活生生的经验，经验模式被叙述的内容唤起了当代历史的活生生的记忆。文学作品成为经验的媒介，在其中表现的现实也被视为一个时代或是社会群体的特殊生活经验。

　　②纪念碑模式：将过去的历史想象为神话、国家史记、仪式等。也就是

---

① 阿斯特莉特·埃尔，冯亚琳.文化记忆理论读本［G］.余传玲，译.北京：北京大学出版社，2012：231.

② 阿斯特莉特·埃尔，冯亚琳.文化记忆理论读本［G］.余传玲，译.北京：北京大学出版社，2012：244.

说，作为"文化记忆"的一部分。在纪念碑模式中体现的现实表明了文化的"远界"。它是一种与通过象征类比等叙述手法来再现文化记忆和实践经验的表达方式。

③对抗性模式：这种记忆模式中，倾向于注入相互竞争的记忆进行文学创作和加工，不同群体利用刻板印象等手段或诉诸有偏见的视角进行记忆的抗争与竞赛。只有特定群体的记忆被呈现为真实，而那些由具有冲突记忆文化的成员所表述的版本被解构为虚假。

④反思模式：文学作品是一种同时建构记忆和审视记忆的媒介，对记忆建构中的叙事方式、隐喻等进行自我审视时，反思模式形成。

经验模式和纪念碑模式正是两个互不排斥而在更多情况下总是互相重合地表达过去的方式。

第二节　创伤体验的纪念碑式记忆

一、文学作品建构的汶川地震创伤记忆

朱迪思·赫尔曼（Judith Herman）认为创伤性事件主要有两大类：一是诸如地震、洪水、飓风、火山、雪崩、海啸等自然灾难；一是诸如暴力、犯罪等造成的人为灾难。①

重大创伤性事件使人们正在进行的活动被意想不到的、不同寻常的、令人震惊的事件打断了。它可能对人类个体形成身心极度痛苦的创伤体验，这些创伤造成的持久影响，深深嵌入国家和民族的集体记忆中，也可能对一个

---

① 朱迪思·赫尔曼.创伤与复原［M］.施宏达，陈文琪，译.北京：机械工业出版社，2015.

集体、民族、社会或国家造成历史文化的创伤记忆。

文学作品作为表现创伤的一种媒介和桥梁，在呈现创伤记忆、重述创伤记忆方面起着重要的作用。2008 年的 5·12 汶川特大地震，造成了极其惨烈的伤亡，震惊了世界，是影响最为重大的全国性灾难之一。汶川地震之后，涌现出了一大批文学影视作品，主要有如下：

商泽军的诗集《中国：震撼 5 月——2008 抗震救灾诗集》，人民文学出版社编辑部编选的诗集《有爱相伴——致 2008 汶川》，诗人谭旭东为灾区的孩子们写的诗歌《生命的歌哭》，桂林诗人汤松波与北京诗人海啸、南方狼主编的诗集《大爱无疆：我们和汶川在一起》，诗人叶延滨、张学梦、徐敬亚、王小妮等与战斗在一线的解放军官兵、公安干警、医护人员和志愿者共同创作的诗集《汶川诗抄》以及《感天动地的心灵交响——中国诗歌万里行抗震救灾诗歌特集》《汶川诗抄》《废墟上的歌者——汉川特大地震抗震救灾诗歌速集》《世纪初叶中国汉川大地震诗歌选粹——泪花光芒万丈》，王明韵的诗集《废墟上的歌者》，由 160 余名诗人、作家共同完成的诗歌作品集《挺立中国——汶川诗抄》，等等。

小说和报告文学有虞慧瞳的《全中国都下雨》、关仁山的《重生——汶川特大地震三周年祭》、阿来的《云中记》、骆平的《与世隔绝》、朱玉的《天堂上的花朵——汶川大地震，那些刻骨铭心的生命记忆》、李西闽的《幸存者》、关仁山的《感天动地——从唐山到汶川》、文化艺术出版社编辑组编的《国殇：5·12 汶川大地震》。

电影人以地震为原型拍摄了一系列影视作品，主要有尹力的《汶川 168小时》（2008）、八一电影制片厂的《汶川大地震——2008 中国军民抗震救灾纪实》（2008）、王珈和沈东的《惊天动地》（2009）、熊郁的《五月的声音》（2009）、杨凤良的《5·12 汶川不相信眼泪》（2008）、陈真的《人民至上》

（2009）、冯小刚的《唐山大地震》（2010）、黄宏的《倾城》（2013）、杨亚洲的《大太阳》（2011）、徐耿的《破门》（2018）。

大地震之后的众多文学和影视作品将汶川地震造成的创伤文本化和视觉化。这些参与建构文化创伤的作品通过对大地震的再现，将个人的创伤投射给公众，塑造集体记忆。经过复杂的文化合力，这些集体的创伤记忆最终嬗变为中国人民族身份的一部分。地震文学和影视作品在呈现创伤记忆和升华创伤记忆的转化过程中发挥了重要的作用。本章以汶川地震相关的文学影视作品为例，研究文学影视作品是如何参与上述嬗变过程的。

弗洛伊德认为："一种经验如果在一个很短暂的时期内，使心灵受到一种最高度的刺激，以至于不能用正常的方式谋求适应，从而使心灵有效能力的分配受到永久的扰乱，我们便称这种经验为创伤性的。"[1]创伤对于个人和群体的影响不仅仅局限于生理的和身体的层面，对于心理层面和文化层面的伤害也非常大。而当同一社会群体成员共同遭遇和体验巨大的灾难性事件或创伤性事件之后，对于这些灾难性事件的创伤体验会在整个社会群体意识中留下深刻的烙印，并且成为群体永久的集体记忆。"若是遭受创伤的群体，将其遭遇的事件进行重新整理并加以诠释、述说、传播，形成一个集体的记忆和苦难，便形成了文化创伤。"[2]

耶鲁大学社会学系教授杰弗里·亚历山大是文化创伤理论的创始人。他认为文化创伤是被特定的社会文化所建构的，对某一个重大创伤事件的解释和体验需要将之置于特定的社会文化语境中；文化创伤建构的过程包括言说者、言说面对的公众对象、特定的语境等环节。文化创伤经过这样的建构和再现之后，集体认同将会有重大的修整。文学和影视作品作为创伤记忆的一

---

[1] 李佳静. "9·11" 纪录片中的创伤、记忆与身份——以《改变美国的 102 分钟》为例 [J].名作欣赏，2019（24）：167–173.

[2] 陶东风，周宪.文化研究（第 11 辑）[M].北京：社会科学文献出版社，2011：11.

种书写方式，在将创伤记忆转化为文化记忆的过程中，起到重要的建构作用和修复作用。[1]

一个个体乃至群体的创伤从发生到成为永久的记忆，再到最终产生不可磨灭或用亚历山大的话说成为"不可逆转"的文化记忆，其中个体以及群体书写该如何有效恰当地表达，社会文化起到了怎样的建构作用以及传承作用，又如何让它跃出纯粹的创伤书写的层面而上升到文化记忆，起到历史和政治警醒的功能？其实并不是所有的创伤体验都能成为文化创伤的内容，也不是所有的创伤体验最终都能够上升到文化记忆的层面。灾难性创伤事件如果没有经过一个充分的社会化和公众化的过程，灾难性事件的创伤经验就无法得到群体性的认同，更无法上升为文化记忆。

作为一种文化记忆的内容，在一定修辞中建构灾难与创伤记忆固然重要，但更重要的还是上升到文化认同和文化记忆的层面。正是在这个层面上，亚历山大的创伤理论对文学和影视作品的创伤记忆建构有重要的启发。重大灾难的记忆只有转化成一种永久的文化记忆时，它才具备文学的书写意义。[2]亚历山大的文化创伤理论表明，直接体验并非创伤出现的必要条件，它是在各种社会文化因素相互协商的回忆中经历的，是一个将表征置于关键地位的过程，表征的手段和媒介是至关重要的。

重大自然灾害或生理疾病所造成的创伤记忆与文化创伤、精神创伤所造成的创伤记忆有很大的区别。对于当代中国人而言，唐山地震和汶川地震给国人留下了深刻的创伤性灾难记忆。由于时间沉淀不够长，除少数有关唐山地震的文学作品外，有关汶川特大地震的文学影视作品的记忆建构仍然停留于自然创伤记忆和生理创伤的层面，还没有超越生理层面转化和升华为亚历

---

① 陶东风，周宪. 文化研究（第 11 辑）[M]. 北京：社会科学文献出版社，2011：11.

② 段吉方. 创伤与记忆——文化记忆的历史表征与美学再现 [J]. 河南社会科学，2015（9）：20-25.

山大所说的文化创伤与认同层面。

目前，有关地震的文学作品中能够摆脱自然创伤记忆的是小说《余震》中建构的唐山地震给主人公精神上造成的创伤记忆。华裔女作家张翎创作的小说《余震》描写了一个在唐山大地震中幸存下来的女孩小灯的成长经历。小说一开始，就将笔墨着力于主人公小灯生理上和精神上的创伤。她长期被失眠、头痛所折磨而多次尝试自杀，而且经常出现奇异的梦境，梦中总是出现一扇扇无法推开的窗户。小说不仅表现了大地震给唐山造成的破坏，更着力表现那场灾难在经历者心灵深处造成的强烈余震。在姐弟俩只能救一个的艰难抉择下，母亲选择了救弟弟。带着被母亲抛弃的心灵创伤，小灯一直生活在阴暗、抑郁、歇斯底里甚至绝望的"余震"中。

张翎反复地渲染小灯的心理和精神上承受的余震，她所有的非常态表现都是被母亲抛弃和养父猥亵所带来的刻骨铭心、挥之不去的伤痛所致。其中，从 7 岁以后就没有流过的眼泪，以及梦中反复出现的永远也推不开的那一扇扇生锈的窗户，是她精神创伤的隐喻，而地震之后的经历则是她的精神创伤史和个人灾难史。小灯并非被动地接受这种心灵和精神的创伤，她主动进行抗争，勇敢而执着地追求爱，决绝地与养父断绝关系，远赴异国。然而，所有的抗争都无济于事，精神创伤就像梦中反复出现的生锈的窗户一样始终无法推开。

张翎是几乎绝望的，她固执地相信，"小灯的病是无药可治的"，人们心灵的"余震"之痛是无药可治的。在她看来，"王小灯不是浴火重生的凤凰，而且现实世界里火和鸟并不存在因果关系"，"不是所有的苦难都能提炼和造就人，有的苦难是可以把人彻底打翻在地，永无可能重新站立的"。[①]

除了小灯的精神创伤之外，小灯的亲生母亲元妮的精神创伤并不亚于女

---

① 李晓灵.从《余震》到《唐山大地震》的艺术演变［J］.北京社会科学，2012（3）：63-67.

儿。地震发生后，面临着"两个孩子只能救一个"的艰难抉择，无论怎样选择都不可避免地陷入情感的纠结和内疚中。根据小说改编的电影《唐山大地震》表现了母女之间相互折磨、怨恨与内疚、爱恨交织的精神挣扎以及灾难给人们带来的种种难以弥合的创伤记忆。

《唐山大地震》的价值在于它能够进入创伤的深处，带动观众一起进入其情境中，使得观众能够体验到一种自我认知的新的可能性。从这个角度说，《唐山大地震》是坚守着中国电影的传统的，同时它又超越了感伤的传统。它对历史进行了更加"后景"化的处理，而将生命本身的宿命感和悲剧性从自然所造成的灾难和人性最基本的血缘情感中生发，个体的痛苦不再紧紧地嵌入中国的特殊的历史中，而是来源于一种自然和生命的痛苦中。所引发的感伤不再是过去的历史所造成的，而是生命本身的情感所带来的。①

二、文学作品搭建的"纪念碑"

埃尔提到文学作品作为记忆媒介有四种模式，其中纪念碑模式就是引导并通过文学作品以文化记忆和文化体验来再现历史的表达方式，如民族历史记录、神话、仪式等。②

实际上，所有的集体创伤都与国家认同有关。任何特定的集体创伤都可能与身份认同有关，可能是身份破坏，也可能是身份固化。无论身份破坏还是身份固化，这都表明了为什么集体创伤、集体记忆和国家认同、民族认同的概念在社会文化创伤的文献中如此频繁地相互关联。

汶川地震后涌现出的大量地震诗歌。承载创伤记忆的诗歌作品将汶川的

---

① 张颐武.《唐山大地震》的两重涵义［J］.艺术评论，2010（9）：16–19.

② 阿斯特莉特·埃尔，冯亚琳.文化记忆理论读本［G］.余传玲，译.北京：北京大学出版社，2012：244.

伤痛与国家的和祖国母亲的创伤连接起来，使得每一个中国人都能在作品中从情感上和精神上找到认同感，获得共情性。能够在诗歌创造的文学形象中唤起潜藏在集体记忆和集体意识中的情感共鸣。

文学作品作为集体记忆的媒介与桥梁，将个人的创伤记忆转化为国家认同和民族认同、身份认同，主要是通过纪念碑式的文学作品模式。纪念碑模式是一种通过文学作品建构集体记忆的策略，因为它能够传播意识形态，促进社会共识。

何为纪念碑模式，埃尔并没有明确地进行定义。巫鸿在《中国古代艺术和建筑中的"纪念碑性"》中提出了"纪念碑性"一词，与埃尔的文学"纪念碑"模式异曲同工。巫鸿解释说为什么用"纪念碑性"这个词而不用更为常见的"纪念碑"一词，是因为"纪念碑性"相对抽象，更具有意义上的弹性。纪念碑经常是和公共场所中那些巨大、耐久而庄严的建筑物或雕塑联系在一起。巴黎小凯旋门、拉什莫尔山国家纪念碑、自由女神像，以及天安门广场上的人民英雄纪念碑等是这类作品的代表。这种联系反映了传统上依据尺寸、质地、形状和地点对于纪念碑的理解。

纪念碑的定义与永恒、宏伟和静止等观念相通。学者里格尔认为真正使一个物体成为一个纪念碑的是其内在的纪念性。"纪念碑性"在《新韦伯斯特国际英文词典》中定义为"纪念的状态和内涵"是指纪念碑的纪念功能及其持续，"纪念碑性"和"纪念碑"之间的关系类似于内容和形式间的关系[①]。

纪念碑上凝聚的是选择性记忆，它们作为媒介构筑群体的共同知识和自我认同，将"单个个体和一个相应的'我们'连接到一起"。巫鸿从实体的纪念碑中提炼出纪念碑性，但是他认为奠定其归属感和文化认同的纪念碑性，

---

① 巫鸿.中国古代艺术与建筑中的"纪念碑性"[M].李清泉，郑岩，等，译.上海：上海人民出版社，2008：3.

并非必定要依附于纪念碑。在经典文本、宗教仪式、节日中等都存在着他所说的纪念碑性。他认为只有一座具备明确"纪念性"的纪念碑才是一座有内容和功能的纪念碑。"纪念碑性"和回忆、延续以及政治、种族或宗教义务有关。

"纪念碑性"的具体内涵决定了纪念碑的社会、政治和意识形态等多方面意义。一座有功能的纪念碑，不管它的形状和质地如何，总要承担保存记忆、构造历史的功能，总力图使某位人物、某个事件或某种制度不朽，总要巩固某种社会关系或某个共同体的纽带，总要成为界定某个政治活动或礼制行为的中心，总要实现"生者"与"死者"的交通，或是现在和未来的联系①。

赋予文本、人物和纪念碑以神圣的地位，是为了使其承载着最高意义和价值的东西。重大灾难性事件发生后，国家既可以用有形的碑来纪念哀悼死者，也可以用文学影视作品来承载灾难的纪念和记忆。立碑本身就隐含了死亡、重生、崇高等象征意蕴。它提供了有形或无形的象征形象，以加强个人对事件的经验与表征意义之间的联系。

汶川地震发生后，党和政府发起了一场全方位的记忆建构和表征行动，以传递奋力救灾的正面形象，并以此加强其政治合法性。与灾难相关的表征不仅出现在官方媒体上，还出现在纪录片等影视作品中。影视作品是一种综合性的艺术表达形式，它能够利用故事的叙述，综合文字、影像、画面等多种媒介所承载的记忆，并通过景别、光影、构图、特效、声音、蒙太奇等各种元素的配合勾连人们对于汶川地震的个人体验，将人们带入对于汶川地震的回忆中。多种艺术表现形式的融合使之呈现的记忆更为具体、形象、逼真，更具有感染力，更能调动人们的情感，激发人们情感的共鸣。

---

① 巫鸿.中国古代艺术与建筑中的"纪念碑性"[M].李清泉，郑岩，等，译.上海：上海人民出版社，2008：5.

　　影视作品提供的具体的符号形象能够组合成一个完整的意义结构。考察汶川地震题材的文学、影视作品，可以发现尽管大地震中自然灾难以毁灭性的力量，给中国人的肉体、精神与生活以沉重打击，但是文学和影视作品在建构灾难的创伤性记忆时，将地震作为灾难、斗争、团结和最终胜利的话语的一部分，是以纪念碑式修辞模式将灾难记忆转换为纪念碑性的记忆，并进而上升为国家认同和国家想象，成为文学影视作品搭建的纪念碑。

　　汶川地震是人类灾难的极致，弘扬汶川抗震救灾精神以及学习灾害科学预防，对人类生存的意义重大，且成为汶川地震题材文学的重要内容。汶川地震题材文学影视作品用一种精神升华和情感转换的修辞性灾难记忆，将巨大的地震创伤"后景"化处理，探求在汶川地震中所形成的汶川精神，凸显灾难中众志成城的抢险救灾、"人定胜天"的英雄主义，挖掘生命的深层和本质，展现顽强的生命力、大爱、崇高等精神特质和人生意义，从而建构具有中国特色的修辞性灾难记忆。这也是文学、影视作品在灾后充分利用灾难的文化表征和意义表征在意识形态和社会文化的影响下重塑灾难记忆的体现。

　　汶川地震影视作品大多通过群像式的图式化人物塑造，将党和政府的领导者、武警官兵等群体性人物作为灾难的拯救者予以塑造。他们作为拯救灾难的英雄人物被投射为国家性格的化身。影片反复使用高度可识别的、充满情感的符号。这些符号被用来传达党和政府敬重生命的人本精神——将人民的生命放在第一位，将救灾放在第一位，不单单体现的是集体的力量，更重要的是集体力量背后团结、互助、无私、奉献、自我牺牲等精神力量的存在，勾勒出中华民族在面对灾难时众志成城的民族凝聚力和战胜灾难的强大信念。

　　纪录影片《人民至上》的前半个小时都是国家领导人的讲话和形象展示。震后胡锦涛主席立即呼吁全力挽救人的生命，温家宝总理在地震发生还不到两个小时就登上飞机飞往灾区并担任抗震救灾指挥部总司令。之后温总理更是冒着大雨和余震的极大风险在震中看望、鼓励被掩埋孩子，彰显了党和国家领导人"把生命置于一切之上"的国家意志。除了国家领导人，始终聚焦于灾难中的救援者，也是汶川地震相关影视作品建构集体记忆的主要方式，使这场自然灾害导致的悲剧成为一场全国性的生命救援的记忆。

电影《惊天动地》反映了某集团军摩步旅旅长唐新生带领的部队不畏险阻、坚毅勇敢的英雄精神。在演习途中突遇汶川地震，灾情就是命令，唐新生果断决定率领军队火速赶往灾区，在正确决策下与后续赶来的救援大部队一起全力营救映川中学师生以及附近被困群众。在科学援救下，成功地解除了七次堰塞湖险情和化工厂次生灾害危机。影片展现了军队对地震的快速反应。解放军战士火速前往灾区拯救生命，军用直升机中队飞过被摧毁的城镇，民用和军用车队运送人员和设备。公路沿线和军车的宣传横幅上写着"铁军来了"等标语。从某种意义上说，这些宣传横幅重申了救灾部队的重要性，一些人甚至在救援行动中英勇牺牲。在影片中，战士田野为了救一个被压在废墟下的孩子不惜献出年轻的生命，用生命写就了英雄史诗，展示了解放军官兵的英雄气概和关爱人民的天性。

影片中灾难拯救者的人物符号代表的是国家集体的力量，能将党和政府领导全国军民抗灾救灾的现实形势展现出来。地震后县长任玥一边组织灾民自救互助，一边坚定地认为党和政府一定会来救我们的。任玥的形象塑造勾起人民群众面对灾难时信赖和依赖党和政府的集体记忆。《惊天动地》展示了人民子弟兵不怕牺牲、勇往直前的英雄气概和民族精神。通过这种民族精神的传播，形成一套集体记忆的心理机制，维系、调动、沉淀或传承关于灾难的记忆与认知。在此机制形成的过程中，生发的集体记忆是具有情感认同力量的。当灾民看到插着五星红旗的军车疾驰而来时，喜极而泣：解放军来了，我们有救了。这种情感的认同维系和组织大众，增强民族凝聚力与认同感。

　　集体记忆使得每一个个体形成对集体的认同和归属，从而在群体、国家民族中形成较为稳定的社会意识形态。影片中当灾难过去，孩子们又可以上课了，老师在课堂上引导学生朗读诗歌："你擎起一片蓝天，你开拓一片沃土，我们背后有一个强大的祖国，地震来了，我们不怕，因为我们的背后是祖国。"诗歌充分体现了个体对于国家的认同。除了人物符号之外，地震废墟和国旗的符号化意蕴非常明显。许多汶川地震相关的影视作品都是在汶川地震的废墟现场实地取景，灾难遗留的废墟既是地震的见证，也勾连起曾经发生的一切，使灾难的记忆复现于荧屏，灾难记忆得以延续。

　　废墟不仅意味着毁灭和损失，也见证了生与死的关系、毁灭与建设的辩证法。灾难留下的废墟需要重建，废墟连接着过去与当下及未来的记忆。废墟上国旗迎风飘扬，屹立不倒，象征着国家的救援力量和重建能力。灾难过去复学后校园里迎风飘扬的国旗也昭示着在任何困难背后，都有强大的祖国作为我们坚实的后盾，国家一定会带领我们克服困难，迎来更加美好的明天。

　　汶川地震相关影视作品建构的集体记忆表征蕴含丰富的内容与符号，受意义建构方式和组织方式的影响，集体记忆的表征出现了符号化、表面化的倾向。集体记忆表达浮于表面，用简单而强烈的符号去回忆过去与解读当下时，虽然会形成相对一致的集体记忆，但实际上对集体的交流失去了深度，集体表征难以充分共享，影响到集体意义的准确表达，在一定程度上使集体记忆建构不够深刻。

　　首先是人物脸谱化、符号化的建构使记忆表征缺少与集体成员的情感共鸣和精神延续。电影《惊天动地》取材于真实的人物故事，例如，舍弃家人的县长，主动请缨的武警战士，张开双臂保护学生的老师，等等。这些都是有原型的，本身是可以激发我们记忆的人和事。通过影视作品的重构，灌注对生命意义与生命价值的思考，可以创造出超越真实记忆的生动记忆，与受众共鸣，凝聚受众的集体记忆。但由于影片处理过于生硬简单化，反而产生片面的集体记忆和虚假的群体黏合，从而导致记忆与群体疏离。其次是集体表征表面化，使之产生大量的内容却得不到很好的聚合，从而集体表征不够深入，导致集体意义的难以确立和巩固，造成离散和流失。在影片中我们容易发现这样一个现象，即影片在塑造人物、事件、情感时，会按照特定的符号形成强烈的表达。符号表征支撑力不足，造成集体表征和意义趋向于扁平化。如救援的人物符号多是政府官员和武警官兵有条不紊地实施救援，忽视了群体间的自救与互助，与灾难真实发生时的状况有所出入，从而难以与受众产生情感共鸣；在灾难事件的表达上多选取救援场面的详细叙述，缺少了对"人"精神层面的关照便难以凝聚群体成员的精神世界。最后是情感符号过多地渲染受灾群众对党和政府的感激之情，情感不够立体和多元，片面地展示单一情感，忽视了人与人之间细腻的情感表达和深入剖析。例如，士兵和救援人员发现一个学生被困在废墟下，遇难的张老师用手紧紧地护住这个学生，使得学生得以存活。但是要营救被张老师护住的学生，就不得不对张老师的遗体进行截肢，灾民们表示反对。影片简单化地处理了这一矛盾，没有将人物内心的挣扎表现出来。另一个例子是县长任玥被告知母亲生死不明时，仍然热情地招呼士兵吃饭。这样的处理没有将人物内心的情感反应很好地表现出来，不人性，更缺乏真实性，显得虚假。如此建构的记忆自然不易获得群体成员持久的认同和理解。

汶川地震相关影视作品还呈现了凝聚在作品中符号表意和结构叙述中对人性、生命价值的思考和记忆。电影《生死时刻》反映了生死时刻团结友爱与死神进行殊死搏斗的精神，彰显了大灾大难面前的爱心。影片讲述了营救一辆突遇汶川地震而失踪的旅行大巴车的故事。在突然而至的生死时刻，车里车外展开了自救与他救。车里既有旅游结婚的青年伴侣，有小偷与警察这

样的身份对立的人物，也有商务人员、学生、农民、妇女儿童等不同阶层的
人物。在突如其来的灾难面前，所有人都充分展现了团结友爱、互帮互助、
无私奉献、患难与共的精神。车外的救援主要围绕着临川县团委书记江嘉川
和女刑警唐静展开，他们带领大家与死神进行殊死较量。最后，江嘉川为挽
救李小森而献出宝贵的生命，女刑警唐静则带领着大家死里逃生。

影片中处处展现了大灾大难面前人性的光辉和人性的升华。除了挖掘人
性之光，相关作品还表现出对逝者生命价值的尊重。《惊天动地》中当一个个
遇难者的姓名和牺牲战士田野的名字一起被念出并被制作成砖头碑林时，当
普通遇难者和英勇牺牲、作为英雄符号的田野的砖头碑共同成为标志性的视
觉符号时，当漫天白雪似的纸钱和军人列队脱帽为死难者默哀时，影片引发
我们强烈的情感共鸣，勾连起我们对逝去的鲜活生命的记忆。这些生命虽然
普通平凡却与英雄的生命同样崇高。

这几部文学影视作品着重凸显的是中华民族团结、互助、无私奉献等精
神力量，将国家的领导者、武警官兵等人物作为灾难的拯救者突出塑造。这
些拯救者的人物符号代表和投射的是国家形象，以此突出党和政府领导全国
军民抗灾救灾的记忆，传播人民群众面对灾难时信赖、依赖党和政府的集体
信念。通过民族精神的传播形成建构集体记忆的心理机制，维系、调动、沉
淀和传承个人关于灾难的记忆与认知。在此机制形成的过程中，个人生发的
记忆汇入集体记忆并且带有强烈的情感认同力量，从而维系松散的个人，增
强民族凝聚与认同。这些作品建构的集体记忆使得每一个个体形成对集体的
认同和归属，从而在群体、国家民族中形成较为稳定的社会意识形态，将民
族精神贯穿于这些作品中，完成了"众志成城"民族精神的延续和记忆。

第三节　文学隐喻对创伤记忆的再生产

一、文学创伤记忆与国家认同

当一个群体中大量的个体经受重大创伤性事件时，个人的创伤会成为集体的创伤。如何描述和建构集体创伤，将对未来数代人造成情感和文化意义上的影响。在创伤之后，整个文化的存在都可能受到威胁。这种文化丧失，对个人的影响，相当于个人身份的断裂或丧失。亚历山大认为，当群体成员认为经历了一场永久性改变他们集体身份的灾难性事件时，文化创伤就会发生。文化创伤是关于过去的创伤性事件的共同叙述。它不仅关注个体可能表现出的特定症状，更为重要的是，它关注群体如何将过去的事件建构为创伤性事件，以及群体如何通过公共记忆实践、文学艺术作品重述该事件，将其铭刻于集体记忆中。

文化创伤的意义建构与记忆可以增强凝聚力和强化群体认同感，且是重大灾难性事件及其作为创伤的集体记忆之间的关键纽带，同时，个人对于创伤的记忆是在集体记忆的框架下进行的，会受到集体记忆的形塑和影响。通过意义的重构，个人能够重新确定他的身份。此外，灌输、强化创伤记忆的一个重要工具是国家控制的历史文本，而文学作品在发挥这种控制作用方面发挥着重要作用。

因此，集体记忆的文本生产是构成现代民族国家大规模"想象社区"的身份构建和再生产的关键因素，集体记忆的文本往往会通过传播这一事件对其集体身份的意义，影响其经验的公共表达，为群体成员提供新的象征性表达。所以关于重大灾难性事件的创伤叙述绝对不是一种单纯的文学问题，而是会受到政党意识形态、国家政权合法性、民族身份认同等因素的制约，因而可以说在任何国家，对于灾难的书写都不是完全自由的。[1]

个体的创伤如何成为集体的创伤及文化创伤的关键在于如何表征创伤。表征为创伤的意义建构提供了条件，并以此将创伤从个人领域转移到集体领域。汶川地震的各种文学文本为集体想象提供了一个非常有效的情感焦点，它围绕着各种表征展开历史叙事。这些表征是国家性格和民族性格的化身，提供了触发想象记忆的集体文本，并转化为充满情感的集体记忆。

例如，地震后推出的第一本抗震救灾诗集《感天动地的心灵交响》，其中《感天动地的心灵交响——中国生命大营救》以歌颂党和政府以及人民子弟兵对灾区的援救为主题。如"中南海的灯光／天安门的太阳／就是最有力的号召和指令／就是最强大的精神力量"，诗人用借代的修辞手法歌颂党和政府在抗震救灾过程中的作用和展现的精神，尤其是对温总理的歌颂：

> 他牵挂着灾区的人民／牵挂着颓楼断壁下的生命／紧急部署反复叮咛／抗震救灾的重中之重／是千方百计拯救生命／他冒着大雨脚踏泥泞／站在瓦砾堆上／用沙哑的声音呼喊／只要有百分之一的希望／就要尽百分之百的努力／去排除万难去拯救生命／他的话语闪着泪光／激溅起我的热泪纵横／我看见这位亲民的总理／这位慈祥的老人／用双手紧紧搂着两个儿童／就是搂着中国的未来和希望／他的话语温热／也温热了中国的大地和天空／这是历史的瞬间／这个瞬间将造就历史的永恒

---

[1]　魏广振.创伤体验叙述研究［D］.硕士学位论文，济南：山东师范大学，2014.

诗歌将抗震救灾中涌现的感人事迹和灾难中凸显的民族精神，借助国家领导人的形象表征，不仅鼓舞了广大人民群众，也成为人民永恒的历史记忆。

但是，汶川地震诗歌中也充斥着大量由意识形态编码的政治化抒情诗。诗歌沿用官方媒体"英雄—救灾"的话语模式，给人一种流于政治宣传和动员的乏味之感，频频出现空泛的话语和大量的宏大叙事，如：

中国，在哲学无法诠释的高度／灼放人类耀眼的光芒／哪里有这样伟大的民族／聚汇成巨大的精神力量／谱写感天动地的英雄交响诗／汇成感天动地的心灵交响千般期待／万种瞩望／我们正努力夺取抗震救灾的胜利／再铸英雄史诗的华章

在空洞的宏大叙事的影响和规约下，诗歌沦为"颂歌"，而真实的个体创伤感受却付之阙如。类似由意识形态编码的表达思维并不鲜见，它是文学的媚俗变体，是对"多难兴邦"精神的歪曲误读，把文学表达的社会激情道义变成解读、解说当下政策的敏感嗅觉[①]，这是对文学作品培育认同的曲解。

二、"汶川—中国"政治隐喻的征用

文学不仅是抚慰剂或速效救心丸，而且是承载着国家和民族伤痛的创伤记忆的媒介和桥梁。"文化创伤"是西方反思集体性创伤记忆的一种理论。耶鲁大学社会学系教授亚历山大认为，创伤记忆是被相关的群体成员接受并公开承认的记忆，"当个人和群体被觉得他们经历了可怕的事件，在群体意识上留下难以磨灭的痕迹，成为永久的记忆，根本且无可逆转地改变了他们的未

---

① 李润霞.从"汶川地震诗歌"谈文学的社会救赎和审美限制［J］.江海学刊，2009（5）：191–195.

来，文化创伤（cultural trauma）就发生了 ①"。借由建构文化创伤，各种社会群体以至全社会成员会形成团结关系，共同分担他人的灾难记忆。文学是人类文化记忆的一种载体，灾害的到来虽然会让人心分崩离析，却也可以促进民族的国家认同，所谓多难兴邦。文学通过选择性地、建设性地对历史事件的叙述和表达强调个人身份的构建。记忆的隐喻，作为一种基本的文学形式，一直以来都是描述记忆和遗忘过程的首选方式。

汶川地震发生的一周内，全国各媒体上涌现了数百篇诗作。人民文学出版社出版了《有爱相伴——致 2008 汶川》、这本诗集从近 200 首诗作中遴选而成，分为"哀痛：生死不离"、"挺住：有爱相伴"和"感动：有一个强大的祖国"三部分，收入近 60 首诗歌。

其中如《国殇：在祖国深深的记忆中》《祖国，请别为我哭泣》《撼不垮的中华民族》《祖国在上》《中国无眠》等成为人们口口相传的名作。较为著名的诗集还有商泽军的《中国：震撼 5 月——2008 抗震救灾诗集》、人民文学出版社编辑部的《有爱相伴——致 2008 汶川》、谭旭东的《生命的歌哭》、苏历铭的《汶川诗抄》、王明韵的《废墟上的歌者》、张洪义和赵发的《挺立中国——汶川诗抄》、龚学敏的《十年：汶川地震十周年诗歌作品集》、祁人的《汶川大地震地震诗歌经典》、吴兴人的《不屈的国魂：汶川大地震诗歌选》等。

个人的创伤记忆转化为集体的创伤记忆，取决于这一事件的意义如何表征。创伤的记忆建构也往往始于遭受的创伤和灾难的宣示，而受众对这一宣示的接受程度将取决于如何构建一种令人信服的叙述。在上述有关汶川地震的诗歌中，通过选择性记忆和遗忘，反复出现的"汶川—祖国、母亲、中国"

---

① ALEXANDER C J. *Cultural Trauma and Collective Identity*［M］. Berkeley：University of California Press，2004：1.

的隐喻和象征，对于灾难的表征过程创造了一种特有的关于这一灾难的意义建构方式和民族身份叙述方式。在这一表征框架下，汶川地震中个人的灾难和创伤成为集体的创伤，汶川的危机成为国家的危机，汶川人的痛苦进入集体对自身身份重构的核心意识。重构的汶川地震记忆中大都将汶川、四川上升到国家、祖国和中华民族的层面进行记忆，并由此产生对祖国、人民和国家的认同。

亚历山大认为，集体经历的创伤常常会对群体意识的确定性起着重要作用，并在群体的集体记忆和身份建构之间建立起牢固的联系，对群体认同、民族认同和国家认同及凝聚力产生重要影响。通常会通过共同的命运感将创伤经历和记忆整合到国家及个人的身份和叙述中，以此来加强与群体和国家的联系。汶川地震作为中国人经历的集体的创伤，尽管造成巨大的损失，但意义往往在灾难中被意外地发现，并由意义的形成过程促进认同感。

创伤可能有助于形成国家叙事，从另一方面来说，汶川地震也影响着中国人的集体记忆，为创伤叙事和共享的价值、精神和信仰的产生提供了肥沃的土壤。这些精神、价值和信仰在灾难之后被注入意义，并与中国人的集体身份相联系，进而产生社会认同。汶川地震所造成的创伤成为固化身份、培养认同的桥梁。身份认同实质是一个"我们"形成的过程，邹静之在《我们的心——献给汶川的血肉同胞》中写道："我们的心朝向汶川 / 我们的双手朝向汶川 / 我们阳光般的心朝向汶川 / 我们旗帜般的双手朝向汶川 / 我们十三亿双手向汶川去！"

在这里，个体的"我"汇聚成共同的"我们"。个人与国家、全体中国人感受着共同的心灵呼应和身份同构，达成情感的沟通，共同的命运感和行动成就了"我们"身份的形成与认同。虽然这一过程可能来源于直接的经验，但对于它的记忆是通过诗歌的叙事连接的，因此汶川地震的创伤叙事也成为建构汶川地震集体记忆和群体叙事的特征。

　　身份是当代社会科学和人文科学的一个概念。它通常被理解为一种建构主义的方式，无论个人或是群体，随着时间的推移或语境的变化，身份会随之发生变化。因此身份在某种程度上具有可塑性、可协商性和开放性。社会身份具有塑造社会认知的力量，记忆在几乎所有的身份认同中都起着核心作用。社会身份不仅需要个人知道自己属于某个群体，还需要知道这个群体的价值或意义。个人与群体及其成员的关系，在汶川地震的表征中，群体的身份认同需要一个相对广泛地对这一重大灾难和它的意义的共同理解。汶川地震诗歌通过隐喻象征构建的叙事，建立起了灾难和每一个个人之间的联系，从而自我定位与国家和社会的关系。如："今夜，我们都是汶川人""昨天就这样躺进我每一个汶川人／不，就这样躺进了每一个四川人／天啊，就这样躺进了每一个中国人的记忆"。（叶延滨《大爱啊，也许只是一滴……》）

　　身份在此具有高度的可塑性和开放性，个人的身份从"汶川人"转变为"四川人"，再扩展为"中国人"。正是在地震诗歌的隐喻和表征中，"我们"的共同身份感形成。这种"我们"的共同身份感有助于产生情感纽带、归属感，并产生对"想象的国家"的皈依和忠诚。象征和隐喻是促进这种共同的情感体验和共享集体记忆的重要表现手段。汶川地震诗歌通过"汶川—中国""祖国母亲"等隐喻所建构的集体记忆，成为产生和维持社会团结的微妙而强大的机制。因此，汶川地震后，在"谁的创伤"这一问题上，人们立即达成共识，将这次大地震看作对每一个中国人、对整个国家的创伤，对于中国人的社会心理表征产生一种集体心理认同感。

　　创伤意味着意义的崩溃，当人们面对大规模死亡，在巨大灾难面前感到无能为力时，会在群体中寻求意义并建构起一种集体象征结构。而贯穿其中的叙事可以导致一种新的象征秩序的形成，从而帮助创伤的处理。这种象征结构，在汶川地震诗歌作品中，就是"汶川—中国""祖国母亲"等政治隐喻的运用。在处理创伤的过程中，隐喻具有转换的功能，将个人与国家的关系紧紧地联系在一起。在将个人创伤转换为国家的创伤时，既实现集体记忆的价值记忆，也塑造了创伤的国家想象和国家认同。

在叶延滨的《大爱啊，也许只是一滴……——献给汶川地震大灾中生死相望的人们》、叶浪的《我有一个强大的祖国》、洪烛的《废墟上的祖国》等作品中有着鲜明的体现，一大批地震诗歌对于汶川地震灾难的书写与记忆，由于隐喻修辞的运用从而具有了凝聚人心的力量。国家领导人的形象也被政治隐喻征用，大卫的《致敬：向一个肃立默哀的人》写胡锦涛总书记："他的难过就是一个国家的难过。"在政治隐喻的修辞下将个人的创伤与难过、汶川的创伤与难过转换为国家和民族的创伤与难过。刘国震的《废墟上，总理捡起一个书包》中温总理抚摸书包的动作，是"抚摸一个民族的伤痛"，温总理"温暖与坚毅的声音/展现着一个民族的力量"，形成"领导人—中国—民族国家"的隐喻结构。

领导人代表的是党和政府，通过领导人、汶川、中国、民族国家等命运共同体的隐喻，征用政治隐喻，发动情感动员，在与他人共同分担灾难的集体记忆中不仅扩大了"我们"的范围，而且共同的创伤记忆也实现统一的社会动员和国家认同。

集体经历的创伤或灾难常常被转化为神话的起源，并发挥培养身份认同和民族认同的作用。汶川特大地震在一系列的诗歌中被赋予"民族危亡"的历史想象，"汶川"成了"中国""民族""祖国"的替代。汶川的伤痛与创伤上升为整个中国的伤痛与创伤，对汶川地震的苦难悲伤之情的抒发化作"民族救亡"的行动。在民族救亡的语境下，汶川地震诗歌的书写带有了民族寓言和神话书写的特征。① 例如，龚学敏的《汶川断章》：

> 谁点燃了这烛。
>
> 并且，让烛光成了中国铺满阳光的午后最痛的伤口。
>
> 一只叫做汶川的陶罐，一只被舜用宽仁的手指就着厚厚的黄土与泪一般透明的水焙制成的陶罐被黑色的烛光击中，然后碎了……

陶罐是中国悠久的历史文化和辉煌璀璨的文明象征，舜是中国古代神话传说中的圣帝，而厚厚的黄土则是厚重的中华民族历史的象征。作者用陶罐、舜、厚厚的黄土等中华民族的隐喻来替代汶川。想象是表征过程的内在特征，诗人将中国远古的人和物通过跨越时空的联想、凝结和审美创造，形成民族的想象，在诗人眼中，汶川被摧毁犹如中华民族危亡，诗歌用民族寓言和神话传说的方式将汶川的灾难上升为民族和国家的灾难。

在汶川地震诗歌中，更多的是运用"祖国母亲"的隐喻，如龚学敏的《汶川断章》：

> 苍白且贫血的女子是汶川。还有她如花而病态的姊妹：北川，青川……
>
> 所有黑色的梦魇，蛰伏在这座叫做舜的花园四周

对于汶川地震，并非所有人都直接受到伤害，抑或直接体验受难者的痛苦并产生共鸣和移情。创伤记忆建构的目标是以有说服力的方式将创伤宣称投射到"个人—集体"的过程，使创伤宣称的受众扩展至包含整个群体中的那些并非直接承受创伤的个人，让后者能够体验到与直接受害群体共同的创伤经验。因此"唯有受害者的再现角度是从广大集体认同共享的有价值特质

---

① 　张堂会. 当代文学自然灾害书写的延续与新变［J］. 广播电视大学学报，2012（4）：31-37.

出发，受众才能够在象征上加入原初创伤的经验"①。将个人记忆整合到统一的集体记忆之中，以实现个人对群体或国家的普遍认同。

诗中把汶川、北川、青川比喻为子女，把国家比喻为祖国母亲，一下子将所有人的关系拉近了，将母亲和儿女的血缘关系、亲情关系投射和迁移到"国家—汶川—个人"的关系当中。仿佛大家同处一个大家庭中，母亲和孩子们正遭受劫难，成为命运的共同体，汶川人的痛苦和创伤也移情至全体人民心中，更能够激发所有人团结一心，在抗震救灾中激发更强的动力，这也正是"祖国—母亲"隐喻的功能所在。

在汶川地震诗歌中，"汶川—中国""祖国母亲"的政治隐喻及其喻象并非一成不变的。在不同的诗篇中喻象如何运用，寓意有何变化，起到了怎样的修辞作用呢？在多数汶川地震诗歌中，"中国""祖国""母亲"的隐喻建构了一个非常具体的国家形象。形象有时是柔弱的，是千疮百孔的受难者；有时是坚强的，是作为强者或者能够庇护遭受苦难的灾民的庇护者："'祖国，救我！'/废墟里发出呼唤/'我来救你了，祖国！'"形象地展现了祖国母亲时而柔弱、时而坚强的隐喻内涵。

当地震灾难发生时，天塌地陷，汶川大地顷刻间化为一片废墟。这时祖国母亲的形象是柔弱的，是令人痛惜的。在地震发生后，山崩地裂，满目疮痍，作为"受到创伤的祖国母亲"形象是最早的喻象。例如汤养宗的《瓦砾中的中国》祖国被压在瓦砾中，成了受伤而需要救助的柔弱形象：

> 2008年5月12日14时28分04秒，中国一震
>
> 我的祖国被压在自己的瓦砾中
>
> 许多花朵突然被白云带走，天开始下雨……

---

① 陶东风. 文化创伤与见证文学［J］. 当代文坛，2011（5）：10–15.

在《记住汶川：十四点二十八分》中，祖国山崩地裂、江河折断、巨石倒倾，心也被碎成两半：一半在废墟下沉重喘息；另一半在大雨中痛哭着找寻。在《孩子，别哭，我们给你一个家——献给四川地震灾区的孩子们》里，祖国母亲打了个趔趄，被撕裂的伤口和奔涌而出的血令人心疼。在《汶川，祖国的心与你一起跳动》中，死亡的牙齿，紧紧咬住了废墟中每一个人的喉咙，祖国的心脏集体被 8.0 级的震动拧成了苦难的乱麻，胸口开始滴血，祖国母亲的伤痛揪住所有人的心，洪烛在《废墟上的祖国》写道：

在瓦砾遍地的灾区，轻轻喊了一声"祖国"为了送去安慰，……我们为祖国感到悲伤，我们抚慰祖国：一定要抚慰母亲那一声血色的呼喊 / 一定要抚平母亲那一道黑色的伤口 / 一定要抚去母亲那一滴紫色的眼泪。

由于"汶川——祖国"象征的连接，祖国母亲的受难形象和经历，扩展成为我们每一个子女的记忆。祖国母亲的受难成为我们每一个人共有的精神创伤和情感体验。当泪水从祖国母亲的胸前，一直流淌到长江、黄河、江南、塞北时，流淌到祖国的四面八方时，我们作为子女，义不容辞地鼓励祖国母亲"中国不哭"，因为"我们"已经与祖国母亲融为一体了。

在抗震救灾需要坚强和信心时，这时祖国母亲的形象一反柔弱，变得无比强大，如洪烛的《废墟上的祖国》：

楼倒了，桥垮了，公路塌陷……
受伤的祖国依然在废墟上站立

在这被地震摧毁的废墟上，我们看到一个顽强的祖国形象。在民族危亡的想象中，国家经受考验依然站立，当灾后重建山河恢复时，祖国母亲又象征着一个民族在废墟中站了起来，成为我们坚强的后盾，如汤养宗的《瓦砾中的中国》：

> 瓦砾中的中国正在站起来，她依然是一道巍峨的风景
>
> 她对所有死去和活着的儿女说
>
> "一定要记住，妈妈爱你
>
> 我们有一个永不会塌陷的家，名字叫中国！"

再如《废墟上的祖国》，受伤的祖国依然在废墟上站立，守护着、守望着每个人：

> 楼倒了，桥垮了，公路塌陷……
>
> 受伤的祖国依然在废墟上站立
>
> 就像牧羊人，焦急地等候迷路的羊群——
>
> "别怕，有我呢，我在这儿呢！"
>
> 它是遇难者的祖国，也是幸存者的祖国
>
> 不可能离开，顶风冒雨守望在原地
>
> 比塑像还要忠实，比纪念碑还要坚定

最为突出的是《有一个强大的祖国》：强大的祖国母亲，是痛失亲人后力量之源和亲切的慰藉，是被埋在废墟下充满力量和信念的勇敢救助者，是病床前温暖的呵护，是遭受劫难后如天使般彰显大爱的关怀者。当你压在废墟下，失去家园时，强大的祖国母亲化身为你的铜墙铁壁、坚强后盾。党和政府牵记着你，你的身边，会有子弟兵，有工农商学，有炎黄十亿人。

创伤的建构是多种政治力量角力的结果，在创伤的表征中，集体创伤和

共同体之间的关系是关键。人们对共同体的重新想象，最终形成现代意义上对民族国家的归属感。^①面对巨大的创伤，如果处置不当，很有可能对政权的合法性及身份的认同产生负面的影响。因此，彰显祖国母亲的强大，既能够安定民心、国家有力量保证抗震救灾工作顺利进行，又能够激发抗震救灾的士气，通过国家的救灾凸显国家的力量，增强国家的凝聚力，强化对国家的认同，宣示国家政权的合法性，树立国家强有力的形象。面对着一片废墟的汶川，"祖国母亲"的隐喻再一次转换为万众一心、众志成城、不屈不挠，灾难中仍满怀希望、爱和必胜的信念的民族精神。如：

> 从总书记亲临现场彻夜不停的脚步
>
> 到总理低头的默哀，嘶哑的声音
>
> 从抢险士兵血肉模糊的手指
>
> 到输血站前长长的背景……
>
> 十万抢险大军，全民族的血脉和氧气
>
> 看我们将托起一个
>
> 十四点二十八分不沉的中国啊，
>
> 她将向世界展示着怎样的团结、勇敢和自信
>
> ……
>
> 你捐钱，我献血，
>
> 捧上一腔热血叫黄金，
>
> 送来一颗爱心叫暖春。
>
> 中华儿女万众一心，
>
> 迎难而上，抗震救灾。

---

① 何卫华.创伤建构的可能、建构性和功用［J］.文艺理论研究，2019（2）：170–178.

雕塑一尊中国的胜利女神。

……

而《废墟里读书的孩子》中，在废墟中读书的小女孩是千千万万受灾的汶川人，也是中华民族坚强不屈的象征。在废墟中，只有黑暗、孤独、死神，女孩没有绝望，而是奋发进取，充满了对知识、希望、光明、力量的渴望。这是千千万万个心中充满了阳光、勇气、力量和信念的汶川人和中国人的缩影。"书"象征着希望和精神寄托，小女孩的行为和精神感染了所有中国人，也带给所有中国人崛起的希望和坚定的信念。

当全国上上下下奋力抗震救灾取得一定成绩时，诗人们纷纷歌颂祖国母亲的伟大和抗震救灾的丰功伟绩，展现强大的国家形象和国家力量，如梁平的《中国力量》，描绘了汶川地震重建 3 年后所取得的成就，以饱含深情的笔墨呈现了汶川的现状："破碎的瓦砾重新站立起来，站成肩膀，站成脊梁。北川、青川、都江堰的痛，映秀、什邡、汉旺的伤，在三个春天大步流星走过之后，漫山的花开了。"在短短的 3 年时间里，汶川的春天"超越时间和季节"重新绽放在世人面前，在地震所造成的狼藉和灾后重建的对比中，国家救灾举措的优越性得以凸显。正是众志成城、坚不可摧的中国力量铸就了这一切：

从第一天天崩地裂开始，中南海不灭的灯点亮满天的星，落地成千万里之外十三亿双噙满牵挂的眼睛，成为黑夜里铺天盖地照亮废墟的希望。那是血脉连接起的长城内外、大江南北，甚至天涯，甚至海角，每一个肩膀扛起生命的重量。

诗歌以富于诗意的意象，将灾后重建众志成城的记忆具象化，展现了面对灾难的中国力量。诗人自豪地宣称，谁也不能阻止灾难的突然降临，但是中国，也只有中国，能够破解世界性的难题。字里行间，对于国家的认同溢于言表。

记忆汶川地震的诗篇中，频频出现了象征国家想象的关键词：中国、众志成城、中国告急、国难、大爱等。这种趋同的集体情绪和心理是对国家的重新想象与塑造，对国家的一种心理期待与自我身份的一种确证。"祖国"成为一个被诗人反复书写的巨大意象，表达了对祖国的重新认识和重新塑造。如"我们有一个永不会塌陷的家，名字叫中国"！[①] 最为典型的是洪烛的《废墟上的祖国》，充满了"祖国"的形象：我就是祖国，祖国的一分子，祖国就是他，祖国就是你，祖国就是我……在这里，祖国和"你""我""他"联结为一个命运共同体，在对祖国的想象中，人民对于国家的身份认同被强化。

汶川地震的个人创伤与国家的创伤紧密地关联着，地震创伤转化为进行国家动员的隐喻，对灾难的想象与集体想象和国家的想象中存在着某种关联。个人的创伤、地区的创伤转换为国家的创伤，将个体的命运与国家命运紧紧地联系在一起，在宣传与动员中，国家凝聚力得到迅速地提升。"汶川—祖国"的隐喻把个人同社会秩序联系起来，在这个过程中，每个汶川人都成为"中国""祖国"的一分子。这样的政治隐喻对于形成国家认同具有重要作用。如王干所言："汶川地震发生以后，人们把对灾区的关注，升华为对祖国的关注，把对灾区群众的热爱升华为对民族的热爱。这种升华，是自然的升华，是发自内心的升华。中国在地震诗中，成为一个坚强的、坚固的、庞大的形象。"[②] 坚强的国家形象与国家认同在共同抵御灾难的过程中得到强化与融合。通过"汶川—国家"的隐喻关联，中华民族和国家认同成为汶川地震诗

---

① 张堂会.当代文学自然灾害书写的延续与新变［J］.广播电视大学学报，2012（4）：31–37+42.

② 王干.在废墟上矗立的诗歌纪念碑——感受"5·12"地震诗潮［N］.文艺报，2008–06–06.

歌的一个显著特征。在地震之后，众志成城、全力救灾成为国家和人民的共识。因此，"汶川""中国"必然以这样一种"中国""祖国"的面目出现。在"汶川—中国"的隐喻关联中，汶川被强调放大到中国祖国的高度，具有象征功能和导向功能，显然更易于激发全民族共克时艰，更具政治动员功能。

对于汶川地震而言，灾难既是每一个汶川人的，同时也是整个民族和国家的灾难，如果仅仅流于对个体苦难的宣泄，不仅不利于个体从巨大的悲恸中走出来，不利于发挥灾难书写的疗伤作用，也不利于国家和整个民族同仇敌忾、众志成城抗震救灾。但如果过于强调国家认同与民族认同，单纯地将汶川地震的创伤提升到国家和民族的创伤层面，而忽略灾害对个人、家庭的创伤记忆，甚至将个人的创伤记忆掩盖在国家和民族记忆的宏大视域之下，就可能是有组织的遗忘。

文学创作本身就是在反抗遗忘的压迫，捷克作家克里玛就曾明确地说："我写作是为了保留对于一种现实的记忆，它似乎无可挽回地跌入一种欺骗性和强迫的遗忘当中。"当一个民族毁灭于记忆丧失时，他们的书籍、学问和历史会被毁掉，接着有人另外写出不同的书，给出不同样式的学问和杜撰一种不同的历史。显然，这里所反抗的遗忘，并不是个体的人对自我经历的忘却，而是针对遮蔽历史真相的反抗，是从集体记忆的缝隙中寻找并重构另一种民间记忆，以试图修正主流历史的片面性。柏林文学之家奠基人艾格特说，文学的一个功能是承载文化记忆，它书写了他们那一代人的文化记忆，如果不被写进作品里，可能就会被修正过的历史忘记。①

从以上地震诗歌的"汶川—中国"的隐喻表征中，我们看到尽管强烈的地震摧毁了无数个体和家庭，但在诗歌特殊的"记忆"重塑中，汶川地震的创伤架起了连接共同体的纽带。"我们都是汶川人"正是通过这一隐喻表征重

---

① 余华，毕飞宇，王嘉良，等.文学：想象、记忆与经验［C］.上海：复旦大学出版社，2011：145.

构的共同体。诗歌隐喻的表征将创伤转换为叙事，弥合了破碎的自我，但是个人独有的创伤记忆和创伤体验被抽象化、空洞化的国家记忆和民族记忆所架空，正如洪烛的诗歌《废墟上的祖国》中写道："今夜，我们都是汶川人。"八级地震将趋于淡漠的"同胞"概念再一次具体化。"请让我轻唤一声：我的汶川"，这呼唤饱含深情；"昨天就这样躺进我每一个汶川人 / 不，就这样躺进了每一个四川人 / 天啊，就这样躺进了每一个中国人的记忆"。（叶延滨《大爱啊，也许只是一滴……》）再如：

今天，我们都是汶川人

同舟共济 我们的心一同跳荡

今天，我们都是汶川人

跨越千山万水

共同挽起坚强的臂膀！

……

《我们都是汶川人》

韩宗宝

……

每个人的目光里都可以拧出血来

每一颗心都在紧张地为你悬着

汶川 你一定要挺住 你不是孤立的

你的后面有我们 我们都是汶川人

汶川

整个中国在揪心地疼

九百六十万平方公里土地都在疼

抒情主体从真实的"个体"到"汶川人",从"汶川人"到"四川人",再从"四川人"到"中国人",直至"祖国""中国"。地震诗歌中的个体几乎被淹没于历史中,每一次转化都是一次跨越,一次对更大也更容易空洞化的"主体"的认同。[①] 又如李陆的《这时候——写在5·12四川汶川震灾之后》:

当十三亿同胞伸出了温暖的手

当泪水打湿了一张张善良的面容

这时候,我们挺直了沧桑的腰板

我们昂起了高贵的头颅——

为了抵抗这无法避免的天灾

我们变成了热血沸腾的英雄

这时候,我看到了中国的希望

我看到了中国的强大

……

个体在灾难中体验的情感被"我们"的共同感所淹没,尽管是从"我"的视角出发,但是情感投射的是"我们","我们"才是真正的主体。"我"与"我们"在情感上成为统一的一体,"我们"成为国家的代言人,又与爱国主义激情和强烈的国家认同缝合起来,促成了每个中国人国家意识的身份认同。

徐敬亚在《大灾难中的诗歌悲凉——我恶劣的"地震"诗歌记忆》中批评道:"一首诗,一批诗,一个国家的诗,除了泄露其哲学、美学内存之外,

---

① 支宇. 灾难写作的危机与灾难文学意义空间的拓展[J]. 中华文化论坛,2019(1):58-64.

它潜藏着的是一伙人类部落内心的精神与理想秩序，是整个意识形态的准则与方向"。① 道出了汶川地震诗歌被特定的价值系统处理之后所呈现的地震记忆，某些方面被夸大了，某些方面被削弱，陷入有组织的遗忘之中。

对于汶川地震这样巨大的灾难的记忆与书写，如何处理国家宏大记忆与个人记忆之间的关系，直接关系到我们如何记忆这一灾难事件。对于汶川特大地震的集体记忆。我们不仅需要宏大的国家记忆，也需要带有肌理和真切质感的有血肉的个人记忆。个人记忆是集体记忆的一部分，在汶川地震诗歌中，王家新的诗歌《人民》对过去的那个空洞的"人民"进行了去蔽式的书写，不再将那些死难者视作由一个个冰冷的数字相加的抽象名词，去除"人民"身上那些虚幻的光环，把"人民"还原为一个个有血有肉的鲜活生命，对每个逝去的生命致以深挚的哀悼②：

　　人民就是那些被压在最下面的人 / 就是那些在地狱的边缘上惊慌逃难的人 / 人民，就是那个听到求救声 / 却怎么挖也挖不出来的人 / 就是那些不会演讲，只会喊老天爷的人 / 就是那些连喊也没有喊出口 / 就和他们的牲口一起被活活埋在泥石流中的人……人民，人民就是那些从来不会写诗 / 但却一直在杜甫的诗中吞声哭的人！

在诗歌中，人民不再是概念化、空泛化的，无辜的生灵被具象化为一个个怎么挖也挖不出来的人。我们能够真切地想象他们逃脱死亡边缘惊魂未定的样子，能感受他们被压在下面撕心裂肺地哭喊，能体察他们的垂死挣扎。因此对于人民的记忆也不再是抽象的，而是个体的人，是对个体的生命价值的记忆。《人民》给了我们一个启示——在诗歌创作所建构的汶川地震记忆

---

① 徐敬亚. 大灾难中的诗歌悲凉——我恶劣的"地震"诗歌记忆［J］. 星星，2008（8）：83-86.

② 张堂会. 当代文学自然灾害书写的延续与新变［J］. 广播电视大学学报，2012（4）：31-37.

中，平衡极端的个人体验式记忆和国家记忆遮蔽，凸显个体的生命价值和记忆是有益的尝试。

第四节 崇高的历史记忆

一、创伤记忆是文化建构的产物

对于汶川地震这样的重大灾难性事件，经过几代人之后，有什么记忆是我们不可遗忘的？记忆是有选择性的，经过若干年之后，汶川地震的某些细节、过程、人物和相关报道，我们只能记住其中很少的部分。中国是个多灾多难的国家，但是至今为止，中国却很少在集体层面和文化层面上产生对于灾难事件的创伤记忆，更无法产生像大屠杀那样上升为整个犹太民族的创伤记忆甚至整个人类的创伤记忆。汶川地震巨大的破坏力，对于亲历者无疑是难以磨灭的记忆，然而对于国家而言，是倾向于转化的。对于灾难的遗忘首先是自然的遗忘机制，人类总是倾向于遗忘痛苦的经历或体验以进行自我保护，国家层面对创伤的淡化意在避免集体心理创伤的再度发生。

其次，汶川地震是自然灾难，属于天灾，没有具体的施害者，只能"怨天"，无法"尤人"。党和国家在抗震救灾中的强大力量有目共睹，因此汶川地震这样的自然灾害，尽管造成了重大的人员和财产损失，但是却没有明确的追责源头和追责对象，无法像大屠杀事件那样有创伤的肇事者，有正义与邪恶的较量。

是否承认罪责，是否为过去的违法行为承担责任，如何承担责任，成为各国共通的难题。因为直接承认责任可能会对国家的道德形象和身份认同产生毁灭性的影响，后代背负着祖先所犯罪行的原罪感等道德伦理问题。例如，许多德国人觉得他们不应该再为他们祖先的罪孽而受苦，并且对他们应该对大屠杀感到内疚的期望感到愤恨。另一方面，许多犹太人认为大屠杀不能被原谅或遗忘，希望德国人承认他们的集体责任。这反映了受害者和肇事者之间的记忆战争。大屠杀的记忆建构中存在着复杂的政治、文化、意义等各种力量的权衡，更能揭示人性的复杂和深刻。因此大屠杀的创伤记忆能上升为整个民族甚至整个世界的创伤记忆。

亚历山大对于创伤的概念和理解可以为我们提供对于灾难事件创伤记忆的另一种视角。亚历山大认为，在现实世界中客观发生的伤害性事件并不能给我们带来创伤的体验。也就是说，客观事件本身并不具有创伤性质，它是由某种中介建构出来的，是一种文化建构的产物。[①] 总之，灾难性事件能否成为创伤性记忆是文化建构的结果。

国家对于汶川地震或其他类似的自然灾害事件，例如，唐山地震总体上是倾向于遗忘或选择性记忆。从上一章《人民日报》对汶川地震的记忆建构以及周年纪念仪式的讲话中（具体分析见第五章）可以看出，国家对于地震灾难本身是有意淡化或选择性地转化，突出抗震救灾强大的救援行动和灾后重建的显著成就，着力于通过灾难的应对强化政府的形象、力量，增强民众的凝聚力，因为一味地停留在创伤的记忆中，不利于认同的产生。

阿斯曼认为一个民族记忆建构本身是为了强化身份认同和自我颂扬，它的主要功能通常是"强化和颂扬"自身的一种积极的集体形象。民族记忆是一种"自我服务（self-serving）"，它与民族神话紧密联系在一起，是一种

---

① 孙珂. 文化创伤认知及其价值［J］. 河南社会科学，2018（12）：71–74.

"自我催眠（self-hypnosis）"。① 这种遗忘或选择性记忆建构的模式体现在文学作品尤其是小说中，就是安克施密特所称的建构性的遗忘，指的是人类有目的、有计划地主动遗忘，本质上是一种社会和文化筛选的过程。② 是社会文化影响下的遗忘，也是创伤的遗忘，是建构性遗忘的一种类型。

从远古神话时代起，中华民族对于创伤的记忆就是一种主动性、转化性、建构性的遗忘。在"精卫填海""夸父逐日"等神话故事中，就有将灾难转化、升华为崇高的情感方式和价值取向。中华民族总是能够在面对灾难时超越苦难或将之转化为面对苦难和灾难时与灾难抗争、与命运抗衡的崇高精神及生命尊严和人性光辉。而当苦难和毁灭以自然灾难的形式出现并危及一个国家、一个民族和一个群体时，崇高就体现为群起奋争，不仅努力自救，也积极帮助他人，从而将苦难的悲剧性升华为崇高。

面对不可避免的苦难与毁灭，人们所表现的顽强生存意志、为了挽救他人生命而放弃自己的伟大人格力量、为了营救更多生命而挑战自然的超凡勇气，这些抗争的全部品质，使我们体悟到人类心灵的伟大和人之为人的超越之处，共同构成了崇高的悲剧精神。③ 当我们把灾难造成的创伤转化成人性的崇高和精神的崇高的时候，遗忘就产生了。这种将灾难转化为崇高的意义是中华民族一脉相承的文化基因和精神结构。这种文化脉络源远流长，构成了阿斯曼所谓的文化记忆建构的基础即"凝聚性结构"。

阿斯曼认为一种文化在社会层面和时间层面上能够起到连接作用和联系作用的是一种所谓的"凝聚性结构"。记忆的每一个行为都是一个创造性和建

---

① 阿莱达·阿斯曼.记忆还是忘却：处理创伤性历史的四种文化模式 [J].陶东风，王蜜，译.国外理论动态，2017（12）：87-93.

② 陆远.集体记忆与集体遗忘 [J].南京社会科学，2020（3）：132-137.

③ 朱立元，黎明.大灾大爱 生命至上——略谈"以人的生命为本"与灾难书写的崇高悲剧精神 [J].社会科学研究，2011（2）：8-13.

构性的过程。仅仅记住历史的细节是不够的，文学作品的意义在于可以重新组织和综合记忆，将不同的记忆进行聚合和凝结，并把它们组合成一个思想的凝结点，成为跨越时间和空间的记忆，从而成为更为永恒的记忆。

二、创伤—崇高：记忆的文本性关联

文学作品对于灾难记忆的书写不能仅仅停留在情感经验的体验式记忆上。经过时间的沉淀，灾难记忆不断被修正，情感体验记忆的某些部分会被过滤与提升。沉淀之后的文学作品所建构的灾难记忆会超越情感体验层面，将情感记忆上升到人性的层面，提炼人性中的光辉，契合民族记忆的深层内核。

小说创作因为对创伤的记忆显得"延迟"和"积淀"，特别适合将这样一种"凝聚性结构"转化为"文本性关联"。将一些应该铭记于心的记忆以文学作品的形式保存下来，将记忆对象浓缩成有意义的故事，使中华民族文化记忆得以传承和延续，并且使其在当下的框架中仍能保持现实意义。

汶川地震后大量涌现的诗歌带有明显的制度性思维和意识形态思维的特征——口号式的表述（孙文波《诗的道德——写在汶川地震之后》）。经过时间的沉淀之后，关于地震的几部小说，描写的是人类的一种困境或者一次灾难，表现人间的爱与温暖，表达人与人之间的真诚和理解，批判人性中恶的部分，使生命重获洗礼，巨大的灾难性情境强化和凸显了崇高的灾难记忆。小说《透明的废墟》描写了地震后幸存下来被困在废墟中的少女刘丹丹与素有龃龉的几位邻居摒弃前嫌共同救助一位失去母亲的婴儿却不幸遇难的故事。几个面临死亡威胁的邻居将生的希望留给了新生婴儿，小说展现了大灾大难中的人与人之间的温暖，人性的光辉，相互间的真诚与理解。

孙少山的《八百米深处》描写地震之后，在距地面 800 米深的煤层中有 4

名幸存者。但他们陷入绝境之中。4个矿工被一块巨大的石板挤在一个死角里，8个小时之后，他们靠一把斧头砍出了一条出路。正当他们为活命而庆幸时，却发现一切往地面的通道全都堵得严严实实。这等于他们被活埋了。没有人会知道他们的行踪，他们是临时到这里来放顶的。即使地面有人准确地知道他们的地点又能怎样？按正常掘法，掘到四人所在的位置得半年时间。似乎唯一的事情就是等待死亡了。好在老工长张昆熟悉地形，给大家提供了万分之一的希望。

张昆说，穿过这堵煤壁便是伪满时的采空区。万一能穿过这片采空区，便可以找到一个自然通风井，那风井没完全塌掉，也许可以爬到地面上去。就在四人奋力凿壁时，煤壁的对面传来了求助声，是另一位幸存者李贵。他们原来一共是5人，地震刚开始时，李贵抢过装着面包的干粮袋跑了。李贵大约没意识到这是地震，以为是大冒顶。若是大冒顶，李贵就可以吃着大家的面包等外面的人把他扒出去，所以在他看来抢到了吃食就等于抢到了性命。

面对李贵的求救，4人陷入争吵之中。李贵平日里飞扬跋扈，没少欺负这几人，被困在下面还抢走了大家的吃食，大家心里都不愿意救李贵。经过工长的劝说，生死关头"到啥时候也是有死在一起的，没有见死不救的"的信念战胜了平日的恩怨，经过大家的齐心协力，5天之后5个人终于挖到了那个通往生命通道的通风井。

伯克认为，痛苦和恐惧都是崇高的来源。小说《八百米深处》将这几个矿工置于面临死亡考验的关键时刻。作品力图将读者带入灾难情境的体验中，并设置对立冲突的关系，体验这几个矿工在生死关头克服人性的弱点、捐弃前嫌共同克服巨大的危险和灾难而升华到崇高的心理过程。在面对死亡的威胁和毁灭性灾难的抵抗中，矿工们完成了自身局限性的超越，从灾难中折射出超越生死的人性光辉，达到了康德所谓的"崇高"。灾难书写建构了在灾难中生与死的考验下人性的光芒。

灾难是考验人性的试金石，也是人性的照妖镜，在灾难中能展现两种截然相反的人性样态：光辉与变异。灾难既能彰显人性中残忍自私的一面，也能激发出人的崇高精神和英雄气概，凸显人性光芒的一面。①钱刚的报告文学《唐山大地震》描写唐山大地震后一个特殊的场所——看守所里一群被关押的犯人面对倒塌的围墙和电网，不是选择趁乱逃跑，而是请求出去救人。善与恶，就像一枚硬币的两面。这群犯人身上的恶与善在极端环境下显示了未曾泯灭的人性之光。

人性是由一个人的原始本性和其生活的社会环境共同作用而决定的，没有绝对的善与绝对的恶。这是对人性最朴素却也是最精准的定论。钱刚将这群犯人置于一种极端困境之中，人性的善与恶、光芒与幽微在此间时不可避免地进行着激烈的交锋，最终使得人性的复杂与多样完整地呈现在读者面前。②

在小说中有这样的场景：带伤的军人押着带伤的囚犯，带伤的囚犯在废墟中奋力抢救奄奄一息的普通人。首先是那些看守所的干部、干部家属，再往远处去就是小街小巷里的群众。囚犯们和所有在废墟上的救险者一样，手忙脚乱，焦灼万端。几把刺刀其实是管不住分散在废墟上的这一群囚犯的，可是囚犯们没有忘记有一道无形的警戒圈。直到黑夜降临，公安局准备把犯人押解到外地去时，看守人员才发现少了3名囚犯。这3名囚犯在抢救完周围的人之后，豁出命跑回家去抢救自己的父母姐妹了。其中两名，在处理完家事之后主动到公安局自首，返回了看守所。还有一个正在他家的废墟上忙碌。

---

① 张堂会．当代文学自然灾害书写的延续与新变［J］．广播电视大学学报，2012（4）：31-37.

② 房伟，明子奇．当代"灾害叙事"的理论反思——评张堂会的《自然灾害与当代文学书写研究》［J］．萍乡学院学报，2018（4）：51-55.

当囚犯们在看守所四周的废墟上救险的时候，看守所开始将受重伤的军人、干部和囚犯向外转运。负责转运的公安干部田国瑞采取了一个被认为是"冒险"的举措：开车的司机是囚犯，照料伤员的 3 个人也是囚犯。在文学作品中常常将犯罪人群的刻画与描写脸谱化、简单化，犯罪人员通常被刻画成十恶不赦、浑身没有一点优点和人性的恶人。但在面临地震这样极端的生死考验面前，作者将犯罪人员在灾难中激发出的人性中善的一面呈现出来，将大灾大难中善与恶的较量及其复杂性表现出来，犯罪人员也会有善行。

在小说《唐山大地震》中，一名叫黑子的囚犯在地震时从监狱里跑出来，被警察素云追到一片废墟下面。两人同时被一根水泥梁砸倒，双方相持之际，警察素云仍苦口婆心地劝说黑子回监狱服刑。一阵余震，摇晃的水泥梁突然下落，素云用力将水泥梁拉向自己，危急关头，素云以自己的死救了小黑的命，以崇高精神感化了小黑。小黑立志从此做个好人，为救素云的女儿献出了生命。在大灾大难面前，人性的崇高被激发出来，囚犯也不例外。

《来生我们一起走》聚焦于 5 个被困废墟下三天三夜的孩子精神升华的过程。这 5 个孩子各有缺点，娇生惯养，自私自利，不爱学习，怕苦怕累，爱慕虚荣。灾难是她们的救赎，他们在灾难中意识到自己的错误。雅楠是个虚荣的孩子，家境贫寒，母亲以捡垃圾为生，但她对同学谎称母亲是自家的保姆。被埋在废墟下时，她由埋怨母亲的身份给她带来的嘲笑和耻辱转而理解、感恩母亲的不易和生活的艰辛，为此而忏悔。在大灾大难的生死考验面前，5 个孩子为仅存的一小瓶水和一个碎鸡蛋互相谦让，超越了独生子女的自私自利，互帮互助，共同与灾难斗争。

作为对人的精神力量和生命价值的一种描述，崇高在灾难性情境中呈现的意义在于，被压在废墟下三天三夜，面对难以避免的生存苦难和生命毁灭，5 个孩子表现了极其强烈的生存意志，迸发出顽强的自救和互救意志，表现了人在与灾难抗争中所展示的生命的坚韧顽强和人性的崇高，从而使人性得到提升。在被营救的过程中，雅楠、子皓舍身保护思雨，献出宝贵的生命。纯真的孩子身上爆发出中华民族的崇高精神，人性的光辉闪耀。这样超越灾难升华为人性崇高的记忆在文学作品的修辞下不断沉淀，甚至内化成民族和国家的记忆。

如果说上述几部作品是将灾难的创伤记忆转化为崇高的人性的话，那么阿来的《云中记》则是将灾难的创伤转化为灵魂的救赎和安宁。对于创伤的书写不是为了引发痛苦的记忆，而是安抚心灵创伤的过程。地震之后，云中村全体村民被移民到平原地带，尽管生活上得到了恢复，但是受灾的心灵却无处安放。4 年多之后，祭师阿巴的内心越发不安，独自回到云中村，他要去安抚那些死去的灵魂。他到村里每一户的废墟前安抚亡灵，寻找内心的安宁。

阿巴从一开始就知道，由于地质结构，云中村注定要滑坡消亡，但只有在云中村，在与云中村的灵魂诉说中，他的内心创伤才能得到化解和慰安。他坚定地选择与云中村一起消失，最后在不可避免的山体滑坡中，阿巴和云中村一起滑入江中，归于大化，重回大自然。阿巴的死亡是平静而安宁的，是一种与赖以生存的故土云中村一起获得生命意义永恒的崇高。在对生命意义的追寻中，灾后精神性灵魂获得了超越与救赎。《云中记》将汶川地震后的创伤记忆转化为精神的救赎，从而疗愈了创伤痛苦的记忆，获得灵魂的安慰和净化。

文学作品在重述灾难记忆时不仅在"经验"的层面上为历史提供记忆，还须在"存在"的意义上为历史提供意义。因此，承载灾难记忆的文学作品，不仅是一种灾难见证，同时还具有某种"历史性"的意义，它提供了对于历史记忆的深刻理解，关注在灾难中人的生命历程与精神境遇。[①] 不同于震后未

---

① 余华，毕飞宇，王嘉良，等．文学：想象、记忆与经验 ［C］.上海：复旦大学出版社，2011.

能走出创伤阴影、在非常态情感驱使下的自杀者，阿巴通过重返现场，再次体验创伤而赋予生命以意义感，也通过安魂仪式的哀悼消除愧疚从而完成自我救赎。就此而言，作为灾难幸存者的阿巴极具象征性，那就是阿巴的经历可表征为云中村村民乃至无数个创伤个体的心理修复和主体重建。因此，阿巴的故事可以神化为一个永恒的创伤事件，成为一个可以被反复讲述的创伤意象，也成为以读者为代表的社会成员所共享的文化记忆。

汶川地震题材的影视作品与主流媒体的报道同样遵循"灾难—救灾—英雄"的灾难叙事模式。无论是《惊天动地》还是《人民至上》，都侧重于展现党和政府的抗震救灾精神以及救灾中的英雄人物。无论是《惊天动地》中旅长唐新生、战士田野、县长任玥，还是张老师，都是不畏艰险、迎难而上、顽强不屈、舍小家为大家的自我奉献和自我牺牲的抗震救灾精神的代言者，都是在国家和民族的视角和层面象征着国家和政府的抗震救灾精神和行动。影片中反复出现的国旗寓意危难之处党和政府的在场，这些功能化的表征符号和象征无处不在，试图调动集体的历史想象力，实现对国家的认同。

总体而言，这些影视作品的符号化、表征化对于每一个中国人的身份认同感的塑造起着重要作用。因为只有认同了这一群体，我们才能理解它的表征和符号。集体记忆和社会表征相互关联，在某种程度上相互转化。因此，汶川地震后，不管是诗歌、影视作品介入灾难记忆，还是灾难记忆进入诗歌、影视作品，视觉化呈现或是文本呈现，究其本质是带有隐喻和修辞性质的。而所有的文本和叙述话语又转化为充满情感的集体记忆，借助于符号和表征，经意义系统的处理，"个人的创伤记忆"升华为"一个民族和国家的创伤记忆的一部分"。国家记忆、个人记忆与集体记忆深度重构，共同感、凝聚力、归属感、团结感交织于一体。

遗憾的是，由于时间积淀不够，汶川地震文学作品存在着明显不足。大多数作品属于急就章，未能深刻地表现灾难中人性的崇高，尤其是诗歌作品的创作，一哄而上地宣泄情感，过于直白地展览灾难，政治隐喻的国家认同，虽情绪浓烈却意义空洞，忽略个体的创伤体验与记忆。因此热潮很快退去，难以留下深刻的创伤记忆，也缺少人性的深度，遑论凝聚为中华民族共同的文化记忆。

相对而言，小说作品呈现的灾难记忆较为关注灾难中个体的情感、个体的精神创伤，以民间记忆的视角呈现个体在灾难中的遭遇、命运、体验、挣扎、抗争，更多地指向个体记忆，指向灾难中的每一个个体。如李西闽的《救赎》描写失去独子的夫妇，尤其是丈夫何国典在难以摆脱的创伤记忆中沉沦、挣扎的过程；阿来的《云中记》描述阿巴、央金、中祥巴以及云中村的地震幸存者，特别是阿巴对在地震中死去的乡亲的想念以及对即将消逝的云中村的依恋。这些个人的创伤记忆更为真切，也更令人难忘。

《云中记》仍然是和国家宏大叙事话语高度融合的文本，无法剥离官方记忆对于个体记忆的规约。例如，当阿巴认为搬离故土云中村是背井离乡时，身为"国家干部"的仁钦立即用国家话语来引导个人记忆："不是背井离乡，是一方有难，八方支援。你们要在祖国大家庭的怀抱中开始新的生活。"这是国家救灾话语的体现。尽管阿巴和云中村在地震中的创伤得到了一定程度的再现，但是阿来仍然是"用颂诗的方式来书写一个陨灭的故事"[①]，仍然在意识形态的指导下通过国家力量的在场，将灾难造成的创伤缝合进集体记忆建构的历史进程，通过文学的想象赋予灾难以集体认同的意义。

小说中的仁钦是阿巴的外甥，也是瓦约乡乡长、云中村抗震救灾领导小组组长，负责全村的抗震救灾及灾后移民等相关事宜的处理。当他带领全村

---

① 阿来. 不止是苦难，还是生命的颂歌——有关《云中记》的一些闲话［J］. 长篇小说选刊，2019（2）：4-127.

进行灾后重建时，乡亲们说："二十多岁的娃娃带我们重建村庄。"仁钦说："不是我，是国家。"他是党和政府在云中村的化身，他在救灾和处理危机中的卓越表现，体现了政府在救灾中的在场和国家力量。

小说中多次歌颂党的领导和国家的救援力量，例如，写直升机和解放军的到来。这些作为国家力量的象征，代表着党和政府的领导、救援。"此时此刻，我要求你们出现在老百姓面前"，着力歌颂政府的担当、与民同在的救灾精神。送别解放军时云中村村民演唱的《感恩的心》，也体现了作者自觉地将灾难创伤的记忆转化为对国家的认同。过度的煽情只会将记忆锁定在苦痛层面，从而妨碍认同的发生。从这一角度而言，阿巴和云中村一起坠江更多的是集体记忆话语规约的结果。毕竟个体创伤及其记忆的长时间存在会给社会秩序带来不能弥合的缺口，集体记忆会以对个体创伤的结构性失忆来强化自身。作为集体记忆叙事的代价，创伤必须部分被遗忘。因此，阿巴和云中村不得不接受社会结构和文本结构的双重失忆。①

陶东风先生认为，文学和记忆建构的关系是一种相互理解、相互阐释的关系，记忆通过文学艺术形式被叙述，存在几种可能范式，或者是叙述框架保持"艺术—审美"的自主性，或者是叙述框架受制于"政治—权力"。从汶川地震相关文学作品来看，对于这一重大灾难和创伤事件的叙述，相关文学、影视作品并未脱离社会文化、意识形态、功能主义等语境因素的影响。亚历山大的文化创伤理论指出，文化创伤不是一个自在事实，而是一种文化建构②，在集体性的叙事模式被内化到个体的无意识层次并进而影响到个人记忆的书写前提下，汶川地震的创伤叙事的实质是文化建构的过程和产物。

汶川地震的创伤及其意义是中国文化记忆中的一个元素，在对汶川地震

---

① 刘成勇.《云中记》：创伤记忆与文化认同［J］.民族文学研究，2020（6）：130-138.

② 陶东风."文艺与记忆"研究范式及其批评实践——以三个关键词为核心的考察［J］.文艺研究，2011（6）：13-24.

创伤记忆的诠释和建构的过程中，我们可以从中发现集体创伤的另一个重要方面，即集体创伤与意义建构之间的关系。文学作品对汶川地震的叙述经历了从集体创伤开始，转变为集体记忆，最终形成一种意义系统的过程。在这个过程中提供了一个发现中国文化、历史的意义结构和意义网络，这种意义结构又制约着文学的创作。

汶川地震文学作品中所蕴含的民族对于灾难和创伤记忆的转化、崇高性和国家认同等诸多意义指向，正是其价值和意义表征。作为一个历史事件的汶川地震和经由文学的叙述建立起了一种价值和意义的关联。也就是说，这些文学、影视作品之于汶川地震并不仅仅是一种反映关系，其中还存着在一种意义建构。汶川地震文学作品一方面记录了大地震这一民族的历史事件；另一方面也蕴含着国家和中华民族在巨大的灾难中呈现的对于灾难和创伤的表征中所隐含的文化和意识形态属性。

从中我们可以探寻中华民族对于灾难、创伤的认知和态度。简言之，就是在灾难中保持坚韧不拔的顽强斗志，用超越灾难转向崇高的方式去叙述灾难和创伤，并导向对于民族国家的集体情感和认同。在这个意义上，文学作品不仅是对汶川地震的历史记忆，也是对中华民族灾难文化史的呈现。呈现了人性、生命、个人和民族国家共同的文化原型，实现文学对灾难和创伤的价值转换。这里面容纳的意义和价值，隐藏着中华民族潜在的精神结构，将灾难积淀成多难兴邦的民族精神，汶川地震文学作品的创伤叙事和意义建构又引发、强化或者凸显了一直隐藏于这个国家及其人民心灵深处的新的团结关系和身份认同。

第五节　创伤记忆的见证：从文本见证到影像见证

一、个人创伤的文本见证与集体记忆

陶东风先生指出："见证文学即是创伤记忆的一种书写形式，是通过灾难承受者见证自己的可怕经历而对人道灾难进行见证的书写形式。"[①] 第二次世界大战以来，大屠杀、种族清洗和恐怖袭击等创伤性事件给许多遭受创伤的人带来难以磨灭的创伤记忆。许多经历创伤和灾难的人参与到对历史创伤的书写和记忆建构之中。意大利国宝级作家普里莫·莱维（Primo Levi）曾被作为俘虏关进奥斯维辛集中营，见证了奥斯维辛的惨无人道。作为一个大屠杀见证者、幸存者的代言人，莱维创作了《如果这是一个人》《活在奥斯维辛》《休战》《再度觉醒》等作品，成为见证文学的重要作品。见证文学通常以口述、视觉图像和文本形式的证词来回忆、讲述、分享、传递、见证灾难给人带来的可怕经历，以见证文学的方式还原个人所见证的历史真相和事实真相。

劳伯（Dori Laub）和苏珊娜·费尔曼（Shoshana Felman）在 1992 年合著的《见证的危机：文学、历史与心理分析》中指出，见证文学的书写，可分为纪实性的和虚构性的。纪实性的见证文学的写作者是创伤事件的亲历者写就的作品，法国学者穆沙对见证文学给出的定义是："它指的是那些亲身遭受过浩劫性历史事件的人，作为幸存者，以自己的经历为内核，写出的日记、

---

① 陶东风.文化创伤与见证文学［J］.当代文坛，2011（5）：10–15.

回忆录、报告文学、自传体小说、诗歌等作品"。①

我国学者徐贲区分了"是见证"和"作见证"。在他看来,"是见证"是那些因为曾在灾难现场亲身经历灾难而见识过或了解灾难的人;"作见证"则是用文字或行动来讲述灾难,并把灾难保存在公共记忆中的人。②

汶川地震后,作为灾难的亲历者,获救后两个月还没有完全康复时,作家李西闽根据本人被困在废墟下 76 小时的真实经历写作了长篇纪实文学《幸存者》。李西闽以一个普通亲历者的身份记录和见证了面临生死关头的生命体验和对人性、人生的思考。虚构性的见证文学,是在创伤事件的基础上展开的想象性建构。写作者一般是和创伤事件有间接关联或者受到该事件的影响较深。如李西闽在完成《幸存者》的创作之后,又根据想象创作了《救赎》,描写了一对在汶川地震中失去儿子的夫妻在相互扶持中完成精神救赎和心灵救赎的艰难过程。2018 年李西闽又创作了《我们为什么要呼救》。这是一部半纪实半虚构的见证汶川地震的文学作品,表现了作者这 10 年来经历的各种不堪与痛苦,也有虚构的两个人物和家庭在震后各自的伤痛与焦虑。

李西闽曾坦言,以文学方式处理灾难题材有很大的难度,既要避免过于沉重,使人逃避,又要避免浅显,让人生厌。但李西闽还是肩负起见证灾难的历史重任,将私人记忆与对灾难的回顾、总结与思考结合起来,既在作品中见证个人这段残酷的经历,也将自己对于灾难、生命价值、人性的思考和这一段灾难历史结合起来描写。他选择拒绝遗忘,选择勇敢面对,对这一灾难的见证书写,一方面治愈了李西闽的抑郁症;另一方面也将他个人的记忆随着文本的书写而凝固和积淀下来,成为对这一段历史的独特而确凿的见证。

与本章第三节汶川地震诗歌作品注重通过象征建构"我们感"的认同,

---

① 史海瑞.创伤记忆和见证书写——普利莫·莱维的"见证文学"作品研究[D].昆明:云南大学,2019.

② 徐贲.人以什么理由来记忆[M].长春:吉林出版集团,2008:213.

在宏大叙事的框架下重构汶川地震的历史记忆不同，见证文学侧重于灾难亲历者的"个人记忆"，突出个人化的"微光"记忆，从个人化的微观记忆中见证、参与对重大灾难性、创伤性事件的记忆建构和反思，也就是徐贲所说的"作见证"。

尽管哈布瓦赫认为，个人记忆总是在集体的框架之下进行的，但是"集体"没有记忆的头脑，没有每一个个体的记忆，集体记忆也就无从谈起。因此对于汶川地震的集体记忆而言，个人对于这一灾难的创伤记忆的见证、保存与传播也是建构集体记忆的途径。在政治修辞和"祖国母亲"的象征表征之下，汶川地震诗歌将个人的灾难提升为国家的灾难，个人的灾难不仅具有个人意义，而且还具有国家历史的意义。而在见证诗歌中，个人灾难则还原了个人和历史的真相。

通过政治修辞和表征所建构的集体记忆，通常采用宏大叙事视角来培养人们的认同感，宣传动员人民万众一心共同应对灾难。但是被宏大叙事和政治修辞所建构的集体记忆裹入人为的情感共振后，属于个人的情感表达和个人的创伤记忆必然被淹没在民族、国家等宏大叙事之中。然而每一个个体的遭遇都是独特的，见证文学的意义就在于将个人对于历史真相的认知、情感、记忆再次还原。

汶川地震后数以万计的孩子成了孤儿，张杰的《致汶川地震后的孤儿》将记忆的焦点投向这些可怜的孤儿。作者将地震后失去父母的孤儿比喻为失去海洋的海豚，将孤儿的孤独具体化、形象化。失去父母，犹如万家灯火被熄灭，被定格，更是无法更改："黑色的你/站在黑色废墟中/茫茫流浪的岷江/带走你/你的孤独，把你沉没/那些磨难、无助和愁苦/你要用一生的江声吞咽/但这些还不够/你将永远流浪，成为漂浮的冰山/在茫茫人海中，独自闪着白光"。作者清醒地甚至绝望地牵挂着地震孤儿的孤独，将被宏大叙事遮蔽的个体灾难和情感还原。侯马的《抗震手记》也见证了获救孩子面临截肢时两种完全不同的痛心的选择：

> 一位孩子说：
>
> "把我的腿锯掉吧，我不要腿了。"
>
> 另一位孩子说：
>
> "千万不要锯我的腿，我宁肯自杀。"
>
> 两种选择，使他两次流下了泪水。

政治修辞和"祖国母亲"等象征所建构的集体记忆将个人的记忆置于集体记忆的框架之下，因此相关的文学作品只能是受制于集体叙事模式、意识形态影响下的记忆重构。对于历史的真相，普通个体的悲伤常常无暇顾及甚至刻意淡化。然而，就每一个个体的生命存在来说，见证文学可以抵达宏大叙事所不愿关注也难以关注的地方。在意识形态影响下建构的集体记忆倾向于宏大、整体，更愿意培养认同，建构崇高神圣的记忆。见证文学则更愿意拥抱微小的个体，更留心被宏大叙事所遮蔽的普通个人的创伤，聆听一个人遭受灾难的事实被抹消和遗忘。

在宏大的集体叙事模式之下，普通个人的创伤和情感，被重新建构的"救灾—英雄—胜利"等崇高话语掩盖了。它们正在被宏大叙事所建构的集体记忆渐渐地遗忘。一方面，我们固然需要宏大叙事下的国家记忆以增进认同感；另一方面，我们也不能疏忽那些普通人的个人经验和个人记忆。

对于地震中的遇难者、亲历者、遇难者家属来说，遗忘灾难无疑是二度遇难，如余虹教授曾经所言，"'苦难'也必得在'见证'中得到'神圣关怀'而不至于消失在绝望的冰冷中"①。对于汶川地震这一重大灾难的见证，会随着

---

① 余虹.奥斯维辛之后：审美与入诗——中西审美诗学批判［J］.外国文学评论，1995（4）：108–115.

这一代见证者的消失而逐渐被遗忘。因此，通过文学作品的见证，既是抵抗遗忘，为逝者寻找生命意义和尊严，也是保存和传递历史记忆。

徐贲在《人以什么理由来记忆》中认为，对于人类共同的灾难，记忆研究最关心的不是我们愿意记忆什么，而是我们有道德责任记忆什么。对于汶川地震，见证文学作品有责任还原灾难的真实，以实录方式见证灾难现实。如陈祖芬的《中国不哭》——天安门广场 19 日 14 点 28 分实录，作者以诗歌的方式抵达哀悼的现场见证了天安门广场上举国同悲的场景：

> 警报长鸣长安街中间空无一人，
>
> 长安街两边杳无人声。
>
> 警报声声，
>
> 把所有的心，像闪烁的星星，
>
> 送到大苦大难的灾区，
>
> ……

也见证了国家哀悼日14点28分时天安门广场的一个个细节，

> 只有一个骑在爸爸脖颈上的小女孩，
>
> 穿着淡红的衣裙。
>
> 人们喊一声中国加油！
>
> 她又一次高扬起双手。
>
> 这黑白世界里的一朵淡红，
>
> 绽开了生命的火种。
>
> "中国——加油！"
>
> 呼喊声像滚雪球，
>
> 聚起了越来越多高举的手。

一个穿牛仔裤海魂衫的女孩，

一声"中国"的呼喊，

又聚集起一圈圈高高挥动的手：

"加油！""加油！"

一个背耐克包的青年，

一声声"中国！"

向着前后左右，

他像一个旋转的舞台，

带动起不息的高呼："加油！"

……

又一个骑在肩上的小男孩，

举着一朵小白花，

喊着"加油！加油！"

在手臂森林上方的这朵小白花，

用稚嫩小手高举的这朵小白花，

那是今天广场上的一颗纯净的心

……

李小雨的《记住汶川：十四点二十八分》也通过细节呈现和见证了灾难的现场和救灾的真实面貌：

这是十四点二十八分的汶川

山崩地裂、江河折断、巨石倒倾

当烟尘和巨大的震颤声隆隆散去

生与死、天与地竟这样的近

　　近到只隔一层断墙、一片碎瓦

　　甚至两行热泪，以及被埋在黑暗中的

　　再也触不到的指尖和体温……

　　十四点二十八分！

　　弥漫着尘土的滚动的新闻

　　一场令人窒息的立体战争

　　越过塌方、泥石流和冲击波

　　在中国大地上悲壮地牵动人心

　　从总书记亲临现场的彻夜不停的脚步

　　到总理低头的默哀，嘶哑的喉咙

　　从抢险士兵血肉模糊的手指

　　到输血站前长长的背影

　　……

　　见证文学作为保存历史真相和传递个人记忆的媒介，不仅要引领读者重返历史，更要在历史中洞察人性，而对历史和人性的双重洞察，才是见证文学独特的价值和魅力所在。[①] 李西闽的见证文学作品《幸存者》既是汶川地震幸存者的真实记录，也是一个地震幸存者对生命价值的思考，对死亡与活着乃至人性的重新审视。

　　正如李西闽在题记中所写："记录下危难中的生死体验，作为一种纪念。愿活着的人快乐，死去的人安息。崇高的、卑微的都是人生，都应该保持对生命的敬畏，对自然的敬畏。"在作品中，李西闽回忆了被埋在废墟下的经历

① 邹军. 文学见证与见证文学［J］. 文化研究，2017（3）：139-150.

和被援救的过程，更为吸引人的是作者并未停留于事实的还原，还对人性和生命进行了洞察。在被埋在废墟下的 76 个小时里，在面临生死的关头，李西闽想起了祖母、爷爷的死，部队同事和恩师的死和绝望，想起自己生命历程中的卑微、逃亡和追求，思考对生的挣扎和对生命的珍惜。

李西闽作为幸存者写作的过程既是见证的过程，也是重新经历地震的过程，他的写作还原了那段身心备受煎熬的痛苦经历，描写了人的坚持、坚韧、坚强的生存方式和人生姿态，以及与现代城市文明的冲突，生命的重生以及人性的美好善良和崇高。也思考和重温了生命的意义和活着的意义。他作为幸存者的感动、痛苦、脆弱、坚强、彷徨，各种情绪相互交织缠绕在一起，构成真实和独特的关于汶川地震的个人记忆。他的见证文学写作所建构的记忆使受众产生情感共鸣，并领会和记忆他的经历，同时将他个人的思考和领悟与整个人类和人性的普遍经验结合在一起，从而在人性的层面上将个人创伤记忆延展为集体经验和人类共同的记忆。

李西闽小说《救赎》的主人公何国典和妻子杜茉莉在汶川地震中失去了唯一的儿子和母亲，丧子的创伤使何国典长期难以走出心理的阴影，精神几乎失常。一次偶然的机会，遇见了一个长相酷似死去的儿子的小学生，使他更加严重地陷入丧子之痛当中。在妻子、民警、妻子雇主、小学生的父亲等的热心帮助下，他逐渐地从颓废、绝望中走出来，开始了自我救赎之路。

李西闽曾经亲身经历过被埋在废墟下所感受的恐惧、绝望，因此《救赎》可以说是作者以心灵和精神的见证方式真实再现了地震给何国典一家带来的巨大的精神创伤和心灵创伤。小说一方面见证了地震后幸存者的心灵创伤，见证了他们失去至亲的那种刻骨铭心的恐惧及陷入无尽的黑暗孤独和绝望的精神状态；另一方面也见证了他们对于生命、生活的热爱和希望，见证了普通人身上闪耀的人性之光，见证了幸存者在自我精神救赎和灵魂救赎之路上的艰难跋涉和痛苦挣扎。

小说在见证灾难的基础上也引发我们对死亡与重生，对生命对人性的理性思考。幸存下来的人需要继续活下去，坚强地活下去比死亡更加艰难，但生命因为脆弱反而变得坚强，这也正是见证文学的意义所在。见证灾难，回望灾难，不仅是为了抵抗遗忘，更是为了思考灾难与人性，超越个体的创伤，见证人性在苦难中的升华，见证照耀人间的人性的光芒。

个人记忆和公共记忆不是对立的，它们在本质上是互动的、相互转换的。个人的记忆通过文学的书写得以见证时，由大量的人所共享，从而在公共领域得以呈现，成为公共的记忆。汶川地震见证文学作品所见证的，不仅是个人的灾难记忆，同时也是集体的记忆。个人的亲身经历和体验，需要和群体的生命体验相交织，集体记忆或公共记忆是在众多的个人记忆的基础上汇聚而成的。个人的记忆由于其零散性、碎片化如果没有及时地记录下来，将会随时间逐渐被淡化和遗忘。因此，灾难的受害者将他们的感受、思考和反思通过分享、见证而转化为集体的记忆或公共记忆。

见证文学是个人记忆与集体记忆之间的桥梁，在个人的见证与叙述中，个人记忆与公共记忆实现融汇与交融。因此，在对汶川地震的创伤记忆建构和灾难书写中，见证文学是个人记忆与公共记忆的交汇。汶川地震是这一代人共同经历和见证的灾难，因此汶川地震的相关见证文学作品常常从个人出发，通过个人体验和个人命运的呈现与记忆，与集体记忆或公共记忆相交叠。

可以说，对于汶川地震的记忆既是部分地震亲历者的个人记忆，也是整个国家的集体记忆。例如王平久的《生死不离》，歌词并没有"祖国母亲"的隐喻，没有将个人的身份转化为"汶川人""中国人"的共同身份的塑造，也没有对灾难救援场景的具体描写，没有哭天喊地的过于直白的情感表露，而是以"我"对地震中受难的"你"的牵挂和救援作为情感的黏合剂："你的梦

落在哪里 / 想着生活继续 / 天空失去了美丽 / 你却等待梦在明天站起 / 你的呼喊就刻在我的血液里 / 生死不离 / 我数秒等你的消息……我看不到你 / 你却牵挂在我心里…… / 无论你在哪里 / 我都要找到你 / 血脉能创造奇迹 / 你一丝希望是我全部的动力"。

王平久将个人的"我"和"你"的生死不离，"我"和灾区人民的生死不离，人民子弟兵与被困者的生死不离及血脉相连，实现了个人与集体的连接，缝合了个人记忆与集体记忆。诗歌以作者焦急地坐在电视机前等待被困人员的救援消息的真实体验为基础，将"我"对"你"的寻找与救援人员对受难者的寻找生命相结合，"我"对"你"的牵挂引起了所有人的共鸣。"我"的心声既是个人的心声，也是集体的心声，是全体中国人的心声。因此诗歌既是对个人记忆的见证，也是对集体记忆的见证，既历史化地书写与保存了集体记忆，又渗入具体的个人感受。

二、独立纪录片：填补官方记忆的缝隙

见证文学不仅仅是以小说、诗歌等文本的方式进行见证，通过视觉影像将灾难真实地呈现出来也是一种见证。纪录片最重要的特征就是纪实性地呈现现实，以真实生活为素材展示现实，在进行艺术加工和剪辑的过程中解释现实和重塑记忆。

不同的行动者参与其中，在选择、意识形态化以及使某些类型的记忆和创伤可见或不可见方面拥有不同的权力，见证所呈现的记忆也有所不同。汶川地震后，官方媒体拍摄了大量的纪录片。如纪录电影《人民至上》，记录了地震发生后，胡锦涛总书记等领导集体开展抗震救灾和灾后重建的过程以及中国人民在灾难面前展现的顽强精神和无私大爱。中央电视台拍摄的《震撼》

侧重于纪录党和政府的抗震救灾行动，以救援部队挺进孤城开展生死救援，在突降的灾难面前托举生命的希望为主题，展现了大灾难面前闪耀的大爱无疆等人性的光辉。

《5·12汶川大地震纪实》用镜头记录了在肆虐的灾难面前，中央领导第一时间亲临现场指挥救灾的感人场面。四川广播电视台为汶川地震十周年拍摄的纪录片《汶川十年·我们的故事》聚焦地震中几个伤残人员，突出人物身上体现的顽强不屈的精神。这些纪录片作为官方媒体建构记忆的载体，肩负着宣传动员的使命。

震后，一批独立纪录片制片人前往灾区，以不一样的视角，为受害者的创伤纪录提供了一个平台。他们所拍摄的纪录片以平实冷静地见证这场重大灾难事件带给普通人的创伤，记录了官方媒体没有听到或看到的声音和故事。他们与官方媒体对于创伤和灾难本身的主流叙事和集体叙事不同，更侧重于见证这一重大灾难带给普通人的创伤。因此，他们的纪录片能够更深入地见证普通受难者如何应对地震的后果，以及他们如何努力重建自己的生活。

杜海滨导演的《1428》，选取震后的第10天与震后210天，真实地见证了受灾一线的普通老百姓应对突发灾难的真实状况和各种反应。《1428》是众多独立纪录片中最早完成的，并于2009年威尼斯电影节上映。范俭导演的纪录片《活着》见证了地震后失去唯一女儿的叶红梅和祝俊生夫妇再生育过程中的艰难、挣扎、无奈和喜悦，见证他们重建生活的努力。

马占东导演的《五月一天》聚焦地震后北川一对夫妻——邓胜银、朱晓蓉一家的生存状态。虽然夫妻俩幸运地躲过了地震，但去上学的孩子却没能躲过灾难。失去孩子的夫妻茫然无助地应对着灾后的一切，从临时安置点到板房，夫妻俩在隐忍的悲痛后无奈地应对着灾后重建的过程。纪录片见证了活着的人如何继续生活下去，见证他们的悲伤，他们一方面依赖于政府；另一方面又对政府充满不信任。

母子健导演的《独·生》以纪录片的形式见证了三个失独家庭在灾难过后不同的命运和不同的选择。第一个家庭蒋家是最幸运的，如愿以偿地迎来了一个女儿。第二个家庭方家由于夫妻俩都年事已高，无法再生育，只能领养孩子，但在领养孩子的问题上，夫妻之间产生了意见分歧。第三个家庭、57 岁的顾家珍命运最为悲惨，在地震中同时失去了丈夫、女儿和几乎所有的亲人，孑然一身的她无依无求，只能皈依佛门求得心灵解脱。

这些纪录片见证了汶川地震后普通受难者以及一些边缘群体的生存状况。他们艰难地生存着并试图通过各种方式努力寻求自我救赎，可以说，这些独立纪录片让个人的灾难记忆具有了意义，见证的同时也修复了灾后个人的心灵创伤，也呈现了区别于官方纪录片的另类记忆。这些独立纪录片与官方同质化的记忆建构模式相比，呈现了不同的拍摄模式和不同的观照方式。例如杜海滨的《1428》是以一种原始的、直接的、碎片化、观察式的纪录方式来见证这一重大创伤性事件后人们的震惊、痛苦、绝望、茫然。

《1428》中包含了大量的真实的碎片化的图像，杜海滨称之为"生活流"，也就是创作者采集的大量真实生活的庞杂信息的集合。这些信息包罗万象，各种意义指向并存，又各自独立。创作者恰恰从这些犹如杂草般的"生活流"中梳理出自己的旨意。① 在影片的第一部分震后第 10 天中，各种废墟的场景和碎片化的图像，构成了地震后灾区真实的生活场景：用砖头垫着生火煮饭的小伙，在废墟中砸钢筋想着卖钱的村民们，在河边洗衣服的妇女，呼天抢地跪着哭喊死去儿子的女人，轰赶和抢救村里受灾养猪场的猪……这些废墟和片段见证了大地震所造成的破坏程度和范围，而灾民们的生活也通过影片的视觉联想、空间并置呈现灾后生活的真实面目。

---

① 杜海滨.纪录片中的"戏剧性"与"生活流"［J］.艺术教育，2014（7）：154–155.

第二部分拍摄于震后 210 天，灾民们即将迎来灾后第一个农历新年，村民们正在准备各项采买工作。灾后重建工作中出现的一些问题遭到村民们的不满，落实灾民住进新安置房的工作并没有如期完成，救灾资金使用和去向也遭到村民们的抱怨。一位老人抱怨补助款没有到位，人们在聊天中纷纷猜疑救灾款是否被官员挪用，对救灾资源分配不均表达不满。吃晚餐时质量低劣的变压器造成突然停电。新年的北川县城，小伙在废墟旁兜售地震光盘、照片，自身遭遇的灾难成了消费的对象。游客与小伙讨价还价，在地震废墟前拍照留念……

在这里，各种人物的片段聚合在一起，并没有一个主要人物或叙事线，仅仅是作者忠实地呈现着所见到的日常的碎片化的场景，提供了一个生活在灾区的灾民们迎接新年时可能是什么样的体验。影片中地震这件事犹如照片中的废墟一样成了背景，创作者呈现的是琐碎日常的生活。

影片采用观察式的纪录方式来见证地震后人们依然在继续着的生活，采用多重见证的方式来再现灾民日常的生活。其一，影片中多次反复出现衣衫褴褛的流浪汉冷眼凝视的场景。此时的流浪汉仿佛一个冷眼旁观的见证者，见证着突然降临的灾难以及身处厄运的灾民们。其二，影片中的人物很少说话，即便是说话也不过三言两语，人物和场景都在摄像机的镜头中被记录和见证，声音的缺失和支离破碎的场景呈现，更加凸显了影片见证的特征。其三，导演的出场也扮演着见证者的角色，碎片化和不断变化的景观的镜头，以及导演在这片景观上的出现，为灾难的毁损提供了感官、具象和视觉上的证据。

例如，导演走过瓦砾和废墟，不断移动的摄像机仿佛导演的眼睛，见证了灾难造成的物质破坏和灾民的创伤。这些场景中有时会出现抖动和失焦的镜头，电影制作人踩在地上的声音也突出了影片见证的特点，为灾难增添了一种视觉和感官上的接近感，让观众能够近距离地参与到电影制作人自己的见证过程中，在此电影制作人就是一个目击者和见证者。

影片将这些看似凌乱的"生活流"素材，平实冷静地呈现出来，但客观冷静的背后正是作者隐藏至深的观点，让镜头前看似随意、零乱的碎片化的事实在影片当中自我阐释，并引发观众的思考。例如说着"我们国家领导人就是好，他们才真的该万岁万岁万万岁"的司机，对着镜头问"剪不剪？不剪我就说，剪就不说了"的老人；将温家宝总理到灾区慰问比作乾隆微服私访的大婶，对救灾资金分配不公的抱怨。创作者将这些震后幸存的村民们的生活的各个面向一同展示在影片中，还原震后普通百姓的生活日常。这里没有对与错、是与非，也没有崇高、英雄主义、牺牲和神圣感，仅仅是见证被宏大叙事所忽略的每一个个体的原生态的生活状态。这里既有生命的韧性，也有麻木茫然，甚至还有健忘；有人性的光明，也有阴暗，所有的一切都一览无遗。影片真实地见证着地震后的村镇，也见证着地震后人们的日常生活。

总的来说，见证文学作品无论是诗歌、小说还是纪录片，都是从个人的视角、经验、情感来还原汶川地震的灾难记忆，强调的是灾难中的个体命运和个人记忆。这些个人记忆填补了官方记忆的空隙，还原了被淡化或遗忘的历史事实。通过文本或影像的见证，从个人的角度与公众产生共鸣，将历史事实、个人记忆保存在公共记忆中，从而将个人的创伤记忆建构为集体的创伤记忆和集体经验。

第六节　口述史中的记忆

一、口述史的演变与创伤记忆

所有的历史最初都是口述的，"口述历史"一词最初是用来指游吟诗人和口述传统的。口述是人类早期古老的记录历史的方式之一，早在文字发明之前，诸如《诗经》、"荷马史诗"等历史就是通过人们的口耳相传流传下来的。通过这种口口相传的叙事方式，人类早期的历史得以传递和保存。到了 19 世纪末期，在日耳曼科学历史学派强调"独尊史料"的倡议下，档案研究和文献来源居于首要地位，口述证据被边缘化，普通亲历者的口述因不够"客观"而被正统的历史所排斥。

第二次世界大战后，人们逐渐接受口述证据的有用性和有效性。根据北美口述历史协会的记录，由于现代录音技术等设备的进步，口述历史是在 1948 年作为一种现代的历史文献记录技术而建立的。当时哥伦比亚大学的历史学教授艾伦·内文斯（Allan Nevins）开始记录对美国生活有重要意义的人物的回忆录。艾伦·内文斯建立了第一个用来管理和保存采访的档案馆，称为口述历史研究（Oral history Research Office）。采访事件的直接参与者是记者职业的主要内容，这为身为记者的内文斯转向历史研究提供了便利。在哥伦比亚大学和一个私人基金会的少量资助下，内文斯开始有系统地记录重要事件的主要参与者、政治家、法学家、企业高管和军官的回忆。

内文斯的口述采访对象基本来自上层精英，因此美国的口述研究始于对政治、经济和文化精英的"自上而下"关注。欧洲口述历史学家则更多地根植于社会和文化史，并与左翼的政治运动结盟。他们"自下而上"地重新审视历史，试图将那些此前被排除在国家叙事之外的声音纳入其中。例如，英国社会史学家保罗·汤普森（Paul Thompson）将目光转向普通工人阶层，从来自社会底层的普通人的口述中汲取历史的经验，更贴近口述历史的民本原意。① 一些学者更将其视为对传统史学的一种抗衡，是"让无声者发声"的有力手段。②

总的来说，口述史在特定的背景下脱颖而出，成为 20 世纪 60 年代的一种大众实践。揭露未知的故事或者为未闻的秘密发声，实际上以一种未经雕琢、未经修饰的证据的形式存在。口述历史为那些在历史上未被倾听的人或者那些在书面档案中未被提及的普通人提供了一个发声的机会。与那些宏大叙事或政治精英们的历史相比，口述历史记录那些在宏大历史叙事中被忽略的经历，提供了更多带有生活质感的记忆和日常生活的个人体验的叙事和记忆，因此可以被看作一种个人记忆。

重大灾难事件或创伤事件的记忆和口述历史一直密切相关。在犹太人大屠杀的记忆整理收集和相关研究中，口述史一直占有一席之地。之后人类历史上发生的许多重大灾难事件，如南京大屠杀、切尔诺贝利核电站泄漏、唐山地震、"文化大革命"、越南战争等都诞生了相关的口述史研究，以记录留存历史。更近一些的事件如"9·11"事件等重大灾难更是激发了对于创伤与历史记忆的交集的研究。口述历史学家开始记录受到事件影响的各种人群，如幸存者、消防员、护理人员、军人，包括定期回去采访同一群人，一方面是为了保存大量亲历者的体验和观察；另一方面是为了进行相关记忆研究，

① 周晓虹.口述历史与集体记忆的社会建构［J］.天津社会科学，2020（4）：137-146.

② 周海燕.见证历史，也建构历史：口述史中的社会建构［J］.南京社会科学，2020（6）：108-113.

研究这些记忆能保留多久，记忆受到哪些因素的影响。

大多数口述历史都是在事件发生后很长一段时间后进行的，那时人们已经有了后见之明，后来的经历使他们修改了之前的口述。在"9·11"袭击发生后忙碌的日子里，书面记录很少，大部分是关于灾难应对的干巴巴的官方文件，而他们收集的采访记录拓宽了历史声音的范围，并为受害者提供了一种宣泄。除了直接参与的人，国会图书馆的美国民间生活中心还设立了一个"9·11"项目，记录全国各地公民的感受和关注的问题。

5·12 汶川特大地震发生后，国内也相继出版了一些相关的口述史作品，如杜文娟的《尔玛人家——汶川大地震伤残人员口述史》，中央电视台新闻专题部的《铭记：5·12 汶川大地震口述历史》，刘吕红、刘世龙的《汶川大地震十年祭：来自亲历者的口述》，余坦坦的《我在现场 长河日报 16 位记者亲历汶川大地震口述实录》，浙江省政协文史资料委员会编的《浙江人 5·12 口述史》，王春英主编的《"5·12"特大地震访谈·汶川之殇，汶川县 153 位地震亲历者口述资料辑录》，胡子祥的《抗震救灾精神口述史，汶川特大地震十周年纪念专辑》，刘吕红、何志明、吴国富等的《十年再回眸，汶川大地震亲历者口中的抗震救灾精神》，高成的《77 天汶川大地震亲历记》，当代口述史丛书编委会编著的《当代四川要事实录（第 3 辑）》。

这些口述史既有汶川地震幸存者的口述实录，有赴震区一线采访的记者的口述实录，也有参与救援人员的口述，等等，细致且全景式地还原了5·12 特大地震发生时及之后救援和重建的真实面貌。

对于重大灾难事件的口述记忆是 20 世纪末 21 世纪初"见证热"的重要组成部分。在这股热潮中，频繁发生的灾难性事件催生了遭受巨大苦难的个人和群体叙述的意愿。个人口述作为史料，可以作为宏大历史叙事的补充、修正与印证①，而且，对于创伤性和灾难性事件的口述是交流、传播、保存创伤记忆的重要方式。后弗洛伊德学说认为，幸存者通过口述能够获得认可，讲述自己的创伤会产生积极的治疗作用。

二、被建构的口述史

口述史作为一种赋权于普通个人的手段，自 20 世纪中叶以来在许多方面得到了发展，帮助那些很少在主流历史中出现的人为自己发声是许多第一批职业口述历史学家的崇高目标。一方面他们认为口述史作为历史信息的来源，将历史的光亮照耀到了一个重要但被忽视的角落，普通人的声音同样值得关注；另一方面，对于他们来说，口述史可以被理解为一种绕过正统历史解释的方式。

口述史是一种颠覆主流历史叙事的手段，对公认的历史神话，即历史传统内在固有的权威判断发出了挑战，可以避免主流历史叙事所伴随的精英主义和政治、权力、意识形态语境影响的危险。或者至少从访谈对象的角度提出另一种可能代表普通民众声音的观点，它似乎提供了一种更直接地与历史交流的方式，以在某种程度上更纯粹的直接经验形象呈现。如保尔·汤普逊在《过去的声音：口述史》中认为，普通人的生活和经历是很少受到关注的，因为历史的书写本身就掌握在管理阶层和统治阶层手中。即便他们想写不同的历史，也并非轻而易举，因为文献的存毁也掌握在那些拥有特权的人手中。整个权力的结构就像一台巨大的录音机，按照自己的意愿去塑造过去。口述史的方法则可以改变历史的内容和目的，它是"把人民自己的历史返还给人

---

① 周海燕.史料、社会建构与行动：口述历史的三重理论向度［J］.天津社会科学，2020（4）：147–154.

民的方式"，口述史是围绕着人民而建构起来的历史。①

口述史作为一种个人记忆的保存方式，在多大程度能够成为"人民"的记忆？由个人口述的历史记忆能够在多大程度上融入集体记忆之中？个人的记忆是如何转换为集体成员的集体记忆，这一集体记忆又是否会得到每一个成员的认同？这与口述史是如何建构起来有着直接的关系，与口述史的意义如何被创造、传播和接受直接相关。在汶川地震的口述作品中，是个人口述和汶川地震意义阐释过程的结合，是个人经验和意义框架的交集。

在历史与记忆之间，集体记录的历史与个人经验之间存在着既可能对立又可能相互融合的关系。一个人的故事是通过记忆来叙述的，但是他对自己经历的回忆，以及如何赋予这些经历以意义，不仅仅关乎"准确性"，也是一个意义再阐释和重构记忆的过程。在汶川地震口述史作品中，意义再阐释是在弘扬抗震救灾精神这个框架内，不同向度的个人就汶川地震进行的口述，在于记录个人体验方面的作用。毕竟个人的体验只能提供封闭的、单向的、线性的解释，封闭了其融入集体记忆的通路。而通过框架的作用，通过将个人经历、体验、故事"公开"连接起来，才能使个人的记忆成为社会或集体的记忆。口述史在此起到了平衡个人记忆和集体记忆的作用，同时保留了记忆的个人维度和集体维度。

这一研究视角的变化，使得个人的口述超越了仅仅作为史料进行验证的范畴，而进入哈布瓦赫的社会建构的领域，将研究对象从口述者提供的信息和资料转换为涂尔干所说的社会事实，即"由存在于个人之外，但又具有使个人不能不服从的强制力的行为方式、思维方式和感觉方式构成的一类事

---

① 保尔·汤普逊.过去的声音：口述史［M］.覃方明，渠东，张旅平，译.沈阳：辽宁教育出版社，牛津大学出版社，2000：3—6.

实"。因此，口述史并非只是个体经历的事实回溯，而是社会建构的产物。^①
路易莎·帕萨利尼（Luisa Passerini）曾经对口述历史项目的"肤浅的民主化"
和"自满的民粹主义"提出过警告，说这些项目鼓励个体成员"为自己说
话"，但没有看到记忆可能会受到主导性的历史记忆的影响，因此需要批判性
地解释。^②

　　想要充分理解汶川地震口述文本的意义，则必须关注其诠释的过程，关
注文本不断被再生产的过程。汶川地震口述史系列作品是一个阐释性、建构
性的过程和产物。周海燕认为，我们所看到的文本只是其中的一个环节、一
个面相，而非全部，它始终处于不断被建构的过程之中^③。例如 16 世纪在欧洲
人征服美洲期间，西班牙殖民者就依靠口述资料为土著民——从阿兹特克人
到印加人——重新构建了历史。为了有助于殖民者和被殖民者双方，他们收
集了那些曾经拥有灿烂文明的幸存者的证词，重构了集体记忆^④。

　　口述史的记忆建构是复杂的，在这个过程中，一些技术的、情感的、意
识形态的、政治的因素，都影响口述历史从对个人的采访记录转变为与他人
有某种联系的集体经验和集体记忆的表达。这类集体记忆往往是由复杂的各
种力量权衡形成的。这种过程总是涉及某种形式的再现，而再现又不可避免
地成为口述者、访谈者以及目标受众之间的阐释框架。这个过程也涉及意义
公开的动态过程，涉及个人的记忆是如何以及为什么成为集体的记忆。在这
个过程中——个人口述记忆转向集体记忆提出了一些问题：为什么一些记忆

①　周海燕.史料、社会建构与行动：口述历史的三重理论向度［J］.天津社会科学，2020（4）：
147-154.

②　THOMSON A. Four Paradigm Transformations in Oral History［J］. *Aral History Review*，2007（1）：
49-70.

③　周海燕.史料、社会建构与行动：口述历史的三重理论向度［J］.天津社会科学，2020（4）：
147-154.

④　唐纳德·里奇.大家来做口述史［M］.王芝芝，姚力，译.北京：当代中国出版社，2006：36.

被公开从而被记忆，而另一些记忆是被遗忘的；或者为什么以特定的方式出现，并不断地重复，试图确定它们的意义。

口述史的首要价值就在于，相比于绝大多数的原始材料，它可以在更大程度上再造原有的各种立场。①关键还在于谁在做口述史？为了什么目的而做？口述史建构的历史记忆能产生怎样的功能？口述史的重建试图为谁的利益服务、为谁说话？透过记忆建构的目的和当下需要的直接或间接的关联之间，过去的声音究竟是谁的声音？历史的记忆究竟是谁的记忆？

探究口述史的主观性及其与认同、政治、意识形态之间的关系，谁有权对某一重大历史事件口述什么，在怎样的记忆框架下口述，可以发现口述史作为个人记忆常常被用于不同背景下的意识形态宣传、塑造认同和赋权，常常会被国家和相关机构组织利用某些工具或途径授权某个记忆的版本或忽略其他版本，从个人的记忆转换为集体的记忆，在这个转换的过程中，从口述史的记忆中如何产生和创造意义是个中心焦点问题。

口述历史经常被用来促进认同，当国家遭遇汶川地震如此重大的灾害和威胁时，尤其需要以此来架起情感和精神认同的桥梁，并维持或重建与这一重大灾难事件的联系，使中华民族在未来更加坚定地凝聚在一起。

三、从个人口述记忆到集体记忆

汶川地震中个人的口述如何成为群体共同的集体记忆，是口述史价值的重要维度。个人的口述记忆常常被忽略，是因为他们的记忆只是汶川地震众多记忆中的一个点，未能成为汶川地震集体记忆的中心构件，未能融入集体

---

① 保尔·汤普逊.过去的声音：口述史［M］.覃方明，渠东，张旅平，译.沈阳：辽宁教育出版社，牛津大学出版社，2000：3-6.

记忆的重构之中。

当不同群体的个人口述记忆因为框架的作用，提炼形成共同的抗震救灾精神时，它既是不同群体关于汶川地震的个人记忆的汇合，实现了个人零散的记忆向整体化记忆的转化，也是超越了个人记忆的集体记忆。在共同的救灾精神的记忆框架下，个人记忆被激活，通过口述还原了记忆的细节和血肉。在这个还原的过程中，个人口述被定位，应该记忆什么，应该遗忘什么，都由共同的阐释框架所决定。因为每一位汶川地震亲历者的口述不仅仅是纯粹的个人体验，正如哈布瓦赫所认为，个人记忆都是在一定的社会框架下的记忆，个人的记忆都是在与社会主导的记忆框架之下相一致的记忆。

特定的个体记忆能否被唤起、以什么方式被唤起和讲述出来，都取决于这个框架。① 只有在这个集体阐释的记忆框架之下，个人的记忆才能够超越个人记忆的局限性，融入共同的抗震救灾的集体记忆之中，并共享共同的抗震救灾记忆；否则个人的记忆只能被主导的记忆框架日渐边缘化，直至被遗忘。

汶川地震的相关口述史展示了这些作品是如何通过精心挑选的口述材料明确地服务于国家抗震救灾精神的集体记忆这个建设目标的。第一，从这些口述史作品的写作宗旨可见一斑。王炎、张家钊的《当代四川要事实录（第三辑）》的宗旨是："本书不是抗震救灾和灾后重建的'全景'式展现或'全面记录'，而是讲述地震袭来时地动山摇的真实见闻，讲述山崩地裂之际先人后己的生死瞬间，讲述废墟之下不屈不挠的救生经历，感恩人民子弟兵抢险救灾和志愿者的无私奉献，展现中华民族万众一心的英雄气概，讴歌大爱无疆！"可见，有关汶川地震的个人记忆只有汇入塑造抗震救灾精神的记忆才能符合该书的宗旨，才是记忆的重点。

---

① 陶东风 ."文艺与记忆"研究范式及其批评实践——以三个关键词为核心的考察 [J].文艺研究，2011（6）：13-24.

胡子祥、何云庵等编著的《抗震救灾精神口述史——汶川特大地震十周年纪念专辑》表示："以重温可歌可泣的抗震救灾历程和探讨伟大抗震救灾精神为目的，梳理抗震救灾精神磅礴力量背后的情感脉络，进而回答为什么汶川特大地震灾后重建会取得震撼世界的伟大成就这个命题。"抗震救灾精神作为主线，贯穿这本口述史的始终。梁晓涛主编的《铭记：5·12汶川大地震口述历史》中概括写作宗旨时说，汶川地震是"一场注定会永存于人类记忆的灾难，亲人逝去，家园破碎，疮痍满目。但它更是立于废墟之上的一座民族奋发的不倒丰碑——生命至上，八方驰援，大爱无疆……这一切都值得我们永远铭记，都应该被我们永远铭记。《铭记》真实展现了生命的顽强和人性的光辉，讴歌了中华民族自强不屈的民族精神"。

刘吕红、何志明、吴国富等著的《十年再回眸，汶川大地震亲历者口中的抗震救灾精神》中写道：纪念不是纪念事件本身，而是它所代表的意义；纪念不应仅仅是纪念，而应是再一次唤醒，再一次传承。再一次唤醒的是当时那种面对地动山摇，不怕困难、勇往直前的豪迈；再一次传承是为了将中国人民战胜自然灾难的不屈奋斗写入史册，也将中华民族精神力量的空前提升，标注成珍贵的民族记忆，熔铸为民族复兴的里程碑。今天，我们要纪念的，就是那生生不息的抗震救灾的伟大精神。从作者阐述的纪念目的来看，对于这场惨绝人寰的重大灾难事件的记忆，重要的不是个人的创伤记忆，而是从灾难中汲取信心，从灾难中汲取力量，是对抗震救灾伟大精神的记忆。

王春英主编的《"5·12"特大地震访谈·汶川之殇——汶川县153位地震亲历者口述资料辑录》的写作目标除了纪念此次地震中的遇难同胞，鼓励生存者重建美好家园、坚强地生存下去，更是为了"让人们感受抗震救灾精神，接受爱国主义教育，增强民族凝聚力"。

目前面世的汶川地震相关口述史作品中，除了《尔玛人家——汶川大地震伤残人员口述史（非虚构）》聚焦于地震中伤残人员的创伤记忆和生存现状，其余的作品都以彰显抗震救灾精神为宗旨。显然，从这样的宗旨出发，这些口述史的采访记录重心是从采访记录能够反映抗震救灾精神的相关人物开始的。这些人物包括党员干部、基层工作者、部队官兵、医疗工作者、教师、志愿者、援建者等。

集体记忆是众多个人记忆的总和，部分地震幸存者的口述记忆也是重要的组成部分。对普通幸存者的采访是抗震救灾精神合奏曲的组成部分，只有当他们为塑造抗震救灾的记忆增添底色时，他们的记忆才有意义。这一事实也表明，普通个人的口述记忆只有汇入集体记忆和公共记忆，个人的记忆才能参与集体记忆的重构过程。

事实上，这种有选择性地建构历史的口述记忆，早在 20 世纪 70 年代就遭到批评。这些批评将口述记忆的"不可靠性"作为弱点，认为口述记忆常常因年老身体退化和老年的怀旧情绪而扭曲，因采访者和被采访者的个人偏见，以及受到对过去的集体记忆和当下记忆版本的影响而扭曲。例如，澳大利亚历史学家帕特里克·奥法雷尔（Patrick o'Fattell）写道："口述历史正在进入想象、选择性记忆、事后虚饰和完全主观的世界……它将把我们引向何处？那不是历史，而是神话。"①

意大利口述历史学家亚历山德罗·波特利（Alessandro Portelli）在 1979 年出版的《口述历史的不同之处》一书中，回应了对于记忆不可靠的批评，他认为"口述历史的独特性"——口述性、叙事形式、主观性、记忆的"不同可信度"、采访者与被采访者之间的关系——应被视为优势而非劣势，是一

---

① PATRICK O'FATTELL. Oral History: Facts and Fiction [J]. *Oral History Association of Australia Journal*,1982–1983（5）: 4–9.

种资源而非问题。[①]

如果我们换一个角度，从记忆的重构和再阐释角度来看，所谓记忆的不可靠性也是它的力量和意义所在，而且记忆的主观性不仅提供了关于历史经验意义的线索，而且还提供了关于过去和现在、记忆和个人身份认同、个人记忆和集体记忆之间的关系的线索。例如，路易莎·帕萨利尼（Luisa Passerini）对第二次世界大战期间法西斯主义的意大利记忆的研究强调了主体性在历史记忆中的作用，揭示了公共文化和意识形态对个人记忆的影响，并对其如何影响个人证词进行了揭示。同样在汶川地震相关口述史作品中，我们看到口述史可以成为发现、探索和评估历史记忆过程、本质的有力工具，从中可以发现人们如何理解和记忆汶川地震，如何将个人经验与社会主导思想联系起来，使之成为集体记忆的一部分，以及人们如何使用它来定位个人的记忆。

通过考察上述口述历史的目标及指导思想，可以看出汶川地震口述史的记忆建构价值正在于它的整合记忆的功能，能够用于促进国家认同的目标。汶川地震的记忆被塑造成一种对于抗震救灾精神的认同，这种认同是建立在党和政府抗震救灾和灾后援建实践基础上的。

第二，重构的框架是由集体或社会给定的，在汶川地震口述史中具体化为这些口述作品的编写者基本来自政治精英、国家相关机构和学术精英。由政治精英和国家相关机构编写的汶川地震的口述故事，常常肩负着"国家利益"的责任。如关海鹰在《铭记》前言中所说："在这样惨痛的人类灾难面前，我们的国家经受了政治、经济、军事、文化、伦理、外交等全方位的考验和挑战，我们的民族在患难中展示了强大的弥足珍贵的生存品格和道德形

---

① ALESSADRO PORTELLI.On the Peculiarities of Oral History［J］.*History workshop*,1981（12）: 97–98.

象，记录这段历史，新闻人责无旁贷；凝聚民族信心，弘扬抗震精神，更是国家媒体义不容辞的责任和义务。"

从汶川地震相关口述作品来看，这些口述历史项目大多起源于政治精英和学术精英的研究。这些政治精英或学术精英从某种程度上说，是国家的代理人，如王春英主编的《"5·12"特大地震访谈·汶川之殇——汶川县153位地震亲历者口述资料辑录》，由中国四川省委党校、四川行政学院5·12汶川特大地震亲历者口述历史研究团队资助并负责；胡子祥、何云庵等编著的《抗震救灾精神口述史——汶川特大地震十周年纪念专辑》是四川省社会科学重大项目课题。

当代口述史丛书编委会编著的《当代四川要事实录（第三辑）》是当代口述史丛书编委会在"5·12"之后组织的，由四川省各地市宣传部门或当地政协文史委牵头，以表彰宣传抗震救灾先进人物为契机，开展的口述采访和资料搜集工作。刘吕红、何志明、吴国富等的《十年再回眸，汶川大地震亲历者口中的抗震救灾精神》由四川大学资助，《浙江人5·12口述史》由浙江省政协文史资料委员会编。在政治精英、学术精英和政治意识形态的共谋下，决定着汶川地震口述史的记忆框架，决定着哪些口述史料被选入，哪些记忆能够支持认同产生，哪些被记忆并传递给后代，使之跨越个人记忆进入集体记忆和公共记忆的领域之中，以实现认同的塑造导向。

第三，口述史的个人记忆重构为集体记忆不一定取决于被采访的人。个人的记忆也不是孤立地回顾事件，而是取决于他们是如何被采访的，引导采访的目标、采访的方法，以及所提出的各种问题，不同的采访关系所产生的史实以及阐释过程和结果都可能服务于采访者的目的。如下面的采访实录（王雪为采访人，付秀银为被采访人）：

王雪：您现在是教哪个科目？

付秀银：教语文。

王雪：噢，教语文的，那现在应该对感恩啊、爱国这些教育的比较深入。

付秀银：以前学生感觉提爱国、感恩这些是在唱高调，现在觉得很多事你不是唱高调，你说的是真心话。

王雪：就是地震这个事例本身也可以作为感恩、爱国的题材在课上讲出来。①

从以上采访实录来看，采访者可以控制着、引导着采访的方向，将受访者有目的地引导汶川地震与感恩、爱国的记忆相关联，以服务于采访者意图建构的记忆目标。采访者为口述者提供了口述历史的主观框架，在口述记忆与阐释意义、重构集体记忆之间建立联系。

个人的口述常常是零散片段的，口述记忆的建构者常常将这些碎片化的记忆按照一定的逻辑、框架和需求进行控制、选择、组合，将它们组合成康纳顿所说的"有意义的叙述系列"。考察汶川地震口述史作品，我们可以发现，相当多的采访是以话题的形式进行的。这个记忆再生产的过程会受到各种政治、权力、社会、文化、意识形态等因素的影响，会有目的地唤醒一部分记忆，而淡化一部分记忆。这些控制、选择、组织和再分配的过程，使得个人零散的口述得以在特定的框架和目标下进行重构。如《抗震救灾精神口述史——汶川特大地震十周年纪念专辑》，分为"不忘初心""无私奉献""顽强拼搏""大爱无疆""感恩奋进"五个篇章，汇集了基层党员干部、普通群众、部队官兵、医务工作者、人民教师、中学生等不同群体的声音。

《当代四川要事实录（第三辑）》分为"山崩地裂，生死瞬间""抗震救

---

① 胡子祥.抗震救灾精神口述史——汶川特大地震十周年纪念专辑［M］.成都：西南交通大学出版社，2018：368.

灾，人间至爱""重建家园，凤凰涅槃"等几个部分，共精选了50篇口述作品。第一部分"山崩地裂，生死瞬间"选取了4篇描述地震严重程度的作品，如《地缝，竟在我眼前不停地开合》《山崩地裂后，湔江里冒出了一座山》《她从这座山被震到了另一座山》《那种失重的感觉，我一辈子也不会忘记》。其余40多篇以分话题的形式讲述山崩地裂之际先人后己的生死瞬间，讲述废墟之下不屈不挠的救生经历，感恩人民子弟兵抢险救灾和志愿者的无私奉献，展现中华民族万众一心的英雄气概，讴歌大爱无疆。

将相似的主题聚合在一起，塑造抗震救灾精神是重点和策略，通过相似的主题如《最危急时刻，总书记飞抵四川灾区》《震后第一夜，灾区遇总理》《将军冲在救援突击队最前面——记挺进震中映秀镇的某集团军军长许勇》《我和战友背着百岁老人走出大山》《人民子弟兵在向峨救灾——采访解放军某部副族长封波》《永远和人民在一起》《把生的希望留给学生》《那一刻，她用身体护住学生》《病榻上情系北川》《铁人指挥刘国会》等反复地凸显关于抗震救灾精神的记忆。《"5·12"特大地震访谈·汶川之殇——汶川县153位地震亲历者口述资料辑录》分为震前预兆、震时瞬间场景、巨灾骤降的本能意识、党员干部挺身而出、灾难中的政府行为、巨灾感悟等几个主题。

《浙江人5·12口述史》分为惊魂一刻、危难真情、企业道义、志愿情深、慈善先行、对口援建、浴火重生等多个分类主题，聚焦于灾情描述、社会各阶层人士抗震救灾、灾后重建、大灾大爱等主题。多角度、全方面地记录了不同行业、不同人群在抢险救灾及灾后援建时的心理感受、精神风貌、真实作为和动人故事，来宣传"友爱互助、英勇无畏、无私奉献"这些中华民族绵延不断的传统美德和抗震救灾精神。这些口述或侧重于情感记忆，试图唤起强烈的情感共鸣，为认同抗震救灾精神提供情感动力；或直接以生动而详细的事实的回忆来印证抗震救灾精神，这样的集体记忆往往塑造人们的思想和记忆并成为引领人们前进的精神动力。

这种口述史实收集方法，使得记忆的建构者居于主导地位，受访者常常作为特定框架和背景中的个体。他们的角色很大程度上是给框架注入血肉，提供细节，发出"普通人的声音"，最终重构新的意义和集体记忆。

个人口述的记忆更多的是组成抗震救灾记忆拼图中的某个见证者，在《浙江人5·12口述史》《"5·12"特大地震访谈·汶川之殇——汶川县153位地震亲历者口述资料辑录》《抗震救灾精神口述史，汶川特大地震十周年纪念专辑》《十年再回眸，汶川大地震亲历者口中的抗震救灾精神》《当代四川要事实录（第三辑）》等作品中，有众多的口述人。他们当中有挺进震中的某集团军军长、普通的人民子弟兵、野战医疗方舱队员、人民警察、来自基层的县长、村干部、北川中学的师生、全国各省灾后援建人员、志愿者、媒体记者、慷慨解囊的企业家等。他们身处不同的行业，从各自的观察角度和切身体验出发，从多个向度回忆了他们在灾情一线的不同的记忆并汇集在一起。

这些收集到的史料共同支撑了一个预设的主题和记忆，即一个由不同阶层、不同行业、不同背景、不同经历的人多向度的个体共同组成的汶川地震的记忆，汇成并定义了抗震救灾精神，丰富了"众志成城""大灾有大爱""无私奉献""坚强不屈"等抗震救灾精神的记忆。这些记忆聚合成不同群体对抗震救灾精神的认同，成为"我们"共同的集体记忆。

在这个过程中，重要的不是个人的口述体验，不是根据个人的口述记录而补充完整的历史，而是它们的口述记忆如何融入国家叙事和集体记忆。从这个角度来说，汶川地震口述史释放出的信息更多的不是口述史料本身，也非事件本身，而是通过对这些口述史料的重构后凸显、诠释和创造出的意义。在"凸显"与"淡化"中汶川地震口述史的意义在于建构者的主观性和修辞性，在于不仅告诉我们他们做了哪些口述史料的收集整理，还告诉我们他们想做什么，想让人们记住什么、遗忘什么，是如何以新的方式来阐释这些口述史实并创造出新的意义的。

透过这些口述记忆，我们可以由各种凸显或淡化的记忆中，了解呈现在我们面前的"历史"的本质及其动态形成过程，了解记忆、历史与口述史支配者之间的联系。正是在这个过程中，个人口述记忆自觉或不自觉地融入受认同支持的历史阐释，融入集体记忆或进行换位记忆。个人口述记忆在这个转换的过程中，成为对集体记忆的印证。

经过框架的作用，个人的创伤记忆超越了个人口述的个体性，进入集体记忆的场域，在更大的中华民族精神的集体层面上被记忆，而不是仅仅被个人的创伤记忆所包围。同时，短期的个体记忆进入集体记忆的场域也意味着转化为跨越代际的长期记忆，被不同时代的中国人民所永远铭记。

抗震救灾精神不仅是对汶川地震集体记忆的提炼，而且也为许多亲历者的口述提供了共同的回忆框架，成为个人口述记忆向集体记忆转换的中介。个人的记忆从而可以在集体记忆的框架内进行记忆定位，许多亲历者会在潜意识中自觉地用"抗震精神"来解释汶川地震的意义并内化为自己个人的记忆。例如，在地震中失去 10 名亲人的警察蒋敏说：

突如其来的灾难让我失去了许多亲人，又让我拥有了更多的亲人！面对灾难，我是不幸的，而我又是幸运的。是全社会给我的爱，温暖着我，支撑着我熬过了最痛苦的时刻。有爱，就有希望；有爱，我们就会更加坚强。当我们的泪流在一起的时候，当我们的心连在一起的时候，当我们的力量凝聚在一起的时候，就没有什么可能压垮我们！①

蒋敏在地震中痛失 10 名亲人，包括母亲和女儿，这对于任何一个人都是

---

① 当代口述史丛书编委会. 当代四川要事实录（第三辑）[M]. 成都：四川人民出版社，2010：181.

巨大的伤痛，但是在蒋敏的口述中，个人的悲恸被自觉地淡化，"大灾大爱，坚强不屈"的抗震精神定位了她个人的记忆。可见，集体记忆已经形塑和建构了个人的自我叙述和记忆；同时个人的记忆也自觉地融入这个记忆框架下，个人的记忆与集体记忆获得了一致性，也使个人记忆保持了连贯性、延续性。

第四，口述者的社会身份也影响了口述者的个人记忆转换为集体记忆。在汶川地震的众多口述者中，有些只是普普通通的幸存者和亲历者。他们的记忆可能只是历史记忆的微光，隐藏在某个历史的角落，不被注意，而一旦被选择，口述者的记忆就会被选择人决定是"谁的记忆"，同时被决定的还有"记忆的内容"。一个人对于"过去"的记忆反映了他所处的社会认同体系，以及集体的记忆框架。"社会"告诉他哪些是重要的、真实的"过去"。[①] 口述者的社会身份使他明白自己的口述内容应该"迎合"某些期待，符合某些"记忆价值和意义"，符合自己的社会角色和身份。如对一位老师的采访：

还有以前对国家这个概念，虽然说得多，但是很虚空。说一个不那么正能量的例子吗，地震了，我们有一个老师他的娃娃埋在了地下，然后地震了好几个小时了，好像外面也没有哪个进来救一下。就有人说，晓得外面到底有没有人来救噢，然后那个老师就说你不要去指望哪个来救你，国家不会来救你的。当时就这样说的，但是事实证明后来很快就来了，而且后面的救援是铺天盖地的。你都没有想到有那么大的规模，所以说后来还是非常感动的，后来他还是改变了这个观念。还是觉得关键时候给要靠国家，说是有国才有家，这个时候这个体会就非常深刻。[②]

---

① 王明珂.历史事实、历史记忆与历史心性［J］.历史研究，2001（5）：136–148.

② 胡子祥.抗震救灾精神口述史——汶川特大地震十周年纪念专辑［M］.成都：西南交通大学出版社，2018：367.

这里"说一个不那么正能量的例子吗"，说明受访者此刻非常明确自己的口述内容应该是充满正能量的。同样，四川省阿坝州政府副州长的口述记忆内容也是符合自身的社会身份的：

经过这次大地震，我总的感受是，各级党委、政府是抗震救灾的中流砥柱。各级干部（包括村组干部）在特殊时候都发挥了关键作用，因为我们和部队每到一个村、组，都是及时开展了救援、安抚工作，所到之处群众都感受到了党和政府的关怀，看到了新的希望。①

这些口述记忆的内容或有意或潜意识中在迎合或强化自身社会身份所对应的记忆和认同，在呈现个人记忆的同时，也展现了群体认同。如北川中学老师的口述：

党中央、国务院和省市主要领导同志多次看望、慰问学校师生，温总理题写的"多难兴邦"四个大字，让我们学会了坚强，找回了信心，看到了希望。地震毁灭了我们的校园，但毁灭不了我们坚定的信念和不屈的精神。从灾难中走出的高三近六百名学生已走进人生的考场，以一颗感恩的心，向给予他们关心帮助的党和政府、社会各界交上一份满意的答卷。②

在这里，个人记忆、社会身份、国家认同相互融为一体。

通过研究汶川地震个人口述史如何重构为单个个人心理认同的集体记忆，我们发现尽管口述史受到"自下而上的历史"方法的影响，但正如前文分析的那样，通过采访"普通个人"，引入"普通人的声音"，但是它仍然可能被

① 胡子祥.抗震救灾精神口述史——汶川特大地震十周年纪念专辑［M］.成都：西南交通大学出版社，2018：138–139.

② 当代口述史丛书编委会.当代四川要事实录（第三辑）［M］.成都：四川人民出版社，2010：196.

共同的价值、意义所主导的集体记忆框架和议程所引导，从而重构为"自上而下的历史"。也就是说，零散的个人口述记忆仍然可以实现增进认同的功能和愿望。

这种功能和愿望的实现有赖于能够将分散的个体凝聚起来的共同精神价值和共同意识，从而根据支持认同的历史版本来塑造集体记忆。它是历史生产的集体行为的组成部分，这种历史生产的集体行为将个人的口述历史收编于更广泛的集体记忆的框架下。更为重要的是这种口述史转化为集体记忆的动态过程不是被动地储存事实，而是创造意义的主动过程。这样的过程对于像汶川地震这样的事件有着特殊的含义，它激发个人积极地融入国家主导的抗震救灾精神的记忆中，从而实现培育认同的作用。

但是一个矛盾出现了，这样的记忆到底是谁的记忆？美国口述史学家迈克·弗莱希（Michael Frisch）在《共享的权威：论口述史与公共史学的技能与意义》一书中提出了一个问题："对一部口述历史来说，归根到底，到底谁是最终的作者？"[①] 在这里，弗莱希提出了口述史料和再阐释之间的关系，一个事件在个人和集体记忆的过程中，随着时间的流逝被赋予新的不同的含义，口述史是访谈者和被访谈者共同配合重新阐释的结果，这种结果被弗莱希称为"共享的权威"。对弗莱希的问题进行置换，我们同样可以提出一个问题，这样的记忆归根结底，到底是谁的记忆？弗里希的问题提醒我们注意"作者"和"权威"这两个词之间的联系。这两个词表明了阐释的框架被赋予权力，访谈者、阐释者和呈现口述史料的人对于记忆的建构有一定的权威，引导着记忆的构建。那么，这样的集体记忆是否会得到所有人的认同？

十周年的时候，搞得热热闹闹，我很不喜欢那种氛围，就躲开……

---

① MICHAEL FRISCH.*A Shared Authority*：*Essays on the Craft and Meaning of Oral and Public History*［M］. Albany：State University of New York，1990.

每年"5·12"避开各种报道，不看电视、报纸和微信，不看手机。清明节、地震周年、除夕，都是老公去老县城烧纸钱，我只在三周年的时候去过一次。①

这些略显"异质"的声音让人产生疑问：在通过将个人口述记忆与集体记忆结合、转化的过程中，是否真正连接了个人记忆和认同？让我们回到"共享权威"的初衷，让口述史变成"活的历史""多元的记忆"。

---

① 杜文娟．尔玛人家——汶川大地震伤残人员口述史（非虚构）［J］．作品，2019（7）：19.

第四章　场所与汶川地震记忆

第一节　场所与记忆

一、场所：凝固的记忆

诺拉在《历史与记忆之间：记忆之场所》(*Between Memory and History*：*Les Lieux de Memoir*)中集中论述了历史、记忆与场所之间的关系。他认为，历史的某些特定时刻往往会引起人们对凝聚着那些记忆的或是那些记忆隐退到的场所的兴趣。这是一个转折的时刻，在这个时刻，随着记忆被撕裂的感觉而出现了一种与过去的断裂意识。在这个时刻，历史的延续性仍然存在，因为这种撕裂又释放出了许多的记忆，以至于要考寻其承载的东西。记忆场所之所以存在，是因为真实的记忆环境已不复存在。①

某些记忆依附于某些地方，而另一些记忆则依附于其他地方。场所为记忆提供了方便的依恋点；同时，场所也提供了记忆行为可以自我展开的情境。换句话说，场所是记忆内容的"凝固的场景"，因此它们是我们记忆的场所。

① 杰罗姆·特鲁克. 对场所的记忆和记忆的场所：集体记忆的哈布瓦赫式社会——民族志学研究［J］. 曲云英，译. 国际社会科学杂志，2012（4）：33-46.

一方面场所帮助我们记忆；另一方面我们用场所来帮助记忆。

　　记忆对场所是有选择性的，而场所对记忆也是有选择性的。一个特定的场所会勾起某些回忆，人们常常通过识别某些场所并利用它们来强化记忆，因此，场所不仅仅是存储记忆的储存馆，同时也是唤起记忆的一个参照点。

　　场所和空间不仅与个人的记忆有关，自然景观、文化景观、特定的场所、建筑物的空间、废墟等不仅可以触发和塑造个人记忆，因为它们与个人经历有关，而且，它们也在塑造集体记忆方面发挥着重要作用。包括这些场所如何设计、选择什么样的物品来保存和储存记忆，以及如何解释和呈现这些记忆。因此，研究集体记忆形成的一个核心问题是它与空间、场所之间的关系。集体记忆的保存很大程度上取决于它们在空间上、场所中的保存和停泊。集体记忆往往凝固在纪念碑、纪念馆、废墟、遗址等建筑物之中。集体记忆本身与空间有着决定性的关系，从建筑空间、纪念性场所到社会群体甚至大到一个国家，空间及场所能够帮助我们划定集体记忆的边界。

　　在哈布瓦赫看来，集体记忆是"立足于现在的对过去的重构"，但为了避免沦为虚幻，我们所记忆的事件必须确实曾经发生于某地。若不联想这个场所便很难描述所发生的事件。记忆与场所之间联系的首要之处便在于此，否则记忆可能成为纯粹的杜撰。如果可以在一个地方准确定位并进行纪念，那么这个地方本身就是真实的。如果人们认为自身的记忆是真实的，那么其结果，特别是场所和地点也是真实的。相反，未被场所化（localisation）的记忆则面临着真实性无法被证实的风险，因此也存在遗忘的风险。

　　为了充分表达记忆场所化的重要性，《福音书中圣地的传奇地形学》在结论中讲了一个寓言故事：将拥有共同记忆的一群人分开，其中一些人留守在事件发生地附近；另一些人则远离该地，头脑中只保留一种精神上的意象。这个地方必然会随着时间的流逝而改变，哈布瓦赫认为留守的这群人对这个地方的记忆也会随着当地的改变而不断变化。与此同时，离开的那群人没有意识到这些变化，因此保留的只是记忆中对这个地方的固定印象，并对这个地方进行一种象征性的表达。哈布瓦赫认为，要想抓住集体记忆的灵魂，需要认清这个过程中的核心问题，即"对这些地方的符号表征和象征性意义将这些场所与其周围的物质环境相剥离，并使其仅与群体的信仰相联系。几乎可以肯定的是，这种意象的稳定性正阐明了信仰的持续性这个事实"。[1]

在某些情况下，记忆仅仅凭借着空间的幻觉就能够一直存在。《福音书中圣地的传奇地形学》中的这个寓言证明了人们如何利用一个简单的空间位置即圣地，如何随着时间的推移产生不同的记忆变化。《圣经》中的圣地实际上不过是中世纪想象出来的一种模式，叠加在当时被称为巴勒斯坦的土地上，其他人的幻觉也产生了相应的效果。犹太人的记忆在没有占有空间的情况下依然存在。相反，犹太人的集体记忆被绑定在一个确实存在的地方——以色列，然而那里几乎没有犹太人居住。

刘易斯·科瑟（Lewis Coser）认为，《福音书中圣地的传奇地形学》选取了以场所为依托的研究方法来建立场所与集体记忆之间的联系，但是集体记忆研究尤其是有关圣地的研究中，那些不同时期的集体记忆与场所记忆，从一定程度上看，像是一本相册里的一组不同的照片，而且彼此之间还是隔绝的。比如，占领耶路撒冷的波斯人、罗马人、犹太人以及"十字军"基督徒，他们所描绘的耶路撒冷地形就其特征来说差异很大，这取决于各民族国家统治圣地的时间长短。而对于德国、法国那样更具连续性的社会，哈布瓦赫研究"圣地"所用的研究方法似乎缺乏有效性。

因此，刘易斯·科瑟提出一个较具普遍性的问题：当人们面对的是那些

---

① 杰罗姆·特鲁克.对场所的记忆和记忆的场所：集体记忆的哈布瓦赫式社会——民族志学研究［J］.曲云英，译.国际社会科学杂志，2012：33-46.

很久以来一直保持着主要生活方式有很大相似性的社会时，对"过去"和"现在"盘根错节的交互作用所生发的错综交织的记忆复杂性，哈布瓦赫的如上方法能否恰当地处理？我们以为，这仍是一个值得讨论的话题。不过，《福音书中圣地的传奇地形学》仅是哈布瓦赫的一项实证研究，其中展示的研究方法尚不足以完整地说明他的集体记忆理论关怀及社会观。如上所述，他的社会观集中体现在集体记忆基本理论中所呈现的记忆与时间、场所的关系，以及在此基础上对"社会框架"概念的进一步讨论。①

记忆和空间之间的联系在现代社会也很重要，因为历史学家和记忆研究学者们逐渐认识到场所、空间等物质实体对记忆的重要性。许多理论家已经观察到有形的物质实体对公众记忆的影响，他们证实了有形的物质实体对记忆的控制作用。这些有形的物质实体不仅包括熟悉的雕塑、雕像、纪念碑、纪念馆、博物馆、图书馆等纪念性场所，也扩散到包括硬币、勋章、邮票、档案、纪念品等各种各样的形式，体现了不同的国家都有意地以有形的物质实体来塑造公民共享的认同。②

我们可以举出很多的例子来说明纪念碑和纪念馆等空间和场所是如何保存和凝固集体记忆的。著名的大屠杀纪念馆就很说明了空间和场所如何有助于保存集体记忆。被重新配置的各种各样的象征符号，包括雕塑、纪念碑等，或者更为宽泛地说，与博物馆、纪念碑相关的各种活动、仪式、空间、场所等都成为集体记忆的场域。这些记忆场所——废墟、墓地、大教堂、纪念碑、战场等，体现了过去的历史痕迹，它们有助于过去的历史达成共识，有助于建构记忆本身。这些记忆不仅是由事件驱动的，而且与保存相关记忆的场所相关联。

---

① 刘亚秋.哈布瓦赫集体记忆理论中的社会观［J］.学术研究，2016（1）：77-84.
② 杰弗瑞·奥利克，乔伊斯·罗宾斯.社会记忆研究：从"集体记忆"到记忆实践的历史社会学［J］.周云水，译.思想战线，2011（3）：9-16.

二、诺拉之"记忆场所"观

在这一领域做出最大贡献的是皮埃尔·诺拉，1989 年诺拉首次提出了公共空间作为共享记忆的重要载体的概念，即"记忆场所"（lieux de memoire）。诺拉在其著作《记忆之场——法国国民意识的文化社会史》中提出了"记忆之场"这一核心概念，汇总并深化了哈布瓦赫关于记忆与空间、场所关系的研究。"记忆之场"一词在诺拉的研究中被广泛使用，他提出的"记忆场所"概念，是对记忆与空间关系的最新诠释。

诺拉的著作揭示了一个群体的集体记忆与这些记忆在物理上的表现方式之间的关系，包括生活记忆与场所或存储的记忆与场所之间意义的转变。诺拉认为，以传统、仪式或习俗的形式，通过真实的生活体验和其他参与性方式来实现和维持的记忆，已经被记忆的静态标记所取代。这些标记不再嵌入集体的头脑中，而是被替换成各种各样的记忆场所和纪念性建筑。

诺拉将记忆场所定义为一个社会集体记忆和遗产的容器，认为记忆积淀在空间、场所、形象、行为、器物等物质或非物质中，或任何重要的实体中。无论是物质的还是非物质的，在人类意志或时间的作用下，已成为特定群体记忆遗产的象征性元素。诺拉认为，我们记忆中那些承载着象征意义的事物，如档案以及国旗、图书馆、字典、博物馆，还有诸如纪念庆典、节日、万神庙、凯旋门等都是记忆的场所，要让它们存在，必须有一种记忆的意识。

在本书中，狭义地定义"记忆场所"这个概念，即纪念行为和记忆发生的物理场所，并不包含诺拉所说的字典及国旗等，而将纪念庆典、节日等归入仪式这个范畴。

诺拉尤其强调了纪念碑、纪念馆等纪念性建筑物作为记忆场所的重要性。认为纪念碑是记忆的中心，纪念碑可以帮助公众进行记忆。纪念碑是活生生的记忆和易于遗忘的文化之间的联系，激活纪念碑附着的记忆是防止遗忘的一个重要工具。这是他关于记忆场所的几篇文章的核心思想。他特别提到战争纪念碑，认为其作用是作为一个记忆场所，用于纪念那些在战争中死亡的人。这些人往往与参加纪念仪式的人有个人联系，这使得他们的记忆既是集体的也是个人的。

诺拉在其著作中阐述了记忆场所是如何强化、突出或隐藏记忆的。他认为，纪念碑等场所总是有选择性地凸显记忆，它们总是有目的地鼓励我们记住一些事情、忘记另一些事情。创建纪念碑的过程，是塑造公众记忆和集体身份的过程。

在诺拉的词典里，"记忆之场"有三层含义。"记忆之场是实在的、象征的和功能的场所，这三层含义同时共存的，只是程度不同而已。即便像档案馆这样看起来纯粹实在性的场所，也只是因为象征性的光环赋予其上升成为记忆的场所的。一个纯粹功能性的场域，如一本教科书、一份遗嘱、一个老兵协会，也只是因为它们成为某种仪式中的对象也进入了记忆之场。一分钟的沉默堪称象征性意味的极端例证，但它同时又是时间之流中的一次实在的断裂，其用途在于定期集中地唤起回忆"。[①]

三、场所表征意义

记忆的场所不仅通过提供一个具体的环境来稳定和验证记忆，而且还体现了连续性，因为它们往往比相对较短的个人、时代甚至文化和人工制品的跨度更持久。此外，记忆的场所不仅是记忆的容器，记忆被动地驻留在里面，

---

① 皮埃尔·诺拉.记忆之场——法国国民意识的文化社会史［M］.黄艳红，等，译.南京：南京大学出版社，2015：20.

而是记忆被分享，产生和赋予意义的对象。

历史学家杰伊·温特（Jay Winter）继承了诺拉的观点，他研究了纪念性场所中意义的建构。他认为，纪念碑的发展经历了三个不同的阶段：第一个阶段是最初的创建阶段，在这个阶段中，纪念碑的物理构造、设计以及纪念仪式围绕着它发展，并形成了"纪念碑物理形式的构建"[①]；第二阶段，围绕着纪念碑举行的各种纪念仪式或活动，以及这些纪念仪式或活动的常规化，建立与场所相关的记忆，是通过在纪念碑等场所周围创建常规化和制度化的行动来完成的，这加强了纪念碑对于集体记忆保存的意义；第三个阶段，该场所经历了意义的转换或消失，在很大程度上取决于后代是保留了该场所原有的意义，还是增加了新的意义，否则，纪念碑作为记忆活动场所的功能就可能丧失。

温特特别强调这一点，认为如果不经常与公众互动，纪念碑只会随着记忆的萎缩而褪色，纪念碑失去了恢复记忆的能力。为使纪念碑保持其重要性，第三阶段必须继续与公众互动，并不断加强与纪念碑有关的记忆，使其意义能与时间同步。因为记忆场所和公众的生活经历是与历史分离的，对纪念碑的激活，以及公众与记忆场所之间的互动，才能赋予纪念碑保存和建构记忆的意义。

纪念碑和纪念馆能够成为集体记忆场所的关键是激活纪念功能。最重要的是，纪念功能必须被公众激活，因为公众认为它们是集体记忆的表征，从脑海中移除，并以永久的媒介形式赋予象征意义。纪念碑和纪念馆必须不断地与纪念或纪念活动相互作用，以便成为一个记忆的场所，因为没有纪念碑，历史和记忆很快就会被公众遗忘。

---

① WINTER，JAY. *Sites of Memory and the Shadow of War In Culture Memory Studies* [C]．Berlin：A Companion to Cultural Memory Studies，2010：61-74.

正因为纪念碑、纪念馆等建筑和集体记忆的建构紧密相关，对于汶川大地震纪念馆等而言，它们不仅是地震发生的场所，而且这些纪念场馆所呈现的象征意义、调动的情感，可以有效地建构和唤起人们对于汶川地震的集体记忆，这种重构和唤起的过程又和政治认同、国家认同和身份认同密切联系，成为重塑汶川地震集体记忆的空间场所。

第二节　场所记忆的修辞性建构

一、修辞与场所、记忆

古希腊古老的西方修辞学传统将语言的运用视为修辞术，认为它是一种演说的艺术，是一种话语的实践，是在集会、法庭和审议大会等公共领域的说服性演讲。早期的修辞学家提出的许多概念和理论仍然在推动着现代修辞学的发展，但现代修辞学的应用与发展已经远远超出了言语和话语领域。今天，现代修辞学的研究已经拓展到诗歌、摄影、雕塑、电影、新闻、表演艺术、广告、建筑以及政治演说等各种领域。

以上这些领域在现代修辞学看来都不是"中立的"或"客观的"，而是有倾向性的、象征性的，更是对各种符号的分配、部署与表征。这种符号的表征是受到政治、权力、经济、意识形态等的影响的。

记忆、空间场所和修辞之间的联系可以追溯到古希腊时期。记忆作为修辞学的五大门类之一，自修辞学和记忆艺术诞生之初就相互紧密相连，两者之间的联系和物理上空间场所的存在时间一样长久。早在古希腊时期，修辞学家把助记法运用到一些著名的场所和地点中，认为地点和场所可以作为记忆的提示。记忆和空间、场所之间关系的起源可以追溯到古希腊的西蒙尼德斯。他通过准确地回忆每个参加宴会的人所坐的位置来记住每个人。西蒙尼德斯的例子表明，要记住某物或某个事件，应该把它们与特定的空间位置或场所形象化地联系起来。

二、场所、修辞与集体记忆的重构

在现代社会，政治国家的历史一般由史官和历史学家等专业人士书写，以此控制官方记忆，主要任务是重构一个统一的历史，巩固国家身份。但是，一个国家的官方记忆从来就不是仅仅存在于历史学家的著作中，它也是通过哈布瓦赫所说的集体记忆来构建的。如果说一个国家和社会群体的历史是关于它的过去的历史，那么集体记忆就是关于它的过去的历史在现在和当下的持续存在。因此，集体记忆不仅通过仪式、风俗传统、纪念活动、节日等维持和保存，还通过纪念碑和为强化它而建立和保存的各种机构、场所等（包括纪念馆、博物馆、废墟）来维持和保存的。因此，纪念馆、博物馆等记忆场所通过收集、保存和展示的物品和展品赋予集体记忆以实物形式，以凝固和传达集体记忆。

哈布瓦赫认为空间和场所的象征性意象作为一个特定群体所占有的文化语境的一部分，在集体记忆中起着重要的作用。而且，每一个社会和群体的集体记忆都是在一个空间框架内展开的。哈布瓦赫认为，空间和场所是一个持久存在的物理场所，而我们头脑中的历史印象和记忆一个接一个地匆匆而过，最终在我们的脑海中什么也没有留下。因此，我们只能通过一些场所和地点了解这些历史和记忆实际上是如何被物理空间和场所保存，才能理解如何重新建构过去的历史记忆。①

哈布瓦赫认为，记忆是修辞的，而记忆场所在修辞上尤其强大。这一观点明确了修辞与记忆是相互构成的，因为修辞关注是争夺集体记忆的核心，同时承载集体记忆的公共场所可以作为修辞的资源。他进一步认为，场所对于集体记忆的保存是必不可少的，因为集体记忆场所的情境性和物质性决定了场所的符号价值以及它们的修辞意义的可能性。

在《阴影笼罩之地》（*Shadowed Ground*）中，肯尼斯·福特（Kenneth Foote）认为对于承载集体记忆的场所，主要有四种处理的方法，包括抹去、特化、修复、圣化等。第一种处理方式即抹去（obliteration）：毁灭并抹去事件发生地的一切痕迹，使之看起来什么都没发生过。第二种处理方式即修复（rectification）：将事件发生地修复得像从前一样，但并不完全抹去一切痕迹。第三种处理方式即特化：用某种不易发现、不特意寻找容易错过的标识表明该处或附近发生了某件事情。第四种处理方式即圣化：对事件发生地进行神圣化。在事件发生地附加一些积极的价值观和象征意义。②

由于基督徒的分散和耶路撒冷的毁灭、重建，从前的记忆碎片，从此就失去了支撑。因为当年那群信徒已不再完整地存在了，他们的记忆不稳定且模糊，但若说基督徒的记忆已得到成功的保留与传承，则是因为通过福音书和教会神父的不断努力，得以形成一种象征性的替代框架，成为一种宗教式的环境，在此基础上使建构记忆的场所成为可能。在这种情况下，耶路撒冷不再是一个经年遭受摧毁和重建的具体意义上的城市，而是一个典型的圣城，一个永恒之城，是一个具有象征意义的地方，一种神圣的象征，一个悬浮于

---

① HALBWACHS M. *On Collective Memory*［M］. Translated by A. COSER L. Chicago：The University of Chicago Press，1992：140.

② 杰罗姆·特鲁克. 对场所的记忆和记的场所：集体记忆的哈布瓦赫式社会——民族志学研究［J］. 曲云英，译. 国际社会科学杂志，2012（4）：33-46.

天堂与凡世之间的避难所。与实际的耶路撒冷不同的是，象征性的耶路撒冷是恒常不变的。对耶路撒冷及其他任何地方来说都是这样，只要该地发生了令某个群体想要记忆的事件，它就会呈现出两种形式：一种是真实的；一种是象征性的。

随着该地的存在与发展，往往在一定程度上，过去事件的一切痕迹都已不复存在，但对记忆这些事件的人来说，这个地方会永远存在于脑海中，这直接与他们对该事件的兴趣与关注有关。这是探讨记忆与场所之间关系的社会学议题的核心所在，一方面是物质实体、器物、纪念物品或空间场所；另一方面是象征的，即与现实相关或附加于现实之上的精神意义和象征意义①。

探索修辞、记忆和空间场所之间的关系对理解当代公共记忆和集体记忆至关重要。集体记忆越来越成为人文和社会科学领域的学者们关注的焦点。许多研究者以某种方式在修辞学、记忆和空间、场所之间建立了联系。当前许多学术研究都表明空间和场所承载的记忆是带有修辞性的或是带有框架性的。集体记忆与空间、场所的关系说明，只有理解集体记忆和公共记忆场所的特殊修辞性特点，才能对凝结在场所和空间中的集体记忆有更为深入的理解。

三、纪念性场所作为修辞

特定类型的地点、场所与公众记忆和集体记忆的联系比其他场所更为紧密，例如：纪念碑、纪念馆、博物馆、保护性遗址、战场、废墟等。这些我在本书中称为"记忆场所"的场馆，拥有一种与其他公共记忆场所相比更为

---

① 杰罗姆·特鲁克.对场所的记忆和记忆的场所：集体记忆的哈布瓦赫式社会——民族志学研究[J].曲云英，译.国际社会科学杂志，2012（4）：33-46.

重要的意义。特别是对于重大的灾难事件，例如战争乃至唐山大地震、汶川大地震之类造成了巨大的创伤的灾难性事件。

诺拉认为，纪念碑、纪念馆等场馆的作用就是有选择性地、有目的地帮助记忆，它们修辞性地隐藏在我们记忆和遗忘的过程中。建造纪念碑的过程，实际上就是塑造集体记忆和集体身份的过程。

事实上，考察纪念馆、博物馆的发展历史，就能发现纪念馆、博物馆等场所与现代国家治理之间的关系。作为现代社会的公共领域和表征空间，纪念馆、博物馆通常是政府治理策略的产物和培育公民思想的重要工具、载体。米歇尔·福柯在《规训与惩罚》（*Discipline and Punish*）中将纪念馆、博物馆与监狱并列。福柯认为虽然纪念馆、博物馆与监狱是两种不同形式的治理术，但它们具有相同的效力与目的，即以一种修辞手法将人们融入国家权力的进程中。托尼·本尼特（Tony Bennett）继承了福柯的思想，将纪念馆、博物馆称为与支配性意识形态紧密相关的"展示综合体"的一部分。但与"惩戒性机构"不同，纪念馆、博物馆"致力于组织自愿进行自我约束的公民的文化性技术"[①]。概括地说，就是国家将意识形态观念通过纪念馆、博物馆嵌入公民头脑中的工具。

构成这些纪念碑和纪念馆的地点和物品、藏品的选择本身也可以被解读为修辞策略。将藏品组合配置成特定的陈列品的过程具有修辞学上的意义，特别是在重大灾难事件中作为国家疗愈创伤过程的一部分，这些藏品和物品对于凝聚共识、达成认同产生重要的影响。所以我们更要注意纪念馆、博物馆所采用的表征性框架的修辞意义。

纪念馆和博物馆对于器物和展品的采用，服务于特定的修辞需要，即符

---

① 马萍，潘守永 . 从"仪式性"看纪念馆的"文化展演"空间实践［J］. 东南文化，2017（2）: 115–121.

合历史和真实性的需要。纪念馆和博物馆一方面要对历史事实忠实，收集、陈列真实的展品和器物；另一方面通过反映和支持国家所需的价值观的展现来维护国家意识形态，从而产生国家所需要的共享记忆。这双重取向，共同决定了纪念馆、博物馆对灾害记忆的呈现、对器物、展品的选择等。

纪念性场馆并不仅仅作为纪念性建筑存在，而常常和相关的仪式相伴。爱德华·希尔斯（Edward Shils）指出，"尽管在当代社会中，仪式似乎离人们的生活越来越远，但其实看似古老的各类宗教仪式从来没有退出现代国家的舞台"。因为仪式具有凝聚社会团结、强化集体力量的基本功能，它包裹着政治行动与权力，所以仪式化成为东西方各个国家实施政府治理术的重要方式。"在现代民族国家里，控制着社区权力的政治势力往往会利用各种仪式，或是仪式性的建构（特定的建筑和具有特定历史意义的场所）来使他们的权威获得合法性。"① 纪念馆就是这样一类把历史上发生的特定的、被认为有意义的事件与过程进行神圣化，以期人们对之永恒铭记的仪式性场所。②

四、记忆场所作为符号

从符号学的角度来说，我们可以将一些特殊的场所作为符号来看待，将场所作为一个具有能指和所指的符号来看待。在研究记忆场所时，用符号学的能指和所指来分析场所与集体记忆之间的关系具有特殊的重要性。所指即场所，作为一个场所是可识别的，还是一个重要的凝固着集体记忆的场所。能指即作为集体记忆的场所隐含的含义。

将记忆场所作为符号看待可以用来研究纪念碑、纪念馆的象征意义，因

---

① 大卫·科泽. 仪式、政治与权力［M］. 王海洲，译. 南京：江苏人民出版社，2015：20.

② 马萍，潘守永. 从"仪式性"看纪念馆的"文化展演"空间实践［J］. 东南文化，2017（2）：115–121.

为它是由设计、展品、象征和意识形态的相互作用共同实现的。

这些特殊的场所包含着这些场所生产与再生产关系的双重或三重互动的具体表现。符号化表现是为了使这些社会关系保持在一种共存和凝聚的状态。场所的符号化在取代场所的同时显示场所符号再生产的意义，从而以象征性的方式隐藏它们。

纪念碑、纪念馆等记忆场所本身是为了赋予空间场所某种意义而建造的。它们不仅是记忆的场所，还具有传达意识形态的功能。通常情况下，纪念碑、纪念馆建立起来，就成了符号，成为建构和塑造公众记忆的符号。纪念碑和纪念馆存在的意义——所建构的集体记忆，在建造者和参观者的相互作用和相互解读中互相传递。

各种记忆场所还常常被建构为标志性的景观来表征特定的意义，旨在培养一个有凝聚力的集体记忆。通过这种方式，国家的特定价值观呈现为一个哈布瓦赫所称的"符号空间"（symbolic space）。"符号空间"的概念也是安德森的"想象共同体"的核心。这些标志性的景观也被称为"表征空间""爱国景观"或"权力景观"，是将集体记忆的培养根植于"符号空间"，具体化于记忆场所之中。景观的持久性和放置在景观中的纪念物能够在长时间内有效地象征和维持集体价值。景观可以被看作一种符号和符号系统，能够扩展交流的时间和空间范围。而且，景观的物理持久性允许它将意义传递到未来，从而帮助维持记忆和文化传统。为此目的，国家常常培育有意义的空间符号，以增进对国家的认同，并增强其连续性和普遍性。

第三节　神圣空间与纪念碑性

一、纪念场所与神圣空间

时间和空间的神圣化和崇高化是一个国家和民族集体记忆修辞性建构过程中的一个重要维度。某些历史事件的记忆，可凝固在各种纪念性场所之中，包括纪念碑、纪念馆或遗址、废墟等空间及纪念场馆。

神圣化是指建造"神圣"的场所，用来纪念一个事件、一个人或一个群体的持久的标记、建筑或场所，或者是纪念碑、纪念馆，或者是公园，或者是旨在永久保存的建筑。

在中国的传统中，碑与历史及记忆之间往往是紧密联系在一起的。因为碑本身就隐含了衰败、死亡和复生、神圣、崇高等象征意蕴，而这种象征大多与统治者对于对历史记忆有目的的重构与再现相关。

巫鸿在《废墟的故事——中国美术和视觉文化中的"在场"与"缺席"》中讲到石碑与枯树这两种不同的形象及其所引起的不同体验，反映出的不仅是它们在怀古画中扮演的不同角色，而且是这两者与记忆和历史之间的关系。巫鸿认为，它们之间最主要的区别在于二者与"往昔"在两个本质层面上的概念联系：石碑象征的是"历史"；而枯树指涉的是"记忆"。①

---

① 巫鸿.废墟的故事——中国美术和视觉文化中的"在场"与"缺席"［M］.肖铁，译.上海：上海人民出版社，2012：35.

通常而言，立碑是人们对过去那些具有非凡意义的事件和人物以示怀念和记忆。彭兆荣认为，在蕴含着丰富意义的各种类型的纪念场所中，"纪念碑"通常是作为政治景观呈现的。当纪念对象是一个特定物，具有纪念碑性质时，便上升为具有集体意义的象征性政治景观。① 但是，对于作为特殊符号空间的纪念碑中所表征的意义、象征的国家价值观和凝聚的记忆，中西方差异甚大。在西方，纪念碑（Monuments）源自拉丁语 monumentum，直译为纪念性建筑和文件。韦氏英语词典解释为那种（老式用法）有拱顶的坟墓，同义词 Sepulchre，以及法律文件或记录；纪念物、名人、纪念人或事件的碑或建筑，（古代用法）符号、征兆、证据；（老式用法）雕像；边界或位置标识，颂文等。纪念碑自然包含了纪念性雕塑、碑碣、坟墓、边界、标识等建筑物，也包括纪念性文字等其他物品。②

彭兆荣认为，纪念碑作为政治景观符号所表征的意义和象征的价值观是"崇高性"。自古以来，中国就有以立碑来表示缅怀、记忆、歌功颂德等各种含义的传统。若为纪念个人，树碑则是表彰、缅怀其在公共事务方面的突出业绩与功勋；立传则是留下恒久记忆。若由政府立碑，则是具有重大意义的历史事件记录。总之，碑定义了一种合法性的场域。在那里"共识的历史"（consensual history）被建构，并呈现给公众。当后世的历史学家研究过去的时候，碑自然便成了历史知识的一种主要源泉，碑铭为重构过往时代中的晦涩事件提供了确切的文字证据。③

当国家或某一地区受到重大意外事件和灾难的打击，如火灾、爆炸和其他事故时，就会发生神圣化。在这些情况下，神圣化是对悲痛的自然反应。

---

① 彭兆荣. 论纪念碑性与崇高性［J］. 文化遗产，2017（4）：69-74.

② 彭兆荣. 论纪念碑性与崇高性［J］. 文化遗产，2017（4）：69-74.

③ 巫鸿. 废墟的故事——中国美术和视觉文化中的"在场"与"缺席"［M］. 肖铁，译. 上海：上海人民出版社，2012：36.

建立纪念碑等场所既可以纪念灾难的受害者，又有助于表达国家的哀悼以促成国家认同。因为这样的重大灾难涉及单一的、相对同质的、自我认同的群体，这个群体会将这样的重大灾难事件视为共同的、公共的损失。

在重大灾难事件后（如汶川地震后），兴建的一系列纪念场所，包括纪念碑、博物馆、废墟和遗址等，大多数的记忆场馆被嵌入与灾难地震相关的事件中，如今都成为神圣和崇高的空间。纪念碑等纪念性场所具有神圣化、崇高化个人、场所和思想的力量。神圣感和崇高感就是抗震纪念碑、纪念馆等场所对公众所唤起的，而且公众能够切身体验到的一个特殊感官，体现着公众对场所的感知和互动。

地震遗址和纪念碑唤起了它作为一个神圣空间的特征，与普通的公共空间相分离，它封存了公众记忆，是一个全国人民关注的场所。抗震纪念碑在唤醒公众回忆过去的同时，还能进一步向公众指示着意义。北川新县城抗震纪念碑，坐落在抗震纪念园的英雄广场上。碑上刻着胡锦涛总书记在地震救援现场喊出的"任何困难都难不倒英雄的中国人民"，传递着英雄的人民不畏艰难、任何困难都难不倒的坚定信念。

纪念碑空间设计的象征意义强化了神圣性和崇高性。例如，唐山抗震纪念碑由4根独立的梯形柱组成，象征着全国人民从四面八方汇聚于唐山支援唐山。又犹如4只擎天巨擘，在奋力撑起唐山的一片天空，象征着唐山人民英勇不屈的抗震精神。整个纪念碑的设计将崇高、神圣、英勇等情感通过象征传递出来，激发人们对灾难、创伤、抗震精神的思考和反应。

位于汶川县映秀镇的震源点纪念碑整体造型如"川"字，上半部分中间分裂为两半，象征着汶川山河被地震无情地劈为两半；下半部分连成一体，犹如两个人紧紧地拥抱在一起，两只紧紧握在一起的手，象征着互相支援共同战胜灾难的友爱和决心。

这些纪念碑作为记忆场所，以视觉化、景观化的方式传达着崇高与神圣的精神。具有象征意义的景观成为"神圣的场所"，成为共同记忆的储存库。场所的神圣化总是与相关的仪式、典礼等相伴，纪念一个事件，或纪念烈士、英雄，或纪念受害者。正式的纪念仪式或典礼是这类场所神圣性的先决条件。也就是说，必须有一个仪式，明确地宣示，以声明地点的重要性和解释为什么该事件应该被记住，并使之成为集体和个人举行仪式和纪念活动的主要场所。这些象征性景观的力量是作为集体记忆和意识形态指向点的崇高地位。总的来说，象征性景观是物化了的记忆和意识形态存储库。纪念碑作为集体记忆的场所具有象征意义，因为它们是建构合法性的选择和记忆过去历史的场所，并由此在当下构建一个共享的集体身份。

抗震纪念碑，尤其是在每年地震纪念日举行的各种公开的纪念仪式和纪念活动，强化了抗震纪念碑的神圣感和崇高感，使其神圣性和崇高性特征、功能得以巩固，并且实现了集体记忆得以一代又一代承传下去。抗震纪念碑不仅被视为一个神圣和崇高的空间，还是治愈地震创伤记忆的场所。各种纪念仪式和纪念活动对它的激活不仅防止了它的意义被侵蚀，防止它所建构的集体记忆被遗忘，最重要的是，它强调了场所和集体记忆在其意义基础上所唤起的神圣感和崇高感。

1986年建成的唐山抗震纪念碑，成为唐山地震10周年、20周年、30周年、40周年纪念仪式的举行场所。唐山抗震纪念碑被建构成为一个能够唤起神圣感、崇高感的有纪念意义的场所。

同样，5·12汶川地震遗址也以其设计及举办的纪念仪式激活了它的神圣感和崇高感。迄今为止，汶川地震共举行了3次隆重的周年纪念仪式，分别为一周年、三周年和十周年。三次纪念仪式都在汶川县映秀镇漩口中学地震遗址举行。规格最高的是一周年纪念仪式，国家主席胡锦涛出席并讲话。纪念仪式营造的悲痛、庄严、崇高的氛围，与纪念碑设计的象征意义共同建构了对于汶川地震的集体记忆。

二、废墟遗址与崇高的纪念碑性

除了纪念碑和纪念馆，废墟与政治意识形态也关系密切。所谓废墟，日本学者西村清和认为，无论是遭受破坏的建筑物残骸留下的遗迹，还是作为"词语的遗物"仅存其名的名胜古迹与歌枕，它本身是一个沉淀着历史的浓密记忆的场所。① 废墟与遗址引发对历史的想象，因此废墟与遗址也是一种记忆的载体。

废墟、遗址象征了不同形式的创伤记忆，既象征失去、死亡、腐朽和毁灭，也是各种人为和自然灾害的后果。废墟、遗址记录着历史记忆的碎片，具有很强的历史感，熟练地游离于记忆与遗忘之间，体现了历史与记忆、记忆与遗忘的关系。在遗忘与记忆间，废墟、遗址成了过去与当下相交融的场所，废墟、遗址的历史建构和记忆建构便是某个社会共同体或某个国家的共同命运建构的承载。

废墟、遗址常常是个人和集体记忆的联结点。创伤性事件后留下的废墟、遗址常常被赋予政治或意识形态等意义。它能够唤起人们对于创伤性事件的记忆。和这些废墟、遗址一样，个人和集体记忆不仅是一种意识形态、价值观，而且是一种特殊的集体和个人身份，是一种社会秩序。它通过废墟、遗址在物质上维持着人们的生活，也通过凝结在废墟、遗址的意义在情感上维持着人们的生活。更确切地说，废墟、遗址唤起了"终结、崇高、威严、悲剧、失落、历史意义"等崇高的价值，将个人与集体记忆连接起来。

---

① 西村清和.场所的记忆与废墟［J］.梁青，译.外国美学，2016（25）：24-38.

2008 年 "5·12" 汶川特大地震对北川县造成毁灭性的破坏。震前全县共有 16 万多人口，有近 1.6 万人在此次地震中罹难，4000 多人失踪，数万人受伤。北川县城周边地区遭到严重破坏，大多数的建筑物垮塌，山体崩塌造成北川中学和曲山小学严重损毁。2008 年 5 月，温家宝总理重返汶川考察时说 "我们要再造一个新北川"，决定将北川老县城作为地震遗址保留，成为汶川地震博物馆。

随着灾后的重建工作，新的北川市逐渐建立，而地震的废墟则成为现在我们纪念汶川地震所在地，它仍然保留着当时的震后状态。旧北川似乎被封存了，毁灭的瞬间诡异地暂停在时间里。如温家宝总理所言，在 2009 年 3 月通过的《北川国家地震遗址博物馆策划与整体方案设计》以 "永恒的北川" 为主题，将北川国家地震遗址博物馆的功能定位为纪念、展示、宣传、教育、科研。即 "通过纪念，致力于精神家园的守护与重建，努力为生者寻求精神寄托，成为创造未来的新起点"①。

在这个巨大的露天纪念场所，游客们可以目睹被毁的建筑，就像地震发生时那几分钟一样，这座城市由支离破碎的废墟组成，被永久地保存下来。废墟证明了灾难及其造成的创伤，它们是看得见的创伤，提醒着人们永远铭记这场灾难。

汶川地震的废墟、遗址构建了 "受难" 与 "抗震救灾" 双重主题的民族寓意，既是纪念也是彰显。一方面，汶川地震对中国人来说无异于一场大劫难，美好家园顷刻间化为一片废墟。北川县城遗址上，随处可见的是裸露的钢筋、砖瓦，几乎倒塌的房屋，象征着地震的遇难者。北川县城遗址代表了对于受难者的纪念意义，呈现的地震带来的巨大破坏性、残破与失序的景观，为幸存者提供哀悼、纪念、祭奠、冥思的空间和铭记场所。

① 杜辉.地震之后：废墟、纪念地与文化景观视觉化［J］.西南民族大学学报，2016（8）：17–22.

另一方面，北川遗址还凝固了抗震救灾的崇高精神[①]，涵括了全国人民和汶川人民的坚忍、痛苦、坚强、英勇无畏和博爱团结等生命高于一切的神圣和崇高精神、崇高情感。弘扬了顽强拼搏的抗震救灾精神，以及国家和人民在困境和磨难中表现出的民族凝聚力。

通过这些废墟的形式将对地震的记忆凝固并保存下来，嵌入当下，在个体与集体生命的遇难中，以可存在的废墟供我们和遇难者的亲属怀念。以这种纪念性与博物馆性，这些废墟在过去与当下之间建立了联系，是"记忆之所"，不仅与生命和死亡、时间与永恒密切相关，也成为集体性与个体性、神圣与世俗、静态与动态的集合体。博物馆与纪念馆性废墟是过去地震灾难事件与当下的结合，通过对地震废墟的纪念化，使无形的记忆被保存在有形的物质废墟上。这些地震废墟承载着深刻含义，显示了国家的凝聚力和北川的顽强生命力。[②]

三、纪念碑的崇高美

巫鸿先生提出一个概念："纪念碑性"（monumentality）。"纪念碑性"来自纪念碑，二者的差异在于："纪念碑性"和"纪念碑"（monument）这两个概念都源自拉丁文 monu–mentum，本意是提醒和告诫。巫鸿先生的讨论中，"纪念碑性"[③]（在《新韦伯斯特国际英文词典》中定义为"纪念的状态和内涵"）是指纪念碑的功能及其持续，但一座"纪念碑"即使在丧失了这种功能和教育意义后仍然可以在物质意义上存在。"纪念碑性"和"纪念碑"之间

---

① 杜辉.地震之后：废墟、纪念地与文化景观视觉化［J］.西南民族大学学报，2016（8）：17–22.

② 童彤.中国当代艺术中废墟主题研究［D］.硕士学位论文，南京：东南大学，2017.

③ 彭兆荣."祖先在上"：我国传统文化遗续中的"崇高性"——兼与巫鸿的"纪念碑性"商讨［J］.思想战线，2014（1）：1–6.

的关系因此类似于"内容"和"形式"的联系。由此可以认为，只有一座具有明确"纪念性"的纪念碑才是一座有内容和功能的纪念碑。因此，"纪念碑性"和回忆、延续以及政治、种族或宗教教义有关。"纪念碑性"的具体内涵决定了纪念碑的社会、政治和意识形态等多方面意义。①

崇高，这个术语是在古希腊末期才被正式引入的。公元 1 世纪，朗吉弩斯在《论崇高》一书中最早提出了"崇高"一词，但朗吉弩斯并未考察何为崇高。该术语既可以用来指某种写作风格，也可以用来指某种文学或其他艺术领域内的审美体验，还可以适用于由某些自然事件引发联想的价值和意义，特别是精神的伟大。另外，"崇高"同样适用于某种心理情感反应。② 例如，埃德蒙·伯克（Edmund Burke）就更为强调崇高的力量所激发的情感反应。他在汲取前人的观点基础上，认为"任何东西中可以激发痛苦、危险等观念的特质……都是崇高之来源"③。伯克认为，崇高的巨大力量有力地发挥作用的时候，所激发的情感是惊惧和恐怖；人们面对绝对大的力量时被惊惧裹挟着继而产生一种超越的状态。伯克认为，惊惧是崇高的最高效果；次级的效果是欣羡、敬畏和崇敬。

到了 17 世纪晚期，旅行者在描述某些风景时使用了崇高（sublime）这个词。直到 20 世纪中叶，关于崇高的讨论主要还是与自然现象联系在一起，无法抗拒的破坏性力量产生的恐怖仍是崇高的主导原则。破坏性力量是崇高话语中的一个共同主题，主要是因为灾难点燃了最终的恐怖感觉。正如伯克在 1757 年发表的《崇高与美丽》（*The Sublime and the Beautiful*）一书中所述：

---

① 彭兆荣."祖先在上"：我国传统文化遗续中的"崇高性"——兼与巫鸿的"纪念碑性"商讨［J］. 思想战线，2014（1）：1–6.

② 埃德蒙·伯克.关于我们崇高与美观念之根源的哲学探讨［M］.郭飞，译.郑州：大象出版社，2011：19.

③ 埃德蒙·伯克.关于我们崇高与美观念之根源的哲学探讨［M］.郭飞，译.郑州：大象出版社，2011：20.

"无论在任何情况下，恐怖都是崇高的主导原则，要么是更公开的，要么是潜在的。"战争等重大创伤事件是最终极的恐怖状态，因此在其预期和后果方面都可能充满崇高的性质。2005年，战争等重大创伤事件进入吉恩·雷的《恐怖中的崇高》和《艺术与批判理论中的崇高》的文化语境话语中，其一系列文章将创伤事件解读为崇高体验。

距离的概念对于我们理解崇高体验的存在也很重要。当巨大破坏性的创伤事件所造成的恐惧、破坏被远距离体验时，也就是当我们的体验从一种压倒一切的死亡感、恐惧感迅速切换到一种安全的状态时，崇高才会出现。这也是为什么汶川地震初期潜在的威胁始终存在时我们的体验是恐惧，而面对地震遗址和纪念碑等纪念性场所的记忆则充满了崇高。

自然景观所引起的"崇高感"，伯克认为是基于情感上的恐惧；那么，创伤事件后纪念碑或废墟所带来的崇高，则不仅是建立在自我主体对于经过灾难与创伤洗涤后的历史忧伤感。汶川地震灾难之后的废墟、遗址所激发的是伯克所称的结合着伤痛和恐惧的崇高。这种崇高指涉的是汶川地震所带来的巨大的破坏性在观众从这种极度的死亡伤痛感和恐惧感中转化为灾难的直接见证者的时刻。汶川地震纪念碑和北川县城遗址作为灾难与死亡的隐喻，从而具有强烈的纪念意义。汶川地震纪念碑和北川县城废墟以具体实物遗存，不仅体现了死亡与永恒的对抗，重要的是借其表达另一种崇高的形态——永恒性。永恒性也包含一种特殊的纪念——无论是实物遗留还是已经化为"废墟"的，都不妨碍其具有"纪念性"，但纪念性只是崇高性的一种说明和表述；其具体的表现形态是：以一个在空间上凸显的具体，流逝的时间固化，以突出"不朽""永恒"。①

---

① 彭兆荣."祖先在上"：我国传统文化遗续中的"崇高性"——兼与巫鸿的"纪念碑性"商讨［J］.思想战线，2014（1）：1-6.

汶川地震纪念碑和北川县城遗址还体现了物质性、非物质性和时间之间令人振奋的对抗。正是这些难以忘怀的不朽之物与它们对时间流逝的脆弱并存，才造就了它们的崇高气场。这些纪念碑和遗址都是所谓的崇高，尽管它们在力量上和规模上并不是那么巨大，但它总是给观者留下巨大而持久的记忆。这种记忆包含了永恒与失落、敬畏、忧伤等各种复杂关系与感情，崇高是适合描述这些情感与关系的替代词语。

如今北川县城遗址和汶川抗震纪念碑不仅是创伤的见证者，也是灾难和死亡的隐喻。扭曲的钢筋、破败的残垣断壁、倾塌的房屋、物质的脆弱、个体生命的短暂与时间和记忆的永恒并存，将短暂的个体生命带入神圣而崇高的永恒之中。参观者体验创伤和灾难，见证死亡，同时在伤痛与恐惧中建构着有关汶川地震的记忆。

第四节　记忆场所与国家认同

一、纪念性场所：国家认同的物性书写

本节关注的是集体记忆建构中如何将身份认同、意识形态和这些意义丰富的场所联系起来，重点审视汶川地震纪念性场馆中记忆的重构与意识形态再现、身份认同之间的关系。根据康菲诺（Confino）的研究，记忆实际上代表了谁想让谁记住什么、为什么要记住。① 记忆的场所是集体记忆的符号表征集中在特定的记忆场所，以实现有目的地建造以保存和传达特定类型的集体记忆。

---

① CONFINO A. Collective Memory and Cultural History：Problems of Method［J］. *American Historical Review*，1997（5）：1386–1403.

从某种程度上来说，纪念碑、纪念馆等纪念性场馆是一种带有修辞性的象征性建筑。纪念碑、纪念馆等记忆场所展现的记忆通过有选择地回忆和再现，提供触发想象和回忆的物质遗迹，引起人们对特定事件和人物的关注，将历史的文本植根于象征性建筑中，在圣化的地点和想象的情感之间建立联系。简言之，纪念性场馆可以实现将意识形态内化到公民头脑中的功能。

也就是说，纪念碑和纪念馆以选择性的方式讲述历史和重塑记忆时，一方面隐藏某些记忆；另一方面着力彰显某些记忆。因此，记忆的建构过程同时伴随遗忘的过程，将部分历史记忆从公众的关注视野中和记忆中排除出去。纪念碑、纪念馆通常反映了统治阶级的价值观和世界观。"靖国神社"被日本刻意塑造为民族主义的象征，当历任日本首相参拜靖国神社时，是在向战犯和参战士兵致敬，是在故意否认、遗忘和歪曲日本侵略中国的历史事实，是在宣传日本军国主义。

"靖国神社"是凝固了特殊历史事件记忆的场所，是引发争议的记忆场所，这是一部分人想要铭记的痛苦记忆、另一部分人刻意遗忘的记忆。如此选择性产生的记忆场所除了作为一种生产记忆的手段之外，也是一种控制记忆的手段。因此这种记忆场所也是一种权力支配手段，还可以作为思维和行动的工具。

康纳顿认为，从民族国家的角度来看，民族国家的概念必须通过占据特定位置的想象共同体的符号化和象征化来体现，并通过社会记忆或集体记忆的建构来培育。[①] 因此，纪念性场所对于集体记忆和身份的政治表达是必不可少的。在世界各国，除了运用法律、制度和权力手段，政治精英们还利用纪念碑所建构的集体记忆来教化公民，让公民们了解过去的历史哪些是值得记忆的，哪些是不值得记忆的。由于记忆是任何身份建构的基础，纪念碑、纪

---

① CONNERTON P. *How Societies Remember* [M] . New York：Cambridge University Press，1989：50.

念馆等记忆场所在形成一个特定群体的基本价值观、身份认同和归属中扮演着重要角色。因此，选择性纪念性景观的建立可以帮助政治精英促进国家身份的认同感和归属感，增强民众之间情感的凝聚力，推动国家政治权力合法化或强化其统治地位。

纪念性场所及其空间表征作为一个特定群体所占有的文化语境的一部分，在集体记忆中起着重要的作用。强大的和通常自觉的象征性话语或符号，是理解并共享一个共同的文化、历史和集体记忆的前提和基础。近现代博物馆理论也强调了通过制度的力量来强化意识形态，于无形中使观众认同政治驱动的公民和国家特性。从 18 世纪晚期开始，许多国家就开始利用纪念场所的符号修辞和象征来控制记忆，并出于政治和国家建设的需要重构过去历史事件的视觉和空间符号。

历史、集体记忆和集体身份不断被重塑，这种强化集体记忆、国家认同和社会凝聚力的方法都需要一些承载着象征意义的记忆场所。纪念馆、博物馆等场所正是能够担此重任的一种巩固或重塑身份认同的工具。这些记忆场所充满了历史上产生的象征意义，它们的象征意义经常被用作记忆工具，宣示国家的历史命运和记忆，是国家叙事、共同价值观和集体记忆建构的助记手段，是一种凝聚情感并召唤身份认同的符号。从修辞、符号、记忆、权力的交叉关系来说，纪念馆、博物馆等纪念场所是与政治权力意识形态密切相关的"展览综合体"的一部分。纪念馆、博物馆通常被用于与意识形态有关的国家建设和政治教育，是国家用来将意识形态内化到公民头脑中的一种手段。

借助于对象征和隐喻的富有想象力的运用，以及对纪念碑、纪念活动和仪式操演的运用，在象征化的记忆场所中，对集体记忆的象征修辞，将记忆场所从一种外在现象转化为一种视觉上的介入，转化为一种具有内在象征意义的精神境界。记忆场所通过"生活—经历"的象征与人们联系在一起,将"集体无意识"作为一种"社会象征行为"嵌入"记忆场所"中。这样记忆场所的象征和修辞产生了凝聚性情感,通过它们将人们与国家认同和身份认同联系在一起。纪念性场所不仅成为个人身份和记忆的一部分,也成为历史和集体记忆的一部分。作为国家意识形态和价值观的象征,汶川地震后建造的纪念碑等场馆可以通过收集、保存和展示的展品和藏品赋予官方记忆以实物形式,以锚定和传达集体记忆,巩固身份认同和国家认同。

二、物化的意识形态

纪念碑和纪念馆等记忆场所作为一种纪念性媒介,与其他媒介如大众传媒、纪念仪式等一样可以用来激活它和公众之间的表征、解读、协商关系,从而创造有意义的记忆空间。纪念碑关注的是特定的地方和事件,是构建象征性的意识形态景观的核心。纪念碑在物质场所中锚定了"集体记忆",作为一个共享的共同记忆和身份的凝聚点。它们是意识形态和价值观念的物质符号,而这些符号是永恒的。

同时,作为城市建筑的一部分,纪念碑和纪念馆等记忆的场所往往会随着时间的推移与相邻的建筑融为一体。这样,建筑空间、公共空间、城市空间,甚至整个城市都不可避免地成为记忆的一部分。如今人们一提起唐山、汶川就会想起唐山大地震、汶川大地震。这些纪念场所不仅能激发记忆,还能不断地重塑记忆。这些场所不仅存储记忆,而且生成记忆。

随着时间的推移,那些为纪念逝者而设计和建造的开放公共纪念场所往往成为记忆重构和转换的工具,在必要时可以随时提取和使用,这也是牢牢把握意识形态引导权的路径之一。如唐山抗震纪念馆于 1995 年被中共河北省委、省政府确定为"河北省爱国主义教育基地"，被国家教委、民政部、文化部、国家文物局、共青团中央、中国人民解放军总政治部联合确定为"全国中小学爱国主义教育基地"。

"5·12"汶川特大地震纪念馆被中宣部确定为"三基地一窗口"、全国爱国主义教育示范基地，充分发挥其纪念、展示、教育、宣传、科研功能。根据四川省委的安排部署，"5·12"汶川特大地震纪念馆将建成世界级的地震灾害研究基地和世界级地震科普教育基地。这些重大灾难事件的纪念场所如今不仅成为人们悼念逝者的场所，也成为爱国主义教育基地，发挥集体记忆的宣传功能，慢慢地还成了所在城市的旅游景点，成为城市景观的一部分，也成为物化的景观意识形态的一部分。

人们在观赏景观的同时体验汶川地震纪念馆和纪念碑上凝固的历史和记忆，见证大地震灾害的巨大破坏力，将景观作为寄托哀思、铭记创伤的载体和媒介。更重要的是，汶川地震纪念馆作为景观是象征性空间和记忆的储藏地，历史和记忆表征了国家的人格化，与过去的物质和视觉联系，以及权力的合法化，具有特殊的输送意识形态功能。景观作为记忆的介质，对于地震灾难的记忆、传播、保存和引导有着重要影响。

"景观"（spectacles）最早是个地理学概念，包括各种自然景观、物质景观等。在后现代主义哲学思潮和西方马克思主义思潮的影响下，人们开始关注自然景观和物质景观审美意义之外附加的文化意义和象征意义。1959年，居伊·德波（Guy Debord）首次提出"景观"概念。1967年，德波出版了《景观社会》一书。在德波看来，景观作为政治意识形态控制是一种非强力、非暴力性的，它是一种在潜移默化地渗透实施影响的控制方式。德波说，人们在对景观的顺从中无意识地肯定着现实的统治。[①]

---

① 居伊·德波.景观社会［M］.王昭凤，译.南京：南京大学出版社，2007：114.

在观赏景观和对景观生活方式的无意识顺从中，我们直接认可现存体制，景观与其他建筑和空间场所一同也成为塑造身份认同的手段，成为国家意识形态书写和叙事的助记手段。国家常常通过培育象征性的不朽的景观来实现培养身份的目标。我们生活在景观的庞大堆积之中。景观是意识形态控制的一种新方式。在景观社会，人们一刻不停地欣赏景观，少有工夫、闲暇去怀疑影像传输给我们的种种观念和生活价值是否真实、是否正确。某些景观成为"物化的意识形态"。

"物化的意识形态"即景观意识形态，它取代了过去那些容易引起争论的意识形态。各种被附加了象征意义的景观将过去意识形态中看不见的隐性权力变成了看得见的物化景观潜移默化的强制，从而实现了在更深层、更无意识层面的对人的控制。景观作为一种意识形态控制媒介，在意识形态控制方面具有双重作用：一方面它使意识形态控制自然化，仿佛它是自然而然的、必然的；另一方面它显然又是人造的，后天刻意制造的。

景观并非人类活动的外化产物，或象征的被动容器。景观在权力系统中的作用不是一个可以看到的物体或一个可以阅读的文本，而是一个形成社会和客观身份的过程。景观从来都不是静止的，人们参与其中，重新创造它，适当地利用它，并与之竞争。无论是个人、群体，还是民族、国家，它都是身份制造方式的一部分。正因为如此，景观常常被哈布瓦赫所称的"空间符号学"作为当下行动的情感提示。特别是重大灾难性事件后营造的景观中，对灾难记忆的符号渲染，将灾难事件转化为一种视觉上的介入和参与，转化为一种具有内在象征意义的建筑形式和景观。由此所建构的景观也成了一种特定主导文化或政治意识形态的视觉浓缩，景观中蕴含着身份和记忆的一部分，成为重塑记忆的常用手段。

汶川地震后，纪念碑和纪念馆等场所作为想象空间，在引导人们的归属感、认同感所产生的情感力量，随着意识形态的隐性渗入和隐性的记忆重塑，成为我们身份形成的过程。这从纪念碑和纪念馆的设计及碑文内容中体现出来。

首先，公共的纪念碑和纪念馆是构建共识和身份认同的建设者。纪念碑和纪念馆是一种以英雄主义象征手法表征的想象中的汶川地震及汶川精神的视觉浓缩。因此，汶川地震纪念碑呈现为国家叙事和抽象原则的寓言式陈述，而这些抽象原则被认为是国家经验的组成部分。上节中提到，北川新县城广场矗立的"任何困难都难不倒英雄的中国人民"纪念碑，体现了神圣和崇高的意识形态景观特征，纪念碑的作用是作为集体记忆官方历史脚本的视觉提示。

通过纪念碑和纪念馆等场所记忆历史事件不是偶然的，而是积极地重塑记忆的过程。每一个纪念碑和纪念馆的位置选择及设计过程都可能证实、彰显、抵触或掩盖纪念场所建造者的意图。纪念碑的位置选择、空间设计以及它的可视性、可传达性、象征性元素，以及它与景观其他部分的邻接性等都是刻意设计的。设计师不仅要将其建设成为储存人们集体记忆的场所，同时也要创造容纳他人记忆和想象的空间，还要将其所投射的国家和民族的人格化、象征意义和视觉感官联系起来。

5·12汶川特大地震纪念馆的设计同样体现了意识形态景观的特征。5·12汶川特大地震纪念馆位于北川羌族自治县曲山镇任家坪，于2013年5月面向社会公众免费开放。纪念馆占地14.23万平方米，建筑面积14 280平方米，陈展面积10 748平方米。纪念馆的主体建筑名为"裂缝"，寓意"将灾难时刻闪电般定格在大地之间，留给后人永恒的记忆"。整个建筑造型以大地景观的手法，通过地面切割、抬起，形成主要的建筑体量，并通过下沉广场和步道向外延伸，与平缓的草坡融为一体，局部翘起露出地面，寓意新生和希望。

从纪念馆的展厅分布来看，主题展厅"山川永纪"分为序厅，旷世巨灾、破坏惨重，万众一心、抗震救灾，科学重建、创造奇迹，伟大精神、时代丰碑和尾厅6个部分，主要表现"共产党好、社会主义好、改革开放好、伟大祖国好、人民军队好、各民族大团结好"等内容，真实记录了"5·12"汶川特大地震灾难、抗震救灾以及灾后重建的辉煌历程，是社会主义核心价值体系的重要载体。

汶川大爱崛起碑宽5.12米，高14.28米，提示人们永远铭记汶川地震发生的那一刻。碑体像一个大写的"人"字，矗立在东河口地震遗址区内。碑的主体塑造成一面看似展开的、高高飘扬的旗帜，象征"坚强和胜利"，表现灾后重建家园的人们胜利喜悦的冲天豪情。象征着震不垮的青川人、震不垮的青川精神，青川在废墟中挺立，在重建中崛起。空间构成上，左边是地震飞石，右边是新建的主碑；人工建造的花岗岩主碑与从地震爆发点喷射而来的巨石恰如其分地自然融合为一体，寓意人与自然的和谐关系，昭示遵从自然、敬畏自然、尊重科学、人与自然和谐与共的情怀。

"大爱崛起"碑铭由四川省著名作家、书法家马识途题写，碑上镌刻了四川省历史学会会长谭继和教授撰写的"大爱崛起"颂。在艺术表现手法上，创作者利用材质对比的方法，即用两面互为直角且笔直挺立的花岗石光面，对比崩裂抛射而来的地震石的残破断面。强烈的材质对比寓意挺直了的青川脊梁，象征震不垮的抗震救灾精神，表现灾后重建的坚强意志。

"汶川时刻"的寓意为5月12日14时28分那一刻，山崩地裂，山河改观，强大的自然力量瞬间摧毁了美好的家园，悲痛与惊恐像海啸一样淹没了我们的城镇。段禹农教授与设计团队设计制作的这个硕大的崩裂的白色石雕，以定格在14时28分的"表盘"为艺术造型，用钟表时刻指针与刻度"线"，在巨大体量荒石造型的"钟表盘"上勾画出震荡山河的"裂痕与悲怆"。将2008年5月12日14时28分那震撼人类的一刻"时间",永久地凝固在地震中心纪念区——映秀镇。

设计形式寓意为两条包含不同内容与组织关系的象征意义轴线:一条为被撕裂的折线(设计中将时针与分针的形式定为"裂痕");另一条为延续的曲线(设计中通过时钟表盘的造型将时刻的概念衍生为无限时空)。地震后的遗址是一种"废墟美学"的文化景观。"汶川时刻"与背后的废墟景观形成鲜明的对比。凌乱的瓦砾、荒芜的野草和残断的建筑构成了一种大地废墟景观。面对千千万万遇难同胞和为抗震救灾英勇献身的烈士们,这件雕塑在2009汶川地震一周年之际成为党中央和全国人民最为庄重的纪念形式之一。

其次,为了在视觉上提示人们集体记忆一个官方的国家叙述,一些纪念碑还附有文字。就纪念碑的碑文来说,纪念场所的意识形态主要表现在:这座纪念碑碑文如何记录历史事件?谁的历史和身份通过纪念碑碑文被记住或遗忘?它的笔墨着力点在哪儿?根据纪念碑、纪念馆的核心主题,它们彰显了什么?希望参观者记住什么?

从唐山、汶川两大地震纪念碑的碑文来看,这一集体记忆建构的修辞策略一脉相承。1986年,唐山地震10周年时,政府在唐山市中心建立了一座名为"唐山抗震纪念碑"的纪念物,周围配套建设了唐山抗震纪念馆和纪念广场。

唐山抗震纪念碑碑文:

唐山乃冀东一工业重镇,不幸于一九七六年七月二十八日凌晨三时四十二分发生强烈地震。震中东经一百一十八度十一分,北纬三十九度三十八分,震级七点八级,震中烈度十一度,震源深十一公里。是时,人正酣睡,万籁俱寂。突然,地光闪射,地声轰鸣,房倒屋塌,地裂山崩。数秒之内，百年城市建设夷为墟土，二十四万城乡居民殁于瓦砾，十六万多人顿成伤残，七千多家庭断门绝烟。此难使京津披创，全国震惊，盖有史以来为害最烈者。

然唐山不失为华夏之灵土，民众无愧于幽燕之英杰，虽遭此灭顶之灾，终未渝回天之志。主震方止，余震频仍，幸存者即奋挣扎之力，移伤残之躯，匍匐互救，以沫相濡，谱成一章风雨同舟、生死与共、先人后己、公而忘私之共产主义壮曲悲歌。

地震之后，党中央、国务院急电全国火速救援。十余万解放军星夜驰奔，首抵市区，舍生忘死，排险救人，清墟建房，功高盖世。五万名医护人员及干部民工运送物资，解民倒悬，救死扶伤，恩重如山。四面八方捐物赠款，数十万吨物资运达灾区，唐山人民安然度过缺粮断水之绝境。与此同时，中央慰问团亲临视察，省市党政领导现场指挥，诸如外转伤员、清尸防疫、通水供电、发放救济等迅即展开，步步奏捷。震后十天，铁路通车；未及一月，学校相继开学，工厂先后复产，商店次第开业；冬前，百余万间简易住房起于废墟，所有灾民无一冻馁；灾后，疾病减少，瘟疫未萌，堪称救灾史上之奇迹。

自一九七九年，唐山重建全面展开。国家拨款五十多亿元，集设计施工队伍达十余万人，中央领导也多次亲临指导。经七年奋战，市区建成一千二百万平方米居民住宅，六百万平方米厂房及公用设施。震后新城，高楼林立，通衢如织，翠荫夹道，春光融融。广大农村也瓦舍清新，五谷丰登，山海辟利，百业俱兴。今日唐山，如劫后再生之凤凰，奋翅于冀东之沃野。

抚今追昔，倏忽十年。此间一砖一石一草一木都宣示着如斯真理：中国共产党英明伟大，社会主义制度无比优越，人民解放军忠贞可靠，自主命运之人民不可折服。爰立此碑，以告慰震亡亲人，旌表献身英烈，鼓舞当代人民，教育后世子孙。特制此文，镌以永志。

唐山市人民政府

一九八六年七月

　　"唐山抗震纪念碑"这个碑名就体现了立碑的目的，可知立碑凸显的是"抗震"①，是党和政府的救灾过程。从碑文和纪念馆的内容来看，这个纪念空间想要彰显抗震救灾过程中党和政府的英明伟大以及社会主义制度的优越性。由此可见，这个抗震纪念碑是国家意识形态对灾害记忆的纪念。它纪念的是党和政府领导下的"抗震"行为和精神，表现的是抗震救灾所体现的火速救援、救死扶伤、科学指挥，以及人民与灾害和命运抗争的英勇顽强精神。

　　这个抗震纪念碑和纪念馆的建立，表达了国家意识形态对这场灾难的记忆指向。它通过碑文和浮雕，以及展示救灾过程和新唐山的建设成就，彰显和强化国家和政府的"英明伟大"②。

　　建立纪念场所并辅之以各种纪念仪式和纪念活动以及在大众媒体上出现，通常被认为是建构集体记忆的行为。这个过程，国家意识形态往往能够起到引导作用，意识形态的及时"在场"，能够确保记忆与遗忘的选择不会偏离官方记忆政治轨道。

　　综上所述，唐山大地震的灾害记忆，从其建构初始，就直接处在国家意识形态的"在场"之下并被恰当地叙述。纪念物的建造、纪念仪式的举行、回忆文字特点等，无不发挥了将集体记忆客观化和结晶化的功能。

①　王晓葵."灾后重建"过程的国家权力与地域社会——以灾害记忆为中心［J］.河北学刊,2016(5):161-165.

②　王晓葵."灾后重建"过程的国家权力与地域社会——以灾害记忆为中心［J］.河北学刊,2016(5):161-165.

剑阁县"5·12汶川特大地震"纪念碑全文：

公元2008年5月12日下午2点28分，四川汶川发生的里氏8.0级特大地震，使剑阁县5580多人受伤，210人死亡，44178户农房、1712户城镇住房损毁，199座水库、12164个塘堰、810处道路、38座桥梁受损，53处山体出现地质灾害，电力、通讯、广电线路中断，全县上报的直接经济损失203亿元。剑阁县是地震重灾县，由黑龙江省对口援建。在党中央国务院和省市党委政府的坚强领导下，在全国各族人民的关心支持下，剑阁县委县政府带领全县68万人民沉着应对，万众一心、不屈不挠、顽强拼搏，夺取了抗震救灾的伟大胜利，并迅速开始重建美好家园。剑阁县以"重建、发展、和谐"工作为大局，从剑阁是"五一二汶川特大地震"重灾县和总体上的传统农业县这两个最大最基本的县情出发，坚持"发展是第一要务、稳定是第一责任、干部是第一保障"，着眼发展抓重建，"大力推进灾后重建、大力推进经济结构大转型"，强力实施"资源转化战略"，促进总体上的传统农业县向旅游县、工业县、现代农业县转变，并"统筹发展城镇农村、统筹发展新城老城"，建设"山水森林旅游城市"。全县规划并实施灾后恢复重建项目一千二百零一个，概算总投资一百八十五亿元。其中，中央支持重建资金四十八亿四千万元，黑龙江省援建资金十五亿五千万元，"特殊党费"支持二亿一千万元，港澳和社会援助资金五千万元。黑龙江省委省政府把剑阁县作为"龙江第一县"倾情援建，采取了"交支票＋全过程参与和监督＋全方位援助"的模式，黑龙江省援建前线指挥部的同志发扬黑龙江"铁人精神"，科学援建、务实援建、和谐援建，提前完成了援建任务，在剑阁大地树立了不朽的丰碑。全县灾后重建按照党中央国务院关于"三年重建任务两年基本完成"的要求，注重重建与发展的有机结合，创新工作推进机制，加强项目和资金管理，强化监督检查和问题整改，民生性、公益性、基础性重建工程得到优先推进，产业重建取得历史性突破，大力推进统筹发展，生态环境进一步优化，灾区人民群众生产生活条件得到恢复和改善，城乡面貌发生深刻变化，圆满实现了重建目标。全县人民正在为把剑阁县建设成为广元市经济文化生态强县和川陕甘三省结合部的旅游强县而努力奋斗。剑阁县委县政府被广元市委市政府授予"灾后重建特殊贡献奖"，剑阁县被四川省委省政府表彰为"县域经济发展先进县"和"维护社会稳定工作先进县"。剑门关景区开发重建和剑门大厦建设入选全省从二万九千多个灾后重建项目中精选出的二十个灾后重建项目经典案例集。山河破碎，雄关儿女挺起脊梁，书写了不屈与坚强；重建家园，剑阁人民感恩奋进，成就了辉煌与希望。全县人民在抗震救灾和灾后重建中深刻地感受到：中国共产党好！社会主义好！祖国大家庭好！黑龙江人民好！

剑阁县"5·12汶川特大地震"纪念碑碑文反映了黑龙江省对口援建的过程、取得的成就。从碑文的主题中，我们能够记住的是黑龙江援建的过程，以及剑阁人民重建家园的感恩之情。

"5·12汶川特大地震"记事墙文字：

2008年5月12日14时28分，我国发生了以四川汶川为震中的特大地震。这是新中国成立以来破坏性最强，波及范围最广，救灾难度最大的一次地震，震级达里氏8级，造成巨大人员伤亡和财产损失。

地震发生后，在以胡锦涛同志为总书记的党中央英明领导下，全党全军全国各族人民万众一心，众志成城，迅速展开气壮山河的抗震救灾工作。抗震救灾期间香港同胞，澳门同胞，台湾同胞以及海外侨胞，华人踊跃为灾区提供援助，许多国家和国际组织以各种方式给予宝贵支持。

沧海横流，方显英雄本色。中国人民以无所畏惧的英雄气概，团结一致的强大力量，可歌可泣的伟大壮举，夺取了抗震救灾斗争的重大胜利，谱写了中华民族发展史上新的壮丽诗篇！

碑文分为三部分：第一部分描述了汶川地震的强度、破坏力及缺失；第二、三部分以较大的篇幅叙述了在胡锦涛总书记和党中央领导下，全国人民抗震救灾提供的援助和支持。碑文希望人们铭记这场重大地震及遭受的损失以外，更为重要的是碑文强调了党和政府以及社会各界提供的援助和支持，尤其是全国各族人民在抗震救灾过程中表现出的英勇、团结、众志成城的抗震精神。

"5·12 汶川特大地震"记事墙还配以真实感人的现场救援情景浮雕，从叙述者、叙事视角、叙事结构等方面对 5·12 汶川特大地震的灾难进行象征化的处理，人物生动鲜活的动势，彰显的是大爱无疆的精神升华。满壁的庄重记录的是一种崇高的苦难和人文精神、救援人员营救受伤群体的感人场面。记事浮雕墙与地震遗址相互配合，共同构成物化的意识形态景观。

第五节　纪念馆展品与记忆建构

一、展品作为记忆的符号

纪念馆、博物馆的展品，像纪念碑和废墟遗址一样，以一种有形的方式来记忆历史、理解历史、符号化历史，连接着过去和现在。许多展品是作为记忆的符号存在的，展品的作用在于提供回忆的线索，帮助唤起关于某个事件的共同记忆。展品所唤起的共同记忆是集体记忆的重要组成部分。展品体现了对过去的记忆，唤起了对现在的记忆。对过去特定事件的重视程度与当前情势的关系发生了变化，但仍有大量的意义等待着我们去创造和重塑。展品的有形性在记忆方面特别突出。这些记忆和意义的产生不仅是由于观众对博物馆展品的视觉访问，而且也是由于观众对于物体的触摸能够唤起和激发个人的记忆。

展品以多种方式服务于集体记忆并激活集体记忆。当人们进入纪念馆、博物馆时，他们有自己的生活体验或者相应的期待。通常，在博物馆里见到的物品会让他们回忆起一些生动的往事，激活那些记忆模糊的地方和情感。如果没有这些展品，他们可能不会产生相关的记忆。从所遇到的展品，以及唤起和分享的记忆中，展品产生了新的意义。

纪念馆、博物馆中的展品凝聚、存储了大量的信息，往往具有共同的主题。纪念馆、博物馆等通过展品展示、策划等传播方式，表征和呈现集体记忆。

汶川大地震纪念馆及馆内展品共同构成了记忆的场所。其中的展品，如被挤压变形的汽车，抗震救灾时的场景资料如图片、影像等，置身其中，观者仿佛回到当时的情景，拉近了历史的距离，让5·12汶川地震的记忆闪回到当下。随着时间的流逝，人们慢慢地抚平了地震所带来的巨大伤痛。展馆中的各种展品又重新激活了人们的各种回忆，形成了观众与汶川地震这一历史的生动互动，使观众能够更加深切地理解汶川地震这一历史事件，感悟汶川历史，也更为汶川地震带来的巨大损失而惋惜，并缅怀那场地震给我们带来的无法磨灭的记忆。

例如，在汶川地震纪念馆的展厅中央展示了一组震损实物，包括大型挖掘机、被压瘪的汽车等。展出的大地震造成的大量废墟、瓦砾，包括龟裂的大地、喷发的地浆、坍塌的桥梁残余、扭曲的铁轨、易位的树干等，符号与图片再现了地震对于建筑物的巨大破坏程度。被扭曲的钢筋被渲染成一种巨大破坏力的象征。昨日的汶川就这样成了一片废墟，象征着人民百年间辛苦建立起来的城市在地震的重创之下毁于一旦。

纪念馆、博物馆通常能够把物品变成充满故事的纪念品，让人回忆起过去的历史。在唐山抗震纪念馆珍藏的大量实物中，有一套看起来普普通通的衣裤和凉鞋，但是它隐含着一个动人的故事。大地震时一位丹麦妇女正在唐山，她被埋在废墟中。是解放军将她从废墟中救了出来，并找来了衣服和款式不同的黑凉鞋。回国后，她一直精心保存，后来捐献给纪念馆。这套实物记录了丹麦老人对那场灾难抹不去的记忆和对唐山人民的真挚情感。

这正是博物馆隐喻化、象征化的过程实现的，它把历史和日常生活中的物品变成更有意义的东西，变成具有象征意义的物品。幸存者物件转变为神圣物件是博物馆化过程的必然结果，物的实物性被其象征意义所掩盖。[①] 当一件物品博物馆化的时候，它就发生了深刻的转变，正如安德里亚斯·休森（Andreas Huyssen）所认为的那样，博物馆的藏品不仅散发出一种真实性的气息，替代了罹难者，更为重要的是它带有一种记忆维度，一种记忆价值和表征的价值。[②]

这种特性在那些曾经被人们穿过、用过的物品上可能是最强的，比如鞋子、钱包和手表。用鞋子来代替逝者有一个悠久的传统，似乎赋予鞋子一种独特的品质。在世界各地很多博物馆中展出过鞋子，许多纪念馆、博物馆利用了鞋子的强大象征。

在德国曼海姆博物馆里有一个装着鞋的玻璃柜，但是这里不像大屠杀纪念馆那样堆成一大堆，而是排成不规则的一排。鞋子是接近遗体的物品，因此常常被作为创伤记忆的符号来保存。在汶川地震纪念馆中，鞋子等日常生活用品获得了创伤符号的地位。这些符号成为汶川地震的象征，象征着惨烈

---

① 谢开. 国内外"博物馆化"表征简述 [J]. 博物馆研究，2014（4）：3-6.

② HUYSSEN A. *Twilight Memories*：*Marking Time in a Culture of Amnesia* [M]. New York：Routledge，1995：33.

和悲痛。在汶川地震纪念馆，每一双鞋子都代表了曾经鲜活的生命，如今失去了主人的鞋子忍不住唤起了人们对其主人不幸遭遇的同情。

与唐山抗震纪念馆的鞋子相比，在汶川地震纪念馆中的象征含义截然不同。在后者的玻璃展柜中摆放了许多鞋，这些鞋子有些成双，有的只剩下一只。中间展出的四双鞋子代表的是一个家庭，可以象征着在这场灾难中，无数支离破碎的家庭，他们曾经的幸福与美好都被无情地摧毁。

展示的个人物品，包括生还者和死者的，也生动地创造了一种有形的存在。在汶川地震纪念馆中展示的一些个人物品如钟表、身份证、手表、钥匙、鞋子、钱包、手机和书包作业本等，都是地震那天被不可逆转地打乱的日常生活的证据。这些普通人的个人物品的影响不同于大型物件，如坍塌的桥梁、扭曲的铁轨和残垣断壁所带来的极度震撼，但世俗的普通的物品，因为熟悉而亲切，反而传达出一种令人心酸的感情。这些简单而卑微的物品唤起了人们对于汶川地震的记忆。看着这些小而普通的个人物品，我们想象着那一天逝去的生命的平凡，被震毁前建筑物里的日常生活的平凡，人们去上班，去上学，坐在办公桌前，坐在书桌前，一切都是那么平静而美好。

在博物馆里展出的许多普通物品之所以与众不同，不仅仅因为它们曾经是平凡的，还因为它们经受住了建筑物剧烈倒塌的考验。在这一点上，我们可以看到这些普通人的物品实现了替代幸存者对象的角色，即具有持久性的生命的对象。这种品质给了它们一种动力，一种力量，同时也是一种活力。当罹难者死去的时候，他们的物品幸存了下来，这也可以说是在某种意义上，它们是"活的"对象。例如，唐山抗震纪念馆中展出的一只大地震时被地光烧糊的青椒，象征着唐山人民平静、平凡、幸福的日常生活被地震无情地摧毁了。

如今这只青椒得到完好的保存，成为见证大地震的珍贵物品。在汶川地震中，从废墟中挖出的学生使用过的书包、日记本等学习用品，"可乐男孩"薛枭的空可乐罐，温家宝总理指挥救灾时用过的扩音话筒和军用地图等，都成了纪念馆中的展品。这些是由一件件普通家庭用品组成的，最显眼的是一只时间定格的钟表，它使人们强烈地感受到大地震撕裂了人们最普通最平静的生活。

二、展品的修辞性记忆

任何个人或群体身份的核心意义，即随着时间和空间的推移而产生的同质感，都是通过记忆来维持的，纪念馆、博物馆的展品是一种联系过去、现在和未来的中介。公共记忆和集体记忆可以借由静态的展品激活，可以通过选择反应和支持国家所需的价值观的展品来维护国家意识形态，从而产生国家所需要的共享记忆。个人记忆是由个人的生活经历激活的，但与个人记忆不同的是，纪念馆、博物馆的展品为过去的历史记忆提供了有形的物质形式的记忆，这些藏品最终成为制度化的公共记忆。这个过程包括记忆和遗忘、包容和排斥，包括选择哪些被记住的，哪些被收集、保存和呈现，哪些被认为是权威的、客观的（包含真实的）。

展品收集者在记忆形成过程中被赋予筛选和验证某些记忆呈现和解释的权力。在制订收藏政策时，纪念馆、博物馆馆长决定收藏的意义标准，界定文化层次，塑造历史意识。这样，纪念馆、博物馆就凝固了官方记忆。

纪念馆、博物馆的展品也好，历史学家所写的历史记忆也好，如何进行选择都是一个关键因素。纪念馆、博物馆作为国家记忆的场所和媒介，馆中的展品存储了集体记忆，所呈现的历史记忆版本是基于对过去人类社会有形物质证据的选择性收集、保护和呈现，是集体记忆的象征性呈现。

　　每一件保存下来的展品都是制造和使用的有形痕迹，是一种固定的记忆，但同时也证明了由于收集、分类和保存行为而产生的意义的转换。许多展品原本是碎片化、分散式存在，一旦收集起来，组合起来，就会产生关联，揭示纪念馆、博物馆收集、筛选、陈列展品过程中的价值意义。例如：汶川地震纪念馆的正厅由 10 个主题组合而成，分别为：万众一心，抗震救灾；各路大军，抢险救灾；卫生防疫；生命奇迹；爱的奉献；深切的思念；缅怀厅；举国之力，对口援建；以人为本，民生优先；伟大精神，时代丰碑。在 10 个主题中，除了缅怀厅供参观者哀悼汶川地震罹难者之外，其余 9 个展厅展示的都是国家和政府抗震救灾、恢复重建的举措和成就。

　　汶川地震纪念馆的藏品不仅保存了汶川地震的物质记忆，而且也是政府和官方建造和运营纪念馆实践中的关切所在，同时还是一个表征与历史、身份认同之间关系的修辞方式。纪念馆、博物馆的展示总是主观塑造的，透过展品的组合和主题，我们可以发现它们与历史真实性和记忆重塑之间的特殊联系。因此，纪念馆、博物馆成为一种特殊的机构，它在某种程度上体现或代表、肯定了国家对过去历史的特定解释和集体记忆。在许多国家，由政府资助的国家博物馆都主要致力于促进国家记忆和官方记忆的呈现。对国家博物馆的物品和展品进行排序和重新组合，可以使任何特定的政治权力结构合法化或自然化。因此，许多国家利用纪念馆、博物馆来呈现自己的集体记忆。

　　汶川地震纪念馆正厅收集、保留的这些展品组合，体现了国家主流价值观和意识形态。作为强化认同心理和拓宽表征的手段，激发了观众强烈的情感。例如，唐山抗震纪念馆按照主题分为 10 个展区，分别为：百年城市　工业奠基；罕见震灾　举世震惊；抗震救灾　气壮山河；新城崛起　靓丽宜居；防震减灾　造福人民；科学发展　跨越发展；四点一带　走向世界；和谐社会　繁荣文明；谋划蓝图　再创辉煌；亲切关怀　巨大鼓舞。这 10 个主题与汶川地震纪念馆的 10 个主题基本一致。如前所述，在选择组合展品的过程中，纪念馆既创造记忆表征，又引导记忆，通过展示、表征和传播，确定了记忆的权威性。

因此，汶川地震纪念馆、唐山抗震纪念馆都被视为具有一种特殊的合法性，以呈现和表征"灾难—救灾—发展"的地震记忆，凸显政府和官方的抗震救灾重建等活动，并使之成为社会集体记忆的一部分。正是在这个意义上，汶川地震纪念馆可以被认为是存储汶川地震集体记忆的场所。

三、展品中的国家认同

哈布瓦赫"集体记忆"的社会框架理论同样适用于纪念馆、博物馆。在记忆框架中分析过去历史的记忆为纪念馆、博物馆等场所与集体记忆关系研究开辟了新的研究空间。将集体记忆的建构与当代国家和各个社会群体的价值观念、意识形态联系起来，表明纪念馆、博物馆是实现个人对族群或国家的普遍认同的途径和手段。展品在其中扮演了重要的作用。

纪念馆、博物馆展品陈列通常是基于各种需求，包括日常运行和参观者的必要活动。纪念馆、博物馆的展品配置主要分为两种类型：一种是政治型或意识形态型的，按照布尔迪厄的资本理论，展品拥有社会资本和文化资本，并被作为象征性资产使用；另一种是专业型或知识型的，这种展品的主要资源和目标是文化资本。表征意识形态是纪念馆、博物馆日常运作和实践中的一部分。展品的收集和陈列，一方面是在意识形态引导下进行的；另一方面是在专业规范下进行的。

展品收集者和陈列人将展品进行重新配置，不仅体现在技术性和专业性过程中，更重要的是赋予展品以纪念价值，使展品具有意义，从而有助于塑造国家的集体公共记忆。同时，纪念馆和博物馆不仅有义务收集、保存和记录过去的物品，而且要让公众能够接触到这些物品。通过这些物品的陈列和组合，通过修辞性的叙事框架来赋予展品强烈的象征性和符号性，用物叙事，博物馆修辞性的叙事框架并不仅仅作用于单个的散乱的展品，而是将诸多零散的、无序的，甚至看起来不相关的展品进行组合和引导，从中提炼出具有内在相关性和具有脉络条理的叙事，从而形成全新的关于历史记忆的呈现。这也是博物馆隐藏的也是最具力量的修辞建构方式。

在这个选择、收集、组合展品的过程中，纪念馆、博物馆的展品确定了什么是历史，什么不是历史。在永久保存展品的集合时，它们不仅充当永久的记忆存储空间，而且在展示和符号化物品的方式中，它们实现了关于历史事件的叙事，同时构建和传递意义。

汶川地震纪念馆在收集地震相关物品的过程中，不仅储存了国家关于汶川地震的记忆，完成了关于国家和政府抗震救灾和重建家园过程的叙事，还通过修辞性的叙事框架参与了创造和引导记忆。纪念馆通过选择"值得"保存、记忆、珍藏的有代表性的物品，来重塑整个集体的记忆，以强化认同。

整个汶川地震纪念馆仿佛是用物品架构的抗震救灾叙事作品。汶川纪念场馆从入口到正式展示厅的序厅中有一幅名为《山川永纪》的大型青铜浮雕墙，它就好像是一篇波澜壮阔的叙事史诗，展现了在党和政府领导下全国人民抗震救灾和灾后重建的光辉历程。在浮雕墙边有一根大柱，柱子上写着：任何困难都难不倒英雄的中国人民。序厅的浮雕墙为整个纪念馆奠定了基调，象征着党和政府的抗震救灾以及不畏艰险、百折不挠的抗震精神是整个纪念馆对于汶川地震集体记忆重塑的核心。

整个纪念馆主题展厅分为序厅、旷世巨灾破坏惨重展区、万众一心抗震救灾展区、科学重建创造奇迹展区、发展振兴时代丰碑展区和尾厅6个部分，共 15 个单元、40 个组、14 个专题。这些展示真实地叙述了"5·12"汶川特大地震中党和政府抗震救灾和灾后重建的历程，以及灾后重建所取得的成果。

"各路大军，抢险救灾"展厅展出了一幅雕塑作品《众志成城》，这是根据新闻图片制作的。这幅雕塑作品表现的是众人合力抢救伤员的场景，由解放军、专业救援人员、医护人员以及志愿者一共 13 人组成了一个救援小梯队。他们抬着躺着伤员的担架，艰难地跋涉着。这幅作品体现的团结友爱、众志成城的精神，激活了观众对地震救援现场的记忆，彰显了中华民族在灾难面前生命至上、共克时艰的精神风貌。

另一幅作品表现的是 15 名空降兵的故事。汶川地震发生后，震区道路交通全面中断，许多地区成了一个个孤岛。在这种情况下，人民解放军的 15 名空降兵创造了世界航空军史的奇迹，从近 5 000 米高空降到孤岛，及时传回灾情信息，给身处绝境的人民带来希望。人民解放军临危受命，将个人生死置之度外，受灾群众的生命安危高于天的精神永远留存在人民的记忆中。

在生命奇迹主题展中，一个醒目的展品是一台挖掘机，它是四川路桥集团当时抢修用的。四川路桥集团党员先锋突击队日夜奋战在老虎嘴，打通国道 213 线，这台挖掘机是生命通道被打通的象征。邱光华英雄机组失事飞机的残骸，则是无私奉献、英勇善战、热爱人民的解放军战士的象征。

"举国之力，对口援建"主题展厅展出了一个北川新县城总体规划沙盘，展示了在党中央提出的对口援建的工作机制下，20 个省市积极响应，坚持输血与造血并重、硬件与软件结合、当前与长远兼顾、统筹规划的美好蓝图。一张震后板房内一家四口其乐融融地欢度第一个震后春节的温馨场景的照片，展现了党和政府妥善解决灾后过渡安置问题，是以人为本、民生优先的生动注脚。

在"伟大精神，时代丰碑"主题展厅展出了四川省工业、农业、文化、生态灾后恢复重建工作的成就。其中一台摇号机表现了在发展的同时兼顾公平公开公正分房的故事。

《胜利属于英雄的中国人民》的油画，再现了中国人民多难兴邦的必胜信念和豪迈气概。大型油画《再还人间一个锦绣巴蜀》，生动描绘了重建后北川、青川、汶川的美好风光。

从以上汶川地震纪念馆的展品来看，其主要任务不仅是传播和保存关于这一空前悲剧的知识，保存受难者的记忆，鼓励参观者反思灾害事件所提出的人与自然、环境之间的关系以及他们作为国家公民的责任。更为重要的是它也是国家和政府抗震救灾举措和成就的展示，是培养国家认同的过程。其中所有的展品都是精心选择的，而且这些展品通过"救灾—英雄—胜利—未来"的叙事逻辑和叙事结构进行有目的地排序。这种排序所产生的意义比单个展品产生的意义更为复杂和有力。通过这些展品的关联，试图呈现"众志成城、百折不挠、迎难而上、英勇无畏"的中国抗震救灾精神的集体记忆并召唤每个中国人对于汶川地震的记忆，试图在历史、纪念馆叙事和身份认同的交织中凸显国家抗震救灾的记忆。

这些展品以不同的表现形式，被重新整合进意识形态建构的叙事体系中，通过符号和隐喻的表征，佐证、强化了党和国家在与汶川地震灾难的斗争中从救灾到众志成城到最终战胜灾难走向美好未来的连贯的叙事线和表征。

总的来看，汶川地震纪念馆作为汶川地震集体记忆的传播、存储场所和具有特殊意义的社会空间，从建筑物的建筑风格或地盘的布局，到馆内展品的摆放、标签及文字版的位置及内容，每一个方面都在传递着信息。一些能够呈现这段历史、记忆的物品和器物被有选择性地储存、展示和陈列。这些展品是保存甚至在某种程度上重构国家和民族集体记忆的媒介。通过展品的展出、分布、储存、保护等表面上"技术"性活动，集体记忆重构的过程实现了意识形态的引导过程。实际上，展品的技术性收集、陈列活动，至少在潜在的层面上，总是与政治意识形态紧密相连的。纪念馆及其展品的意识形态属性，使之成为宣传的重要阵地。

总而言之，汶川地震纪念馆的设计、运作方式和展品陈列这些再现机制使团结一致、大爱奉献、无所畏惧、科学重建的地震集体记忆得以充分展示和传递，同时它也给参观的个人提供了一个重新裱框记忆的认知结构。

但是，汶川地震纪念馆在保存和重塑创伤性的地震记忆，以及宣示记忆的政治与权力合法性及效果方面，面临着一些难题。纪念馆中展品从来都不是独立的，展品之间相互组成一个复合的整体。它们的意义存在于展品与主题的交互中、展品与参观者的交互过程中。这是无生命的、物质的物品和有意识的人之间的相互作用。只有通过这种相互作用，展品才会正确地呈现给参观者。实际上，展品被附加的象征意义只有通过展品与参观者的相互作用，才会变得完整。因此，应该建构什么样的记忆、如何建构？如何在与观众互动中实现这一目标？在遇难者及遗属想要遗忘的情况下，如何在尊重遇难者遗属意愿和政治记忆需要之间达成平衡？如何在个人记忆与国家记忆需求之间达成平衡？本书将在下一节探讨这一问题。

第六节　官方记忆与民间记忆的协商性建构

一、官方记忆与民间记忆的差异化建构

博德纳尔（Bodnar）在谈论越南战争记忆的争论时曾提及集体记忆的二分法。他将公共记忆划分为"官方的"和"民间的"（vernacular）两种类型，

将那些直接参与过战争的退伍老兵和普通民众对于越战的反感和悲伤记忆归入民间记忆；将美国政府用爱国主义来美化这场战争的记忆称为官方的记忆。这两种类型的记忆都与记忆与遗忘的机制与修辞密切相关，即谁什么时候忘记、为什么忘记？谁什么时候记忆、为什么记忆？

官方记忆是建立在制度体制和专业基础上的精英和专业人士所书写和建构的记忆。在 20 世纪后半叶，记忆仍然是精英操纵、象征互动和有争议的话语的产物，美国官方将越战记忆作为促进国家团结和爱国主义的手段。民间记忆是一种源于小规模群体的第一手经验基础上所保存的记忆。它不像官方记忆所建构的是一个国家或民族的"想象共同体"似的记忆，它更为真实，也与每个个体关系更为密切。博德纳尔指出："民间记忆来自小群体的生活或共同经历、体验，而不是建立在更大、更持久的机构权力基础上的官方记忆。"[1]

哈布瓦赫认为，过去的历史并不是作为某种客观的记录保存下来的，它总是在当前的背景下被重建，而且从未脱离意识形态的影响。一个国家的官方记忆机构往往通过记忆和遗忘系统来协调对于历史事件的集体记忆，这些系统更倾向于精英记忆而非大众记忆或个人记忆。对于汶川地震而言，官方记忆致力于社会团结、国家认同、特定制度的连续性和培养对国家和社会的忠诚，它希望在永恒和神圣的基础上呈现这一重大灾难事件。因此，官方记忆更喜欢用爱国主义、崇高精神等来纪念汶川地震，而不是呈现真正的创伤。民间记忆则代表了一系列不同的、不断变化的兴趣，与官方表达身份和记忆的普遍性相互补充、协商或对抗。

个人记忆或民间记忆与意识形态景观或场所构建的记忆有何联系？官方

---

① BODNAR J. *Remaking America*：*Public Memory*，*Commemoration and Patriotism in the Twentieth Century*［M］. Princeton：Princeton University Press，1992：16.

重构的集体记忆有效性如何呢？列斐伏尔（Lefebvre）认为，表征空间，特别是像纪念场馆这样巨大的空间，不仅仅是赋予符号来阐释价值和意义的视觉空间，它还是一个象征性的具有社会属性的产物，这样生产出来的空间也可以作为思维和行动的工具。除了作为一种生产手段之外，表征空间也是一种引导手段，是国家重要的政治宣传工具，带有强烈的意图和意识形态性的产物，它始终与政治性、修辞性策略联系在一起。

纪念性场所作为表征空间和符号化空间，也包含着生产与再生产关系的双重或三重互动的具体表现。国家旨趣、国家理想和意义的产生和纪念性场所、表征空间之间存在着双向关系，通过纪念性场所和空间，国家身份认同得以完成。符号化表现是为了使这些纪念性场所的社会意义和社会关系保持在一种共存和凝聚的状态。符号化表征空间在取代纪念性场所的同时显示再生产的意义，并以象征性的方式隐藏这种生产与再生产的关系。

实际上是公众对纪念馆等纪念场所的自然反应，决定了它们是作为有助于社会凝聚力的被动的视觉陈述，还是作为重新定义的公共话语中的积极因素？精英群体和 / 或政治权威总是试图有意图性地建构公共空间，向公众传达一种特定的民族意识和身份、一种对特定公共秩序和意识形态的遵从。通常情况下，这些公共空间包括纪念碑、纪念馆、废墟遗址等，官方借助这些公共空间培育爱国主义记忆，相应地这些表征空间也被提升到神圣的空间。①

但是，个人与精心建造的纪念馆等公共空间所建构的集体记忆之间是否能达成共识、能否互动与协商？国家和政府建造的纪念馆、博物馆常常通过强化制度的力量来隐形传播意识形态，潜移默化中培育观众认同政治驱动的国家特性，从而构建国家的集体记忆。哈布瓦赫提出"集体记忆"以区分于

---

① LEFEBVRE H.*The Production of Space*［M］. Translated by NICHOLSON–SMITH D. Oxford：Basil Blackwell Ltd., 1991：32.

"个人记忆"，前者与国家、民族和群体有关，后者源于真实的人和他们的真实反应。

苏珊·克兰和她的合作者将纪念馆、博物馆视为服务于"文化、社会或意识形态功能"的记忆形式，但他们也认识到，随着时间的推移，个人对纪念馆、博物馆的参观体验，"在期望和体验之间来回转换——从意图接受，到实际接受，从经验到纪念馆、博物馆建造者和参观者的记忆"①。此外，不同的民族和社会群体会以不同的方式来看待和体验同一个历史遗址或博物馆。南京人和日本人肯定会以不同于其他观众的方式来体验南京大屠杀纪念馆。博物馆是否存在内在意义的"文本"，个体观众凭借他们丰富的经验、记忆以及所属的群体，将给博物馆的展览带来不同的意义。博物馆作为一个储存记忆的仓库，是一个历史和文化表征的场所。

在中国，官方记忆和民间记忆之间确实存在着一种张力，但这两者实际上并非博德纳尔所说的对立的模式，而是以更为复杂的方式交织在一起。所谓个人记忆往往是由国家记忆和国家话语通过各种媒介载体来调节的，个人真实的记忆有时会影响官方记忆。重点是，个人记忆或民间记忆并不一定与官方的国家记忆相冲突，两者在很大程度上是重叠的。

尽管官方建构的记忆可能与个人记忆或民间记忆有时会出现不一致，但民间的记忆永远无法与官方记忆和官方叙事相分离。民间记忆的来源虽然高度个性化，却总是从一个公共或集体的叙事资源的集合中生发出来，如"公共叙事""元叙事"，或"宏观叙事"、与政治权力机构密切相关的"集体叙事"等。

汶川地震后，官方兴建的纪念碑、纪念馆等纪念性场所是公共纪念仪式和活动举办的场所，也是民众参与公共纪念表达个人哀悼的场所。每年的地

---

① SUSAN A. *Museums and Memory*［M］. Stanford，Calif：Stanford University Press，2000：2–3.

震纪念日，许多市民来到汶川地震纪念碑前祭奠亲人。他们通过这些场所共享对过去的集体记忆，并由此形成社会群体凝聚力。公众参与这些场所的纪念活动，一方面传承了官方附加到该场所的早期意义和记忆；另一方面也添加了新的个人意义和记忆。他们的活动对纪念性场所记忆保存非常重要。当这些群体分散或消失时，记忆的场所就失去了最初的作用，甚至可能会完全消失。

汶川地震后，除了官方建造的场所供人们悼念之外，还常常出现个人或群体自发组织的纪念仪式和各种纪念活动。例如，汶川地震后，民间自发组织的"5·12遇难者遗像墙"，展出了数千名地震遇难者遗像。这些自发的纪念是公众在官方公共纪念仪式和活动之外对创伤记忆进行的修辞上的补充和协商，形成了民间记忆与公共记忆的协商性和互补性。

二、"哭墙"的纷争：官方记忆与民间记忆的对立与协商

与唐山地震相比，汶川地震记忆建构中，官方记忆和民间记忆的协商互动更为良性。从两面"哭墙"的对比中可见一斑。

官方建造的地震纪念场所既是个体死者的安息之地，也是个体记忆无处安放之地。[①] 由于官方倾向于将具有英勇顽强的生命意志和面对灾难不屈不挠精神的个体上升到崇高境界并融入集体记忆中，在官方的修辞策略下，集体记忆的重塑主要目的是使之符合并服务于国家意旨。汶川地震后，遇害者采用集体掩埋方式，使得许多遗属不知道亲人到底埋在哪儿，也不知道到哪儿给亲人祭奠，部分人到北川县城遗址公设的祭奠区焚香烧纸凭吊亲属。在官方建立的公共祭奠区进行的祭奠，本属于个体独有的灾难体验和创伤记忆在

---

① 杜辉.地震之后：废墟、纪念地与文化景观视觉化［J］.西南民族大学学报，2016（8）：17-22.

很大程度上被弱化，普通老百姓"到哪儿去哭"成了一个问题。

唐山地震之后，为解决遇难者家属去哪儿哭的问题，围绕着一面"哭墙"曾引发了一场纷争。从1976年地震之后每年的清明节和7月28日，唐山市民都会自发地在街头焚烧纸钱来祭奠死去的亲人。在前面的章节中提及，抗震纪念馆等纪念场馆作为公共记忆和集体记忆的场所，并不能满足作为个体的唐山人民的祭奠需求。

在世界各地，都有供死难者凭吊的"哭墙"。在日本广岛，有一堵原子弹爆炸死难者纪念墙，上面镌刻了237 062名死难者的姓名。在耶路撒冷，有一座象征犹太人苦难历史的哭墙。

唐山地震史料研究副会长葛昌秋等人认为应该在唐山建立一座"哭墙"。一位房地产商人建成了"哭墙"，但是，却因为收费问题而饱受争议。

在纪念墙建成之前几年，在唐山市域的遵化清东陵出现了一个名为"万佛园"的巨大陵园，里面有一个专为唐山大地震而设的厅堂，供奉了一些死难者的灵位。但万佛园并不是一个普通唐山人都可以去"哭"的地方，因为供奉一个灵位，向佛园交纳的费用较高。[1]

除了这两个商业性质的祭奠场所之外，唐山抗震纪念碑建立以后，唐山市政府也修建了一些与大地震相关的场所，包括几个唐山地震遗址等。但是，如唐山抗震纪念碑、纪念馆和纪念广场都是指向抽象意义上的地震遇难者[2]，并不能与自己、与亲人产生联系。那些地方是公共的，百姓需要一个对自家亲人祭奠的地方。如前文所述，唐山抗震纪念碑和纪念馆的建立，表达了国家对这场灾难的记忆指向：通过碑文和浮雕，以及展示救灾过程和新唐山的

---

① 王晓葵."灾后重建"过程的国家权力与地域社会——以灾害记忆为中心［J］.河北学刊,2016(5):161-166.

② 王晓葵."灾后重建"过程的国家权力与地域社会——以灾害记忆为中心［J］.河北学刊,2016(5):161-166.

建设成就，彰显和强化"救灾——抗灾"的记忆。但是，唐山人承受的灾难造成的伤痛及个人记忆，在这个公共记忆空间没有得到彰显和强化。

"哭墙"风波的第二年，政府出资修建免费的"哭墙"。

这座免费的"哭墙"名为"唐山大地震罹难者纪念墙"，位于唐山市郊外。2007年开始建设，2008年7月28日正式竣工。纪念墙一共有五组，其中四组镌刻罹难者名字。所有的受难者家人只要提出申请，经过简单的验证手续，就可以把在地震中亡故的亲人名字镌刻在墙上，不收取任何费用。那座收费的"哭墙"，则被拆除，市民所付费用由政府返还。①

事实上，个人和集体的记忆是从过去官方和民间记忆的交集中浮现出来的。唐山抗震纪念馆、唐山抗震纪念碑和纪念广场是公共记忆的载体，个人和民间的记忆会不断地介入，融汇、抗争和重塑所建构的记忆。从唐山哭墙之争来看，官方建造的纪念碑、纪念馆等并不能完全满足个体记忆的需要。官方建造的纪念碑、纪念馆等场所，公共纪念仪式和活动在某种程度上是意识形态本质的暗示，建构的是国家对于灾难的记忆。但这种官方的、统一的记忆呈现并不孤立，也并非与民间记忆相对立。

从"哭墙"的记忆之争来看，它凝聚的公共记忆体现了官方和民间记忆表达的交集。官方记忆呈现倾向于强调一种抽象的理想，这种理想显然不会威胁到个体的表达，而且会在许多方面支持个体的表达。当商业利益介入下的收费哭墙影响到个体的需求时，国家权力立即干涉，达成官方与个体记忆的相互补充。因此，官方纪念性场所用一种"永恒和神圣"的象征，强调众志成城、共渡难关和牺牲精神等抽象价值记忆，以促进社会团结和认同。而与这些官方表征不同的是参加公共纪念活动和参观公共纪念碑的普通人的理

---

① 王晓葵."灾后重建"过程的国家权力与地域社会——以灾害记忆为中心 [J].河北学刊,2016(5):161-166.

解。这些"普通人"分属于各个不同的社会阶层，他们用一种更生活化、更个人化的眼光记忆这场灾难事件。

正是在唐山地震记忆官方呈现和民间表达的冲突与协商中，唐山抗震纪念碑和纪念广场的修辞性才得以显现。在这些场所，记忆以纪念碑或纪念馆的具体形式呈现出来，它们更像是一个"修辞场所"。这些纪念碑的生命本身就是以它们的象征形式存在的，其意义是"产生的"，而不是既定的文本，是精英引导、象征互动和有争议的话语的产物。它们只是地震集体记忆的一部分，这样的修辞必须转变为"共享"的记忆和体验，否则英雄主义、崇高等作为一种社会引导的记忆被建构的，并不能自然地在普通民众的内心和头脑中产生共鸣。

在汶川地震中，灾难记忆的民间表达一般都先于官方纪念。2008 年 7 月，映秀镇搭建了临时公墓，以供悼念逝者。2009 年 3 月，临近清明节，越来越多的人给遇难的亲人立碑，使生者能保有一份对死者的念想，看到碑就如同知道亲人葬在此处，能够表达生者对逝者的哀思。而且立碑至少能确保在公墓里有个属于"生者"与"死者"对话的空间。早期遗属为寻找一种公开表达个人悲伤的方式，自发地立碑的行为先于官方的纪念活动。这是公众个人记忆的一种形式，在很大程度上是纯粹的民间个人记忆的呈现。

但是，2011 年官方兴建的公墓介入民间自发的祭奠场所，取代了早期的个人祭奠场所，原先遇难者家属私自修建的参差不齐的墓碑被官方整齐划一的公墓所取代。个人的、个性化的墓碑转变为公共的墓碑，个人的祭奠场所转变为集体的祭奠场所，个性化的祭祀方式也被官方统一的规定所取代，转变为公共的纪念仪式。

对于汶川地震后政府修建的这些公共纪念性墓碑而言，官方主导的集体记忆与民间记忆和个人记忆同样存在着官方呈现的集体悲伤和个体记忆之间的紧张关系。官方企望与个人哀悼需求之间的这种不合意现象，使得公共纪念场所的建造并不能使所有个人都能纪念想要纪念的人。但经过双方的协商关系，官方建构集体记忆的理想，并没有因不同群体的声音所具有的不平等力量而瓦解，而是最终达成彼此互补。

汶川地震后，许多人建议在汶川地震遗址上建立一座"哭墙"，铭记每一位遇难者的名字，让每一个亡魂得以安顿，让每一位遇难者遗属有寄托哀思的地方，有一个可以痛哭亲人的地方。让汶川地震"哭墙"不仅成为汶川人记忆灾难的载体，也成为整个民族记忆这场大灾难的载体。

长期以来，官方更为重视集体记忆的构建。在重大灾难中，常常忽略个人的苦难记忆，以群体记忆或官方记忆来替代个人的记忆。正如每一个个体的生命价值值得尊重与彰显一样，在重大灾难记忆建构中，每一个个体的记忆都是有价值的，是独一无二的。铭刻着每一个遇难者姓名的哭墙是对遇难者的尊重，是对个人记忆的尊重。

绵阳文物局工作人员表示，将在北川县城废墟遗址上建哭墙，这不仅是对个人情感诉求的回应，也是官方记忆与民间记忆的协商，是官方对于民间记忆和个体记忆的尊重。

三、建川博物馆群落：官方记忆与民间记忆的互补性建构

如果说围绕着"哭墙"的争议是政府在权力合法性、商业利益和个人哀悼需求之间的协商，那么建川博物馆则是民间记忆与官方记忆的互补性建构。建川博物馆位于大邑县安仁镇，是民营企业家樊建川所建民间性质的博物馆。

建川博物馆地震系列包括5·12抗震救灾纪念馆和震撼日记（5.12—6.12）馆两个风格不同的展馆。这两个风格不同的汶川地震展馆充分体现了两

种不同记忆之间的互补性。

5·12抗震救灾纪念馆是由中宣部等部门联合举办的汶川地震主题展迁移至此的，是建川博物馆聚落里最惹人注目的建筑。占地14 000平方米，门厅前有56根白色圆柱支撑着屋顶，象征56个民族团结一心、众志成城共同抗震救灾的力量和信心。整个建筑简约方正，不失宏伟气势。展馆的一旁地面上铺满了鹅卵石，象征着汶川大地山河破碎。

展馆内容仍然延续着抗震救灾的叙事主线，以大力弘扬伟大抗震救灾精神为目标，展现全国人民在党和政府的领导下万众一心、众志成城的抗震精神。分为"特大地震，举世震惊""坚强领导，心系人民""争分夺秒，全力营救""临危不惧，奋起自救""八方支援，共克时艰""恢复生产，重建家园""伟大精神，不竭动力"七个部分。

展馆中有许多珍贵的展品，有机长邱光华的飞行日记、邱光华机组的飞机残骸、北川中学巍然不倒的五星红旗等。四川人民在党的领导下，在全国人民的大力支持下，万众一心，奋起自救，重建家园的照片与实物历历在目。恢宏高大的5·12抗震救灾纪念馆里充满着正能量，身临其境，能深切感受伟大的抗震救灾精神，感受祖国的伟大、中国人民的伟大。

从这些主题聚合和展品的象征意义来看，中宣部背景的5·12抗震救灾纪念馆在某种程度上说，仍然是通过对展品的选择，将其整合进"救灾——英雄——胜利"的叙事话语体系中，意在激发国家认同，使之成为国家意识形态的承载者。5·12抗震救灾纪念馆是对汶川地震这一历史的"修改者"，在它"修改历史"和重塑历史的过程中，要将不同展品用一个一以贯之的叙事逻辑串联起来，必然要将与这条叙事主线无关的历史和记忆剪裁掉。[①]在这种"集体记忆"的建构中，官方的宏大历史叙事常常会挤占民间的历史的表

---

① 燕海鸣.博物馆与集体记忆——知识、认同、话语［J］.中国博物馆，2013（3）：14-18.

达和叙事空间。

而民间背景的震撼日记馆则呈现出另一番历史和记忆。震撼日记（5.12—6.12）馆位于 5·12 抗震救灾纪念馆东侧。该博物馆采用日记的形式，从 5 月 12 日到 6 月 12 日，每天一个展区，共 30 个展区。展区内大都是馆内员工赴地震灾区收集来的物品及单位和民间个人捐赠的物品。这里有温家宝总理在 5 月 12 日指挥救灾时使用过的扩音器和军用地图，有志愿者的签名，有见证地震发生那一刻，永远停留在 14 点 28 分的时钟，有准备奔赴因山体滑坡造成的"孤岛"进行营救的勇士壮行酒碗的碎片，有敢死队队长留给妻子的手写遗书，有饱受争议的吴家芳背着亡妻回家骑的摩托车，有被称为"范跑跑"的范美忠在地震发生时使用的教科书和眼镜，有唯一的活物"猪坚强"。

还有人们陆陆续续地往博物馆捐赠和收集的物品：罹难者遗照，扭曲的铁轨，诗歌，被毁的汽车车牌，失去主人的书包，毁坏的车辆，被埋 100 小时以上的幸存者名单。这些物品调动我们对于汶川地震的记忆，既有一方有难八方支援的记忆，也有个人在绝境中普通平凡的日常记忆。可以看出在建川博物馆的展品中，官方记忆和民间记忆之间的关系旨在形成协同效应。一方面，显然是一种党和国家抗震救灾精神的表征和记忆，一种由社会政治精英或权威提供的表征，出于激发社会团结和认同的需要；另一方面，是民间和个人的视角，呈现个人的创伤记忆和沉重的灾难记忆，是对官方记忆的补充、丰富和加强。

在建川博物馆中，官方记忆和个人记忆并非对立、冲突和抗争的关系，有时是合谋的关系，有时是官方记忆吸纳民间记忆的关系。如馆内珍藏的展品中，有 10 件被评为国家一级文物，包括温总理使用过的话筒和军用地图，邱光华烈士的《飞行日记》，大地震后第一艘到达映秀镇的救援冲锋舟，抗震救灾英雄李月，武文斌遗物，十五勇士空降茂县用过的降落伞，成都空军勇士壮行酒碗碎片，美国田纳西州纳什维尔市为汶川地震赈灾募捐签名簿，"同心同力重建家园"美国密歇根州华侨签名簿等。

这些展品本身就凝聚了官方建构的集体记忆，被评为国家一级文物，表明了官方记忆对民间记忆的利用和接纳。民间展馆的展品成为国家意识形态征用的资源，民间博物馆成为国家意识形态的建构场所，这是民间记忆主动融入官方记忆的过程。同时，民间记忆也是基于官方记忆建构的，如一位参观游客发出的感慨"要是没有解放军，我们早就没命了"，民间个人记忆与官方建构的记忆相互融合并产生了共鸣。

在建川博物馆内，民间叙事与官方叙事是相通的。通过公共记忆实践，个人可以将个人的故事和记忆与更大群体的记忆联系起来，并赋予后者以新的意义。如可乐男孩薛枭喝过的空可乐瓶也被保存在建川博物馆内。他在被困3天后获救的那一刻，那一句"叔叔，我要喝可乐，要冷冻的"，给当时被沉痛笼罩的中国注入一缕阳光，给抑郁的中国带来一丝快乐。空可乐瓶不仅唤起人们对于薛枭的记忆，也唤起人们从灾难中走出阴霾重建家园的抗震精神的回忆，勾起国人在灾难中积极乐观的精神的记忆。薛枭的名字和那个空可乐瓶已然成为国人共同的记忆符号，被赋予抗震救灾精神及意义。这样一种互融互通的关系，仍然需要将民间记忆和个人记忆纳入官方叙述中，它们代表了一种为官方记忆目标而吸纳民间记忆和个人记忆的建构方式。

一些物品自"5·12"以来源源不断地被添加多样化的汶川地震记忆，同时通过这些个人物品的添加，博物馆的重点从官方关于众志成城、党和政府救灾、英勇和牺牲友爱精神的宣称，转移到了对那些在地震中罹难或幸存下来的个人的纪念。与官方兴建的博物馆比较，这些物品的私人性质，因为残留着死者生前的信息，还保有生者对这些物品的留念，因此更能勾起观众的记忆，更为打动人心也更为持久。罹难者的照片、手机、日记、书包、足球鞋等讲述了一个个动人的关于汶川地震的痛苦和悲伤的故事。通过这些私人的物品，我们看到地震发生时一个个普通家庭、普通个体的遭遇。

相比于官方的记忆修辞，私人物品无须隐含意识形态，也没有官方话语的宏大叙事。博物馆内的每一件新增的个人物品，使馆内藏品不断变换，为汶川地震的集体记忆提供了多样性和民间表达，甚至是关于灾难、创伤的有争议的故事和记忆。在许多方面，这种私人设计和建造的博物馆及这些平常而琐碎的个人物品参与到汶川地震的集体记忆建构当中，是民间对于官方性质博物馆的多样化补充、另类表达与协商。在建川博物馆这样的民间博物馆内，抛弃了宏大叙事，仅仅是按照时间顺序展出地震遗留下的个人物品。透过这些个人物品的选择和陈列，个人的创伤记忆不会完全被官方博物馆收编，甚至被选择性地遗忘。我们可以更为全面地了解地震时到底发生了什么，建川博物馆呈现了一个更为真实的汶川地震记忆和这一历史事件的全貌。

对于汶川地震而言，官方建造的纪念性场所，以受难者崇高化的方式来进行哀悼和记忆，但对于普通人来说，它可能仅仅与人们对失去亲人朋友的悲痛和悲伤有关，这就是它的民间意义。

第五章　集体记忆的仪式操演

第一节　仪式与集体记忆

一、仪式修辞性重塑记忆

正如哈布瓦赫所说，集体和社会没有记忆，但是有传递和保存记忆的机构和方式，仪式就是其中之一。它通过重复来运作，社会通过仪式与社会公众建立联系，与公众建立起有凝聚力的联系，因此仪式是一种勾连社会和记忆的方式，并为分享记忆提供了机会。因为仪式是相沿成习的，它为如何阐释留下了空间。可以说一套仪式再建构了一个世界，因为每个社会和群体都会产生一个不同的解读仪式的公众。

仪式作为历史和记忆储存器，实际上是一种以象征性的表达方式传递和保存社会的记忆。通过仪式的操演，我们能够看到一个社会群体、民族和国家传承了什么，遗忘了什么，彰显了什么，生产和再生产了怎样的记忆。

哈布瓦赫也曾谈到记忆和场所之间的关系。他说，被神圣化的场所往往会产生一种"惯性力"。他认为，正是这种无意识的惯性力，能够稳定恒久地将人们召集到这个被神圣化的场所中来，例如耶路撒冷就具备这样的功能。

但是要使耶路撒冷持续这样的功能，仅靠少数个体的记忆是远远不够的。哈布瓦赫认为，如果一个地方成为一群信徒的聚焦地，自那一天起，那个地方就变成了一个圣地，它所代表的惯性力量就进入了人类的意识。因此，对于维持记忆场所的持久性而言，组织并开展纪念仪式是不可或缺的。一种记忆只有在对某个群体具有特殊意义，并且他们愿意去维护的情况下才能长久。如果这个群体分散并失去联系，如果他们遗弃了先前的纪念场所，那些记忆迟早会消失。如果一个"记忆的场所"不再吸引任何朝圣者，或不再是开展任何纪念仪式的场所，也不再受任何特殊群体的保护，那这种"记忆"就只是名义上的。①

保罗·康纳顿认为这种"惯性力"不仅存在于神圣的纪念性场所中，还存在于纪念仪式和身体实践中。在《社会如何记忆》一书中，康纳顿集中阐述了纪念仪式和身体实践作为社会记忆传递和保存的两种重要方式。他认为过去的历史就积淀在可以重复操演的纪念仪式和我们的身体实践中。为了进一步具体说明记忆如何在身体中积累或积淀，康纳顿区分两种根本不同类型的社会实践：一种是体化（incorporating）实践；另一种是刻写（inscribing）实践。体化实践包括对文化特有仪式的记忆，这种特定的仪式操演提供了身体的有效记忆方法。

康纳顿认为，纪念仪式是对过去历史的再现，它通过具象的描述和形式回归、重演过去或再现场景。这样的再现和重演在很大程度上取决于它们的修辞说服力，取决于规定的身体行为。许多习惯性的记忆方式，都表明一种对过去的记忆，不去注意它的历史来源，却在我们现在的行为中重演着过去。在习惯的记忆中，过去仿佛沉淀在身体里。②在不断重复的高度程式化的仪式

---

① 杰罗姆·特鲁克.对场所的记忆和记忆的场所：集体记忆的哈布瓦赫式社会——民族志学研究 [J].曲云英，译.国际社会科学杂志，2012（4）：33-46.

② CONNERTON P. *How Societies Remember*［M］.New York：Cambridge University Press，1989：70-71.

中，身体不仅仅通过惯习进行记忆的积淀，而且固定的代代相传的仪式本身即暗示了对过去记忆的传承与延续；同时，仪式操演的最明显特征之一，是公开表明它们要纪念这样的延续。①

在《社会如何记忆》中，康纳顿以"礼拜年"为例子来说明这一点。"礼拜年"始于 1933 年 1 月 30 日，希特勒夺权的周年纪念日，每年的这一天希特勒都会在国会发表演说，举行火炬游行。每年的 2 月 24 日是纪念纳粹党的建立日，专为"老卫兵"举行仪式，3 月 16 日是纪念一战中死者的全国哀悼日。4 月 20 日庆祝希特勒的生日，举行德国国防军列队通过勃兰登堡门的仪式。5 月 1 日，德国人民共同体庆祝日纪念活动。6 月、9 月、10 月也都有各种纪念仪式。

举行一场场被操演的固定纪念仪式，历史在仪式中被有控制性地复活，作为纳粹价值象征的仪式不断地重复，逐渐形成对纳粹精神的认同。礼拜年一系列的仪式重复性的长期存在，部分价值观念在操演中被创造并延续下来。这是因为仪式不仅是释放表达性情感，而且具有高度的象征性，被赋予意义，并非"空洞"的形式。仪式操演的同时，就是在潜移默化中认同它的意义。仪式的意义还能够渗透到非仪式性行动和整个群体心理中，仪式不仅赋予价值和意义，暗示对过去的延续，而且公开表示这样的延续。

二、仪式作为操演话语

康纳顿认为仪式是一种操演语言（a performative language）或操演话语（a performative utterance）。操演话语不提供对某一行为的描述，其本身即行动。纪念性仪式尤其具有操演性和形式化等特征，在不断重演的反复中具备

---

① CONNERTON P. *How Societies Remember*［M］. New York：Cambridge University Press，1989：48.

了纪念性，纪念仪式对于塑造群体记忆起着重要作用。康纳顿认为，在纪念仪式中被记忆的是仪式中支配性话语所构成的共同空间及其所体现并产生的认同感。仪式的认同功能基于两方面，不仅是参加者在认知上能完成程式化的操演，更为重要的是他们在身体上习惯于这样的操演。[①]

在这里，康纳顿提出了一个观点，即记忆既可以是铭记的，也可以是整合的。根据康纳顿的观点，记忆的铭文、论述和表征过程不如将仪式融入身体，从而形成"社会习惯记忆"的一部分来得强大。他认为，群体通过仪式表演将记忆映射到象征性和熟悉的空间，从而传递和维持记忆。不同于神话和书面历史解释范围的创新，仪式缺乏即兴发挥的空间。参与者有义务观察程式化和重复性的动作，这些动作由日历、语言和手势代码控制。这种常规的仪式化实践将习惯记忆铭刻在参与者的身体上，康纳顿认为，这一过程提供了"防止所有话语实践中所涉及的累积质疑过程的保险"[②]。

第二节　纪念仪式与身份认同

一、仪式的功能

在集体记忆形成和完成其功能的复杂过程中，纪念仪式起着至关重要的作用。事实上，纪念仪式为群体成员提供了通过建构和协商不同的叙述、解释、视角和观点来阐述过去事件的可能性。

[①]　CONNERTON P. *How Societies Remember* ［M］. New York：Cambridge University Press，1989：61.

[②]　保罗·康纳顿. 社会如何记忆［M］. 纳日碧力戈，译. 上海：上海人民出版社，2000：125.

仪式化的纪念活动旨在促进、培养和聚集对过去的特定记忆。这些记忆对于促进特定的情感、信仰和意识形态具有重要作用。因此，国家常常通过举行、规训大众参与的且重复的仪式操演来加强其特定身份的连续性和延续性。正如康纳顿所说，这样的纪念仪式构成了一个"记忆剧场"，其操演通过产生"集体自传"感觉的"主叙事"来形成一个群体认同的身份。

康纳顿从三个角度提出了这样的仪式操演是如何塑造集体记忆的：①"精神分析"的立场认为，仪式是对普遍存在的社会冲突和紧张关系的一种象征表现形式，在这种社会冲突和紧张关系中，人们试图克服、否认甚至延续这些冲突和紧张关系。②"社会学立场"的观点强调仪式的作用，认为纪念活动的仪式化表现是为了传达共同的价值观，以减少内部紧张。以隐喻和象征的形式编码，纪念仪式和各种庆祝活动象征性地将人们与神话般的过去联系起来，并重建一个未来国家的意象。通过这种方式，个人被组织进"集体"的行动，将自己视为具有共同目标的集体的一部分。③从"历史"的角度来看，将仪式置于历史脉络中，所有仪式和纪念活动都是虚构的，它们的本质意义只能通过将它们重新置于当时的话语中来发现。[①]

纪念活动、仪式化表演与纪念碑、纪念馆等纪念性场所的结合，可以成为一种强大的记忆系统，产生一种精神上想象的空间。在这样的空间中，我们根据最难忘的记忆在脑海中描绘历史和过去。因此，把纪念碑、纪念仪式和公众参与合在一起，就构成了为集体记忆的话语制订和赋予社会内容的表现实践。它们的作用是锚定集体记忆，形成社会群体成员共同的记忆内容，高度浓缩于固定而有形的场所，更为持久和具有说服力。

作为集体记忆的反复操演，纪念性仪式会产生大量的刻写材料，如纪念册、官方报告、宣传材料、会议记录、小册子、辩论、布道、演讲、诗歌、

---

① 保罗·康纳顿.社会如何记忆［M］.纳日碧力戈，译.上海：上海人民出版社，2000：55-59.

仪式和仪式的记录、时事通讯、杂志、书籍、纪念品等，形成康纳顿所说的刻写实践。同时，这也是所谓的国家认同的公共语言，是由仪式操演的支配性话语表现并讲述的认同特征。理解这些固定、重复、短暂的纪念仪式的最佳方式，是将其视为自成一体的"文化中心"为克服"文化边缘地带"所表现的重大政治和社会差异而传播的共识价值。在纪念仪式上被记住的，是一种个人和认知记忆的集体组织变体之外的东西。这种观点强调了公共仪式作为社会凝聚力的缔造、表达和表现的作用。当然，在权力格局中安排纪念仪式和典礼通常是一种有意识的做法，目的是培养政治共识，压制异议或分歧。

从康纳顿对于仪式的理解中可以看出，集体仪式的作用和功能主要体现在两个方面：一方面用于产生融合；另一方面用于产生认同。长期以来，社会学家一直认为，集体仪式有助于将群体成员团结在一起。根植于血缘关系的"社会凝聚力"或"团结"，在某些情况下可以延伸到某些社会群体或整个民族、国家。通过仪式的共享和意识形态的潜移默化，仪式作为促进社会群体团结和形成共识的方式之一，在各种文化实践中占据着重要的地位。这一主题贯穿于 20 世纪最重要的社会和文化人类学著作中，充分阐明了仪式促进社会达成共识的观点。

仪式通常被界定为象征性的、表演性的、由文化传统所规定的一整套行为方式。它可以是神圣的也可以是凡俗的，这类活动经常被功能性地解释为在特定群体或文化中沟通（人与神之间，人与人之间）、过渡（社会类别的、地域的、生命周期的）、强化秩序及整合社会的方式。涂尔干将仪式视为具有增强作用的集体情绪和社会整合现象。[①] 涂尔干认为，公共仪式，无论是宗教仪式还是世俗仪式都有助于巩固集体情感和重振更高一层次的神圣目标的感觉，这种感觉反过来又能产生集体"欢腾"的强大感觉，或通过认同集体存

---

① 郭于华 . 仪式与社会变迁［M］. 北京：社会科学文献出版社，2000：1.

在或社会存在从而超越个人和自我中心利益的日常世界而超越自我。

总之，涂尔干认为，作为一个社会群体定期聚集起来并投射出真正代表该群体的神圣形象的机会，宗教仪式旨在唤起一种强烈的激情和"欢腾"的感觉。在这种感觉中，个体体验到比自身更大的东西。这些情绪反应使人们用这种更大的现实感来识别内心的自我。实际上，这是一种变相的集体意识。正是这种集体意识具有社会融合的功能，它将分散的个体聚合起来，同时作为一种强制性的力量约束集体成员，保证共同的记忆和信仰不被抹去。

涂尔干指出，单枪匹马的民众一事无成。在和同伴共处时，人们需要一再肯定社会的力量和益处，以让自身自在。这种促成社会交融的需要，唯有通过一些共同的行为达成："正是对同一种对象喊出同样的叫声，说出同样的话或者做出同样的动作，人们实现了言行一致，并感受到这种一体性。"[1] 人们只能通过使用这些象征，彼此交流内在的心理状态，同时，能够表达团结感的最好方式便是一同参与象征性活动。[2] 只有在所有社会成员共享一些能够控制群体互动的情感时，有秩序的社会生活才能存在。仪式是这些情感得以传播和强化的方式。公共的纪念活动通常需要与他人分享，或是人们聚集在纪念碑前聆听演讲或是参加其他公共活动，纪念活动的公共环境将它们与仪式联系起来。一般来说，公共的仪式是为了提供秩序、稳定和连贯性，通过重现过去和强化共享一个群体的身份来追求情感和道德目标。

这种社会共享仪式不仅表达出对社会团结的内在要求，而且也有助于社会团结的构建和更新。人们通过参与其中，不断在心中体会那种对社会群体的依附感。仪式活动并不只是创造社会团结的一种可能方式，而是一种必须的方式。只有通过定期集会、共同参与这种象征性活动，才能不断培养集体

---

① 　EMILE DURKHEIM. *The Elementary Form of the Religious Life*［M］.New York: Free Press,1915.

② 　大卫·科泽.仪式、政治与权力［M］.王海洲，译.南京：江苏人民出版社，2014：71.

的理念和情感。正如涂尔干所言："任何社会都需要定期地维持与确认集体的情感和理念，这种情感和理念是社会的统一性和特殊性所在。如今这种道德重建只有通过聚会、集体和会议等形式得以实现，在这些活动中，人们团结一心，一再确认他们的共同情感；由此举行的仪式与定期的宗教仪式，在目标、结果或是得到结果的过程等方面别无二致。"①因此，对于一个社会群体来说，团结一致的凝聚感和共情感是群体的需要，仪式是凝聚这种情感的不二法门。

著名人类学家维克多·特纳（Victor Turner）认为，仪式是一种将社会现实的象征和仪式操演所能激起的强烈情感凝合在一起的有力方式。②仪式作为一种社会实践，它还生产和复制具有象征意义的集体意识，以及对社会秩序的认同。从这个角度看，仪式不仅是为了维护社会记忆，保护它免受被抹去的威胁，而且记忆与集体表征紧密相连。仪式维持记忆和创造神话，通过将其与过去的集体表征联系起来，加强了群体的凝聚力。个人的宗教体验在涂尔干的观念中占有一席之地，但只有当它是社会群体体验的一部分时，它才与代代相传的集体表征有关。

仪式的象征性意义还在于它能够恢复参与者对集体目标的忠诚，并确保对群体意志的顺从和对权威人物的顺从。这种观点认为，仪式是强化、重建群体成员意义共享的集体表征，将仪式视为一种沟通形式，通过它个体与社会联系并维持共同的社会秩序。仪式是为了过去的社会集体保存和传递而产生的，"人们举行仪式，是为了将过去的信念保存下来，将集体的正常面貌保持下来，而不是仪式能够产生物质的效果"。仪式对于集体具有很强的定期重新巩固和维持的功能。③

---

① 大卫·科泽.仪式、政治与权力［M］.王海洲，译.南京：江苏人民出版社，2014：72.

② 大卫·科泽.仪式、政治与权力［M］.王海洲，译.南京：江苏人民出版社，2014：50.

③ 刘涛.神圣与世俗：人类学仪式与社会研究［J］.青海民族研究，2016（3）：54-59.

重复的仪式，通过习惯形成了一种无意识的记忆。这种记忆传递了某些特殊的情感，并被转化为创造性的利用。不断重复和操演的仪式转化为身体的惯习记忆，一种对情感的非话语的重新体验。这些充满情感的仪式，暗示并且教化和传达了一种身份想象和认同。

一些仪式，如公共纪念仪式，作为有目的的集体表达和象征，其潜在效果在于产生共识并抵消社会生活中的某些分裂、抵抗力量。对于一些明显的政治仪式，那些由国家和政治运动设计的社会仪式和操演实践，则是公开地通过纪念具有神圣的象征意义的仪式来加强社会力量或产生集体情感。

二、5·19全国哀悼日的转换功能

在重大灾难事件等社会危机时期，葬礼仪式可以为相关社会群体提供一种重新获得情感平衡和鼓舞士气的方式。无论是个人葬礼仪式还是集体葬礼仪式，都能表达悲伤，缓解悲痛，并帮助相关群体接受创伤干预和治疗。一些心理学家也强调了重大灾难事件周年纪念日的重要性及其产生的"周年效应"。汶川地震后的5·19全国哀悼日，虽然不是周年纪念日，但是由于这一天被国家和全国人民所赋予的特殊心理意义，对于每一个汶川地震罹难者家属、幸存者以及全国人民来说都具有特殊的意义。在这一天，所有人再次被灾难所震撼，这个与汶川地震重大灾难有关的重要的时间节点可以有效地唤醒和激活灾难体验。

社会学家也强调了重大灾难事件后的各种纪念仪式的社会意义，因为它不仅纪念日历时间，同时也纪念社会时间。一方面是日历时间的流逝；另一方面特殊的日期又促成集体记忆和群体记忆成为可能。灾难事件的各种纪念仪式既有人们分享个人体验的互动过程，又有政府官员发表的讲话，同时大众媒体和各种新媒体则通过记录当前的现状和反思来重塑灾难记忆。因此，重大灾难事件的纪念仪式是一个重构集体记忆的过程。

突如其来的 5·12 汶川地震顷刻间造成几万条生命化为乌有，几万个家庭支离破碎，汶川大地顿成一片废墟。人们的情绪处于极度悲恸之中，同时伴随着强烈的无助感，仅凭个人的力量难以从如此巨大的悲恸之中恢复过来，心灵的创伤、家毁人亡的痛苦需要很长一段时间才能慢慢化解。对于国家来说，遭遇如此重大的灾难和如此众多的死亡人数，必定需要"处理死者"。但"处理死者"不仅仅是遗体的埋葬，死亡意味着原有社会关系的断裂。像汶川地震如此众多的人员死亡，使这种断裂上升为整个社会的危机，它需要仪式来疏导悲伤，表达社会支持，应对损失，化解悲痛。除了私人葬礼外，还需要一个公共的仪式来表达怜悯和同情，实现社会秩序的巩固和重新整合。

《死亡人类学》中极有影响力的一篇文章，题为《对死亡的集体表征研究的贡献》，作者是罗伯特·赫兹（Robert Hertz），认为丧葬仪式有助于修复受损的社会结构。阿诺德·范·根内普（Arnold Van Gennep，1909）将哀悼活动描述为丧葬仪式的一部分，是幸存者的过渡愈合期，通过悼念仪式的过程，幸存者得以重新团聚。这种仪式出现在公共领域，它们是创伤和悲恸的集体表达。在表达悲伤的同时，它们也分享了共同的意义，表达了同情、分享和凝聚的时刻。

在许多有关死亡的人类学研究中，我们可以发现，在不同的社会群体中，悼念仪式都意味着从死亡到来生的轨迹，有助于个人和社会积极地应对灾难损失，有助于个人和社会群体应对死亡的恐惧，也有助于个人和社会群体应对相应的文化后果和长久的精神创伤。特纳认为，死亡在社会中创造了一种阈限状态。在这种状态中，灾难之前的秩序已经不复存在，但一种新的稳定的结构和秩序尚未建立。在一种阈限状态中，面对死亡，人们被黑暗所迷惑和征服。这种不确定的状态为处于其中的相关群体开辟了新的机会，以一种在正常情况下不可能的方式在人们之间建立联系。阈限引发了一种新的秩序，因为秩序是混乱的对立面，是想象共同体的基本条件。①

受当时社会条件的限制，唐山地震后很长时间里缺乏纪念仪式的分离与过渡，未能很好地解决遗属们个性化祭祀、纪念的缺憾，也未能实现死者与生者的转换与过渡。而汶川地震后多样化的悼念仪式满足了各方的需求，较好地实现了过渡与转换。震后 5·19 全国哀悼日的降国旗仪式、全民默哀以及网络祭奠等民间行动，兼顾了个人祭祀和国家公共纪念的需求，体现了"国家的在场"和"民众的认同"以及国家和民众之间的良性互动达到了高度交融的状态。②

2008 年 5 月 19 日，汶川特大地震发生后的第七天，国务院发布公告宣布，为表达全国各族人民对四川汶川地震遇难同胞的深切哀悼，2008 年 5 月 19 日至 21 日为全国哀悼日。这是中国历史上首次为普通国民设立的全国哀悼日，在此期间，全国和各驻外机构下半旗志哀，停止公共娱乐活动，外交部和我国驻外使领馆设立吊唁簿。5 月 19 日 14 时 28 分，全国人民默哀 3 分钟，届时汽车、火车、舰船鸣笛，防空警报鸣响。汶川特大地震的破坏性使整个汶川支离破碎，使罹难者家属处于情绪失控的状态，及时疏导情绪极具必要。

在全国性的悼念仪式中，出现了特纳所认为的"阈限"状态。在这一状态下，原先的社会等级、社会角色被抹除，国家与普通民众、幸存者与遇难者家属之间的差别在仪式中不复存在。所有人进入无差别的状态，并且进入

---

① 维克多·特纳.仪式过程:结构与反结构［M］.黄剑波，柳博赟，译.北京:中国人民大学出版社，2006：95-96.

② 荆云波.灾难与仪式：国殇日之民族志［J］.民族艺术，2009（2）：35-41.

一种新的联系和秩序之中，遭到精神创伤的遗属可以有机会再次团结在一起，在情感上可以和全国人民一起互相倾诉、分享、宣泄。这些情感的社会分享能够让人们互相同情，减轻对遇难亲人的思念之情，获得一些心理上的慰藉，建立与他人或社会的联系，共同接受创伤治疗。而且悼念仪式将悲痛公之于众，为幸存者树立了榜样。否则他们可能难以私下面对自己巨大的哀痛与损失。这样的公开悼念仪式也间接给予私人哀悼以官方认可。

公开的仪式是一些特殊事件的转换。汶川地震灾难后国家设立的全国哀悼日，不仅是对遇难者生命尊重的象征，也是对每一个普通人民生命尊重的象征。公开的悼念仪式还与社会和政治身份的变化有关，集体创伤和重大灾难后的纪念活动常常伴随着对家庭、个体或社会身份的转换。5月19日是地震遇难者的第一个第七天（"头七"），在中国的民间习俗中，死者的灵魂在死后会在世上停留49天，每7天回家一次。头七是死者的灵魂第一次回家之日。在这一天之后，灵魂会逐渐意识到自己的死亡。

换句话说，从5·19全国悼念仪式这一天开始，就宣告了这个人的社会死亡，宣告了这个人与人类社会的最终分离。社会死亡意味着一个人的死亡可以在文化和心理上得到活着的人的承认和接受，对个人死亡的仪式性承认是公共悼念仪式的一种特殊功能。同时，公共的悼念仪式也将罹难者及幸存者从个体的受害者身份转变为国家的损失，个人的创伤转化为整个国家的创伤。国家创伤不同于个人创伤的意义在于它可以与他人分享。整个国家的集体悼念仪式是在向幸存者和遗属表明，受害者并不是独自受苦，他们的死亡对整个国家和汶川意味着更多，整个国家为他们的遇难而哀悼。

全国哀悼仪式的转换功能还体现在它可以提供一种灾难结束的感觉，表明最糟糕的状况已经过去。虽然救灾工作仍在继续，但是抗震救灾的重心开始转移到灾后重建工作上来，从这个意义上说，5·19全国悼念仪式提供了一个象征性的过渡，此后公众回归日常生活，并关注其他需要关注的国家问题，从多数媒体关于汶川地震的报道力度开始大幅度降低也得到体现。

5·19全国哀悼日仪式的时间选择，对于建构汶川地震的灾难记忆具有重要意义。它不仅会对参与者产生持久的影响，而且经验表明，灾后哀悼仪式对于个人和群体都具有重要的心理和社会功能。一般来说，在灾难发生后的最初几天或几周，悼念仪式是表达震惊、悲恸和其他与灾难有关情绪的一个健康的机会。对于有宗教信仰的人来说，灾后悼念仪式尤其是丧葬仪式，有着明确的宗教功能。可以说，汶川地震后的一段期间整个社会都处于仪式化的宗教状态。

仪式具有象征意义，仪式的认知内容常常以一种隐喻和象征的形式进行编码，是由规则控制的象征性活动，即仪式基于具有特殊意义的思想或情感对象，将参与者的注意力吸引到认为具有特殊意义的思想或情感对象上，使得这些意义变得更为重大。

公开的纪念仪式是公共记忆的行为。5·19国殇仪式中包含了强大的象征性表达，如一些国家象征的符号——国旗、鸣笛、全民默哀等，通过全国性的悼念仪式和电视转播，将遇难家庭对于死者的哀悼和汶川地震的伤痛赋予全国性意义，将之转化为对更宏大的国家的认同。这样的仪式其实就是一种象征性的集体话语和集体文本，也可以解读为一种隐喻符号，国家将其作为激发社会团结和公民忠诚的理想和有力的修辞工具。通过公共哀悼活动，遇难者家属可以将心中的痛苦、悲伤和思念等情绪尽情地释放出来，共同的情感体验使遇难者家属能够获得应对和愈合的机会。

全国哀悼活动与集体记忆的情感纽带、治疗实践和指导功能相联系，集体记忆的建构通过全国哀悼仪式来帮助加强群体之间的情感联系，个体的无助感和软弱感在群体中被化解。当他们哭泣并团结在一起时，再次感受到整个群体的力量，感受到与群体的联系。5·19全国哀悼仪式作为社会黏合剂，有助于在群体中形成一种亲密感、凝聚力和团结感。尤其是汶川地震这样的重大创伤事件，全国哀悼仪式通过记忆复述和外化，使群体能够实施应对措施，从创伤经历中恢复过来，实现治愈功能。

群体也可以反思过去的创伤，通过从灾难中吸取教训来指导未来的行动，以避免同样的创伤再次发生。大量的死亡后如果缺乏仪式和集体表达，经常会造成克服悲伤情绪和心理康复的障碍。通过全国性的公开哀悼活动，激发彼此的共情感，受到创伤的心灵能够得到治愈，能够重新点燃生活的希望，从悲伤和颓废中走出来，恢复积极良好的心态。

国家通过这种悲伤的仪式，一方面给予老百姓尊重和慰藉，将人们凝聚起来，进一步增强个体对集体的认同感；另一方面也是为了彰显国家和政府的在场，将个人的伤痛转变为国家伤痛，激发普通民众对于国家的忠诚和认同。国家利用全国哀悼日这种充满象征意义和仪式化行动的政治实践，确立、巩固和加强集体的政治认同感，或领导人、政府和意识形态的权威和威望，避免因丧失某些成员而削弱国家和政府的力量。

通过5·19国殇仪式，全民认同感空前高涨，凝聚力也大大增加。国家通过公开悼念仪式的过渡，表达并加强了一种共有的意义和理解，即使这种秩序感和意义在震惊和失落的时候暂时被搁置了。在媒体的大力渲染下，团结一心，众志成城的抗震救灾精神所产生的凝聚力和向心力振奋了人心。"中国再出发""中国加油""中国雄起""四川雄起"的呼声体现了中国人民战胜困难的极大信心和精神再崛起。中国人民和四川人民的心紧紧地连在一起，升华到一个新的精神象征层面。

灾难之后，当基本的秩序和安全感受到威胁时，国家通过举行5·19公开悼念仪式，民众的悲伤情绪得以宣泄疏通，地震灾难带来的激烈情感和创伤感逐渐进入平缓期。哀悼仪式在重建控制感、归属感和社会团结感方面实现了其潜在价值，而且凝聚和振奋了民心。在精神象征的层面，实现了仪式的功能，同时，公开悼念仪式的举行也实现了转换的意义，昭示着救灾行动进入下一个阶段，恢复重建成为下一个阶段的主要目标。"国殇日、重生时"，象征着涅槃重生，国家和中华民族将得以重塑。

涂尔干在其研究中思考了现代社会集体表征纪念仪式的转型。他认为，没有哪个社会不感到有必要每隔一段时间就维护和重申集体情感和集体意识，这是社会团结和凝聚的核心所在。重复的集体仪式对记忆产生影响，并通过这些仪式产生和增强对群体认同的能力。重复的仪式和信仰使他们更容易准确地记住。当参与集体仪式的程序规则转变为熟悉的、自觉的习惯时，对其意义和意义的反思就会减少。惯习化是"宗教教义模式"的特征之一，这是一种传播理念和意识形态的方式，也是巩固记忆的方式，它促进认同和重塑新的身份。

除了5·19全国哀悼日，汶川地震一周年纪念仪式、三周年、五周年、十周年，以及唐山地震逢十周年，都定期举行纪念活动。这些周年纪念仪式的重复举行，将断裂的记忆勾连起来，使得纪念仪式的参加者与过去保持联系。重复化、周期化的纪念仪式确保了关于地震的创伤记忆不断触发，从而不断地激活和重塑关于大地震的集体记忆。也使得零碎而散落的民众记忆得以整合，达到维系关于大地震的集体记忆的功能。

第三节　仪式操演中的认同

一、仪式的内在象征逻辑

集体记忆的社会表征为共同感、凝聚力、归属感和团结性提供了基础，所有这些都是社会认同演变的必要元素。符号、情感、修辞、仪式表达与操演等是人类交际及交往行为的重要组成部分，也是集体记忆的社会共享表征方式，是塑造社会成员身份的重要方式。仪式作为一种重复和规范的传播行为，在这种行为中，仪式的传播通过符号来传达意义。美国社会学家柯林斯认为，仪式将高度的相互关注与高度的情感连带结合在一起。表征符号在纪念仪式中扮演着重要的角色，这些符号不仅为仪式参与者提供了注意力的焦点，导致对表征符号的依附感和隶属感，而且表征符号的内容和意义也形成了记忆图式以及对共同过去历史的思考和感受模式。

亚历山大认为纪念活动中利用仪式的这种情感力量，能够促使参与者产生作为社会群体成员的相互认同。仪式作为一种有效的方式，可以将个人的情感转化为集体导向的道德情感，并为仪式中的表征符号注入意义。柯林斯和亚历山大的仪式理论都强化了纪念仪式的表征符号及其携带的情感力量的功能，当其转化为集体记忆时，人们从观众或观察者的角色转变为仪式的行动者或参与者时，对于过去历史的表征和情感对人们社会身份建构以及对过去事件参与者的想象认同，在创伤性事件中最为强烈和明显。

正如迈克尔·沃尔泽（Michael Walzer）所指出的："国家是无形的，它必须在被看到之前被拟人化，在被爱之前被象征化，在被感知之前被想象。"①对于国家的认同需要符号作为中介物。符号中隐含的意义的复杂性和不确定性反过来又使符号能够表征和统一多种理解。从某种意义上说，它们的多样性不仅连接了过去、现在和未来，而且使个人能够在一个共同的规范框架内接近和提取不同的象征性仪式情绪。只要它们的信息避免呈现强制性的一面，仪式就可以保证和协调政治现状，并产生认同与团结的功能。与此同时，意识形态通过仪式的传递，要求仪式参与者具有完全的单一性。大规模的仪式操演场面要求参与者严格遵守规则，每个人都在一个无形的几何网格中占据独立的时间和空间，使他们的身体规训到意识形态所期望的目标。

纪念仪式的表征符号总是需要以一定的形式存在，或是演讲、文本，或是操演、形象、场景等，都对建构意义和产生"崇高的集体感情"至关重要。尤其是仪式操演话语、表征与认同的关系，仪式作为社会认同与社会动员的方式之一，有整合、强固功能。公共纪念活动及仪式是集体记忆构建、重塑和维护的机制之一，它能够灌输、强化、引导和潜移默化地植入现存记忆之中。

仪式作为象征性的操演话语与集体文本，既具有表达性，也具有象征性。更为重要的是，它具有修辞性建构的特征。通过仪式的操演，我们不仅能够看到思想、观念、心灵的内在逻辑，也能够利用其整合、强化认同功能。仪式并非源于真空的环境中，它们反映、增强并弥漫于意识形态中，在仪式的操演中，意识形态并不展现其强制性的一面，而是在合法、合理的呈现中渗透其意。

康纳顿在《社会如何记忆》一书的"导论"中特别强调了权力对于控制

---

① 　WALZER，MICHAEL.On the Role of Symbolism in Political Thought［J］. *Political Science Quarterly*，1967（2）：194.

一个社会的记忆的重要作用。他认为社会的记忆使当下的秩序合法化，而共同的记忆是当下秩序合法化的前提和基础。他认为仪式的操演是传送和维持共同的社会记忆的重要方式之一。

从历史、文化和权力的角度来看，我们还应该关注到仪式是如何呈现不同的形式，并为不同的意图、目的服务的。仪式操演和仪式实践是如何与权力的差异、资源的不平等分配相联系的？经济、商业或政治权力经常使用仪式的表征，但最密切的联系是仪式和参与仪式操演的权力形式本身，即"象征性权力"，或者说"意识形态支配"。本书倾向于"象征性权力"这个词，因为它强调这种统治总是需要象征性的形式作为媒介（演讲、文本、操演、形象、场景等）。它的运用可能涉及也可能不涉及明确的意识形态内容，而且，考虑到产生象征形式的能力并不是平均分配的，表明这些象征形式本身包含着权力的含义。

因此，现代国家常常利用仪式的形式及其象征性意义与象征性权力及其内在逻辑，将意识形态以潜在、更为隐蔽的方式潜藏于仪式操演话语、表征意义之中，实现其作为社会认同与社会动员的整合、强固功能。

对于唐山、汶川地震的祭祀仪式和悼念仪式来说，在民间和个人层面，仪式是罹难者家属寄托哀思的形式，是跨越代际延续下来的惯习。但是在国家层面，公共悼念仪式则与意识形态的象征、表征与运用技术相联系，更进一步说它是一种实现认同的过程。

二、仪式重新建构意义

首先，举行不举行纪念仪式关系到意识形态和意义建构问题，并非所有的灾难事件都可以被表征为创伤，并举行国家层面的纪念仪式。在汶川地震之前，国家发生了多次重大地震。例如，唐山大地震是在地震 10 年之后即 1986 年才举行第一个十周年纪念仪式，地震中具体的伤亡数字也是多年后才披露。

唐山大地震造成 24.2 万多人死亡，16.4 万多人重伤。时值盛夏，众多伤者需要救助，大量遇难者的遗体必须马上进行处理，否则极易腐烂并引发瘟疫。因此当时除极少部分家属能够辨认和认领的遗体经遗属就地、就近掩埋外，政府主要采取了集中清理掩埋的方法。清理和掩埋遗体工作主要在夜间进行，以免进一步刺激遗属，造成进一步的精神创伤。遗体主要是由专门的清尸队集中处理，据《唐山市志》记载，分别被集中掩埋在郊区果园公社、栗园公社、梁屯公社、白马山采石坑、无水庄采石坑等 8 个公墓中。① 集体掩埋方式有助于防止重灾之后的疫病发生，但也使很多遗属无法为死去亲人举办葬礼、进行墓祭。

唐山大地震后，每年清明和 7 月 28 日前后，唐山各处街头就会出现一堆堆烧过的纸钱。根据民俗学的研究，十字路口和街头巷尾等处，比较容易被想象成为人间和阴间的境界之地，死者的亡魂被认为经常在这些地方出没，因此，在十字路口及街头巷尾"烧纸"也较为接近当地的风俗。

其次，纪念仪式如何建构意义并实现认同的过程？科泽在《仪式、政治与权力》一书中强调，政治的权力关系无论在哪里都是经由沟通的象征方式表达和改变的。仪式不仅从认知上影响人们对政治现实的定义，而且具有重大的情感影响力。人们从所参与的仪式中可以获得很大的满足。统治者努力设计和利用仪式动员民众的情感以支持其合法性，并激发群众对其政策的热情。②

---

① 周星 . 现代中国的"亡灵"三部曲——唐山、汶川、玉树大地震遇难者的悼念、祭祀与超度问题 ［J］. 民俗研究，2017（4）：96–108.

② 郭于华 . 仪式与社会变迁［M］. 北京：社会科学文献出版社，2000：343.

仪式并非源于真空。它们反映着、包裹着意识形态，同时强化并渗透意识形态和意义。通过仪式的表征可以重新阐释灾难事件的意义，彰显自身的价值观念和意识形态。仪式主持者可以通过对于仪式的目的和目标的控制以及对它的期待，即通过对仪式的控制达到树立权威、渗透意识形态、统一认识、凝聚情感、传播教化等目标。在汶川地震这样的重大灾难性特殊事件之后，举行公共纪念仪式可以强化民族情绪，重申国家精神和情感。仪式的组织目标是制造同意，这是涂尔干关于仪式的独到见解。他认为仪式是"行动中的社会"，是一种强有力的手段。通过这种手段，团结、凝聚力以及更高道德目标的"神圣"感、崇高感可以定期得到保障、维护或重申。在仪式举行过程中，刻意营造的环境氛围也会强化这种效果。

建立纪念场所并辅之以各种纪念仪式和纪念活动以及在大众媒体上呈现，通常被认为是建构集体记忆的行为。这个过程，国家在适当的时机及时"在场"，并加以引导，可以确保记忆与遗忘的选择不会偏离官方记忆政治轨道，并进行有效地利用。

一般来说，官方正式举行的仪式与认同的关系可以从两个维度来理解。首先，官方通过象征和象征性的仪式操演，将一个社会群体表征成一个基于共同价值观和共同目标的有组织、有秩序、被规约的群体。其次，通过将这些价值和目标与社会群体感知的价值和目标建立象征性关联来证明这些价值和目标的合法性。

国家对于唐山地震纪念仪式的首次正式介入，是唐山地震后的第九个年头举办的公祭仪式。1985 年 7 月 28 日唐山市政府主持举行了大规模的公祭大会，唐山市的主要党政首长出席并致祭，并确定 7 月 28 日为"唐山抗震纪念日"。这次祭祀活动是第一次由官方公开举办的唐山大地震殉难者的纪念活动。

与唐山地震相比，汶川地震发生后，国家意识形态的介入非常及时。官方最隆重的纪念仪式是在汶川地震一周年之际，胡锦涛总书记出席公祭仪式并发表了重要讲话。无论是地点的选择还是讲话的内容，都表明这次重大的祭奠仪式和活动，是对汶川地震罹难者的一次象征性的仪式操演。

官方的集体记忆建构实践是在公共场合有意地、自觉地"做"具有高度象征意义的行为的操演。举行仪式的场所通常是意义的组成部分。一周年纪念活动于 2009 年 5 月 12 日 14 时 28 分在映秀镇漩口中学遗址举行。漩口中学地震遗址作为纪念性场所需要某些仪式活动将其意义激活，此后的历次周年纪念仪式都在此举行，漩口中学地震遗址被赋予崇高、神圣的意义。5·19 全国哀悼日仪式地点也是精心选择的。从具有特殊政治意义的权力象征的天安门、新华门、外交部，到漩口中学地震遗址、北川县城遗址、都江堰等灾区，到祖国的东西南北四个端点，这些具有政治意义和社会意义的地标都具有高度的象征意义。

康纳顿认为，仪式本身是一种形式化的语言，对于这种语言的运用越来越有着风格化和典型化的倾向。从汶川地震和唐山地震历次的纪念仪式看，它们是一场程式化的操演，有大致不变的程序，通过使用一套严格规范的动作、表情和手势，使用一种风格化的语言偏好，展示仪式的象征意义。正是这一套固定的规定性的动作、表情等将特殊的纪念仪式与一些平凡普通的事件区分开来，同时也赋予场所以特殊意义。这样的仪式操演往往是固定不变的。以汶川地震一周年纪念仪式为例，这次活动由四川省委书记刘奇葆主持，胡锦涛总书记和其他党和政府的领导人参加。整个会场按照国家公祭仪式布置，配以低沉哀怨的小号演奏的《思念曲》，气氛庄严、沉重：

漩口中学遗址进门处，门框上有一排黑色大字："纪念四川汶川特大地震一周年"；有百花铺底、黄色镶边；会场入口处的横幅上，黄白两色绢花映衬着"深切悼念四川汶川特大地震遇难同胞"16 个黑色大字；会场内，主席台设在倒塌的教学楼前，台阶上铺满鲜花，台阶正中陈列着两块白色的巨石：上面的石块刻着一面断裂的表盘，时间停留在 2 时 28 分；下面的石块上刻着大地震发生的日期：2008 年 5 月 12 日。

下面是举行汶川地震一周年纪念活动仪式的过程：

14 时 20 分许，一支小号长鸣，吹奏起婉转低回的《思念曲》。胡锦涛等党和国家领导人步入会场，同现场 300 多名出席活动的各界人士一起静静肃立。14 时 25 分，伴随着深情的《献花曲》，20 名礼兵抬起 10 只花篮，正步缓缓走向四川汶川特大地震纪念表盘，将花篮整齐摆放在纪念表盘前。胡锦涛神情庄重地走上台阶，在中共中央敬献的花篮前驻足凝视，亲手整理花篮上的缎带。14 时 28 分，四川汶川特大地震发生的时刻，全场肃立，向在地震中不幸遇难的同胞和在抗震救灾斗争中英勇献身的烈士默哀。随后，举行了庄严的升国旗、唱国歌仪式。纪念活动上，胡锦涛发表重要讲话。小号再次吹奏起《思念曲》，胡锦涛手持一枝洁白的菊花，缓步走到四川汶川特大地震记事墙前，俯下身子，将洁白的菊花献上。李克强等党和国家领导人分别从灾区少年儿童手中接过一枝菊花，依次走到记事墙前献花。出席活动的各界人士也手持菊花，陆续走到记事墙前敬献。一朵朵圣洁的菊花，寄托着人们对四川汶川特大地震遇难同胞的深切思念，表达了人们用重建美好家园的实际行动告慰逝者的共同心愿。（《人民日报》2009 年 5 月 13 日）

对比一周年纪念仪式和其他周年纪念仪式，可以发现这些仪式都是程式化、固定的。这一套程序基本包括默哀、敬献花篮、升国旗、唱国歌、领导发表重要讲话等规定动作和流程。这些都明确地表现为具有纪念意义的仪式，所涉及的行为是适合场景并被权力部门批准与默许的。升国旗、唱国歌、领导发表重要讲话等行为都象征着国家的在场，它符合纪念的本质以及重大灾难性事件后将其神圣化、崇高化的社会和文化特征。其本质上是一种形式化和仪式化的过程，其特征是对过去的沿用，即使只是通过重复，这种重复也是强化仪式的合法性和权威性的表现。

透过的程式化的仪式流程，仪式操演本身就嵌入一种功能上的必要性。它也是在可用的修辞手段中易于接受也更为隐蔽的表达方式。此外，正是这种功能必要性，深刻地标示着集体记忆的象征性修辞。作为传递集体记忆的方式，它是一个赋予"意义"和再阐释的过程。其象征性修辞更在于其隐藏在仪式后面的象征内容和价值意义。仪式活动上领导的讲话最能体现仪式背后隐藏的象征内容和实现培育认同功能。

三、仪式中的演讲话语、进步叙事与认同

集体记忆与仪式或纪念活动中的演讲之间有着密切的关系。无论是庆祝性仪式还是创伤性悼念仪式，领导人或演讲者都会利用独特的修辞形式来构建和促进集体记忆。无论演讲或讲话的具体内容如何不同，但其共同点都是将当下的需求、过去的历史和未来的展望联系在一起。在未来展望的基础上，仪式的演讲话语在寻求身份认同和意义共同体的基本原理方面似乎是高度统一的。

仪式性的话语分析研究早在亚里士多德的表意式演讲中就开始了，这些仪式活动中的演讲为国家提供了公共历史和文化基础。对国家意识形态的纪念就像情感的黏合剂，将国家凝聚在一起，没有它们，国家就无法生存。表

意仪式的研究对于确定文化价值和历史意义至关重要。重要的仪式演讲是表意形式和内容理想的结合，在一些重要的节日庆典和纪念性仪式中，仪式性演讲话语兼顾了看和听。它是一种完美的公共行为，是自觉的行为，在观众的参与配合下得以形成。作为一种话语类型，它能够将它认为已经拥有的意识形态和价值观念重新投射到观众身上。

这些演讲性话语可以作为集体文本，它可以是一种强大的引导工具，那些控制公共话语空间的人可以非常有效地利用它的资源。因此，通过对各种纪念文本的考察，从话语修辞的角度能够理解纪念性演讲中隐含的意识形态性质及其功能。此外，可以通过纪念仪式上的演讲内容、纪念的过程来解释集体记忆建构中官方在纪念什么或不纪念什么与纪念过程中形成的意识形态作为集体记忆建构的文本和媒介，公众的记忆如何被重塑，从唐山大地震、汶川特大地震后公开举行的纪念仪式中可以投射出相似的框架及历史记忆的延续性。

1985 年 7 月 28 日，唐山市政府举行的震后九周年万人公祭大会，悼念地震中罹难者，由中共唐山市委书记岳岐峰宣读祭文。祭文首先简要地介绍了地震造成的伤亡及损失情况，并深切悼念死难者。然后介绍抗震的过程，着重强调党和政府、人民解放军对救灾的重要性。更多的篇幅是震后九年来中国发生的变化，尤其是 1979 年唐山重建后发生的变化：

　　九年来，我们伟大的祖国，我们世代生息的唐山，都已发生了翻天覆地的变化。从 1979 年开始重建唐山以来，国家拨来几十亿元专款，调来数千名学者专家，帮助进行统筹规划和精心设计；派来十几万援建大军，同唐山人民一道血汗相濡，风餐露宿，日夜奋战。经过六年多的艰苦努力，被地震摧毁的唐山没有从地图上抹掉，而是以更加壮丽崭新的姿态重新屹立在冀东大地上。

1984 年唐山一市十县工农业总产值已达六十八亿四千万元，大大超过了地震前 1975 年三十六亿六千万元的水平；今天，唐山市已建成住宅一千零六十四万五千多平方米，有二十万零一千户居民已经迁入新居，占全市总户数的 90%。

祭文的最后，将地震灾难的记忆转化为抗震救灾的记忆：

今天，我们沉痛悼念地震中不幸遇难的亲人和救灾中捐躯的英雄，就是要继承亲人们的遗志，继续发扬抗震救灾斗争中那种公而忘私、患难与共、百折不挠、勇往直前的抗震精神……

"公而忘私、患难与共、百折不挠、勇往直前"等抗震精神成为之后历次公共纪念活动及汶川地震公共纪念仪式中一以贯之的记忆主体内容。

1986 年 7 月 28 日唐山抗震十周年纪念大会，相比于前一年的公祭，这一次大会规格更高。国务院副总理万里和中共河北省委书记邢崇智、河北省省长解峰等出席。这次纪念大会由河北省省长解峰代表讲话，讲话的主要内容是感谢党和国家、人民解放军以及全国人民对唐山抗震救灾、恢复建设所做的贡献，并宣告唐山的灾后恢复和重建已经基本完成，开始跨入"十年振兴"的新阶段，指出这一切都归因于社会主义制度的优越性。和前一年的公祭相比，这次纪念大会除了悼念和追忆，更多的叙事内容是向外界宣示，唐山已经从"震后"的非常状态走出来，成为一个"正常的城市"。[1]

1996 年，唐山抗震二十周年纪念大会，国家主席江泽民和国务院总理李

---

[1]　王晓葵. 国家权力、丧葬习俗与公共记忆空间——以唐山大地震殉难者的埋葬与祭祀为例 [J]. 民俗研究，2008（2）：5-25.

鹏出席了大会。江泽民为唐山题词:"弘扬公而忘私、患难与共、百折不挠、勇往直前的抗震精神,把新唐山建设得更繁荣、更美好。"江泽民的题词正式成为"唐山抗震精神"的一个标志性的存在。国务院总理李鹏发表讲话,进一步阐释了唐山抗震精神。从 1985 年的万人公祭大会,以及十周年、二十周年纪念活动大会的讲话内容来看,有关唐山大地震的集体记忆逐渐集中到"抗震精神"上。在此后三十周年、四十周年纪念大会的讲话中,内容大多突出"抗震精神"。在官方话语的持续建构及重塑下,抗震救灾重建的记忆逐渐成为唐山大地震集体记忆的主要内容。

对比唐山地震公祭仪式和周年纪念仪式的讲话,汶川地震纪念仪式讲话内容与之几乎一致。2009 年 5 月 12 日,在四川省汶川县映秀镇举行汶川特大地震 1 周年纪念仪式,胡锦涛主席出席并讲话。这是迄今为止,汶川地震周年纪念仪式规格最高的一次。从讲话内容来看,除了第一段用简短的话语向在地震中罹难的同胞、因救灾而牺牲的烈士们表达哀思之外,其余部分延续了面对灾难事件"抗灾、救灾、举措、成绩"等叙事范式。第二段突出强调党和国家的救灾行动并宣告救灾胜利,同时沿用唐山地震纪念活动上的指标性话语,用"众志成城、迎难而上、泰山压顶不弯腰、大无畏"等来诠释汶川抗震救灾精神:

面对空前惨烈的灾难,在党中央、国务院和中央军委坚强领导下,全党全军全国各族人民众志成城、迎难而上,以惊人的意志、勇气、力量,组织开展了我国历史上救援速度最快、动员范围最广、投入力量最大的抗震救灾斗争,最大限度地挽救了受灾群众生命,最大限度地减低了灾害造成的损失,夺取了抗震救灾斗争重大胜利,表现出泰山压顶不弯腰的大无畏气概,谱写了感天动地的英雄凯歌。

纪念仪式正值地震发生一周年，因此讲话强调了科学重建和对口支援等救灾举措的成就，宣告灾后恢复重建已取得阶段性成果，宣告灾区人民正大步迈向新生活：

我们按照以人为本、尊重自然、统筹兼顾、科学重建的原则，科学制定灾后恢复重建规划，迅速出台一系列支援灾区的政策措施，积极开展对口支援，迅速组织开展灾后恢复重建工作。在中央大力支持、灾区广大干部群众艰苦奋斗、全国人民大力支援下，城乡居民住房重建、学校医院等公共服务设施重建、基础设施恢复重建、产业重建和结构调整、历史文化保护、生态修复等方面均取得显著成绩，灾后恢复重建取得重要阶段性成果，灾区人民正大踏步走向新生活。这一切，为夺取抗震救灾斗争全面胜利奠定了坚实基础。

接下来的内容是感谢抗震救灾和灾后恢复重建的官兵、广大干部群众和社会各界人士、港澳台和海外侨胞、国际组织机构和友好人士等。公共设施、基础设施、产业重建和结构调整、历史文化保护、生态修复等各方面的成就证实了风雨同舟、团结奋斗的民族品格和强大力量及改革开放、社会主义现代化事业的伟大和正确。并对下一步各项工作进行部署。

2018年"5·12"汶川特大地震抗震救灾十周年，四川省委书记彭清华在纪念仪式上的讲话内容也基本延续了此前的内容框架。首先是悼念遇难同胞和救灾中捐躯的英雄，感谢抗震救灾和灾后重建中社会各界人士和国际组织、友人的贡献。其次是歌颂党和政府的正确领导部署，众志成城、迎难而上、无所畏惧、团结一致的抗震救灾精神。以城乡面貌、民生事业、基础设施、产业发展取得的突出成就来彰显共产党领导的正确性和社会主义制度的优越性。最后是表决心，坚定不移地将四川各项工作做好，期待四川更美好的未来。

汶川地震作为集体经历的创伤，其记忆的建构是记忆和遗忘的辩证过程。纯粹的"事件"不会自动地演变为集体层面的创伤，而是基于政治的需要，通过调整、修正和重构，特定的创伤才会被提升到集体层面。① 出于维护政权合法性和加强认同的需要，国家在重大灾难或创伤事件过去后，一般会倾向于采取看似矛盾的做法，既铭记又遗忘，将创伤转型为新的意义并重新阐释。

亚历山大在论述大屠杀的记忆建构时，认为美国占据主流地位的叙事方式是进步叙事，就是在叙述纳粹主义的时候"给出了一个救赎的诺言，激发出一系列带来希望和信心的行动"。因此它是一种结束—光明叙事。② 大屠杀叙事中结束—光明叙事指的是作恶的纳粹被一场正义的战争击败了。对于死难者和牺牲者而言，重要的不是悼念他们的死，而是"消灭造成他们的死亡的纳粹并规划建立一个再也不会有纳粹出现的未来"③。

对于汶川地震而言，这种进步叙事的框架就是灾难（汶川地震）被战胜了，灾难从此结束了。对死难者的社会弥补不仅是悼念他们的死去，更为重要的是以党和政府的一系列抗震救灾所取得的辉煌成就来实现弥补。并且在抗震救灾精神的指导下，许诺未来的各项工作会取得更大成就，四川的未来、中国的未来会更加美好。正是在这种进步叙事框架下，地震纪念仪式演讲话语通过对国家和政府救灾、重建成就的凸显、美好未来的许诺等叙事建构，通过对措施、成就、未来的讲述以及对悲剧叙事的置换，在时间的沉淀中，地震灾害本身的记忆逐渐变化为抗震救灾记忆，潜移默化中实现塑造认同的功能。

国家意识形态及进步叙事赋予汶川地震意义和记忆的再阐释，要扎根、

---

① 何卫华. 创伤叙事的可能、建构性和功用［J］. 文艺理论研究，2019（2）：170–178.

② 陶东风. 从进步叙事到悲剧叙事——讲述大屠杀的两种方法［J］. 学术月刊，2016（2）：127–138.

③ 陶东风. 从进步叙事到悲剧叙事——讲述大屠杀的两种方法［J］. 学术月刊，2016（2）：127–138.

保存于个人的记忆中，需要被个人所接受、内化和认同，意识形态主导的悼念仪式通过低沉哀怨的音乐氛围、庄严肃穆的会场气氛等象征符号的集聚，营造一种极具感染性的心理场域和情绪场域。如前所述，纪念仪式上的演说和讲话既能被观看和聆听，又能被记忆，它也是一种完美的集体记忆建构行为，是一种带有修辞性特征的仪式操演。它能够将观众带入所营造的氛围中并潜移默化地影响观众的意识和情感，可以成为一种强大的引导工具。历次地震周年纪念仪式的演讲展示了集体记忆持续建构的过程，纪念仪式和演讲文本只有在其他人共同在场的情况下共同悼念和记忆才会有效。在纪念仪式上通过穿插文字，如发表演讲、配合祭奠仪式和纪念仪式等，演讲内容参与仪式并强化了记忆。强调仪式操演中的演讲话语是公共记忆的集体文本，就是要强调它的建构性和修辞性是显而易见的，在所有传递和建构集体记忆的形式中，仪式演说的修辞性无疑是其中最明确的。

　　总的来说，汶川地震后的纪念仪式可以被视为表达、加强、重建和组织集体表征，仪式将人们的注意力转移，并辅之以领导讲话，将党和政府的抗震救灾行为和精神价值内化于每一个仪式参与者头脑中，其象征意义是由国家以叙事表达对重大灾难的修辞范式及其功能。在整个过程中，记忆的选择性建构、合法化和强化都受到集体表征的修辞性引导。官方通过举办公共纪念仪式、调遣、征用表征来实现自身的彰显，并通过仪式潜在的引导力量来促进认同的培养。个人参与者在仪式的自我规制之下自我"催眠"，在潜在的引导性和自我规训共同作用之下，个人的创伤记忆被国家彰显的记忆所置换，隐匿在仪式表面的表征和修辞性叙事成功地实现了促进认同的目标。

四、公共纪念仪式：集体记忆对个人记忆的置换

汶川地震后永久纪念物有多种形式，对于那些失去生命的人来说，为个人立碑建坟是一种表现方式，每一个坟墓就是对逝去生命的纪念。在集体的意义上，纪念这一事件及其意义的集体标志是在灾难现场或附近建造纪念性建筑物以保存记忆。5·12 汶川特大地震纪念碑就是其中之一。纪念碑和5·12 汶川特大地震记事碑墙等建筑物是保存汶川地震集体记忆的重要场所，是维系这一灾难事件和公众记忆的重要黏合剂。纪念碑和纪念馆常常吸引并触动前来参观的游客和市民。当地政府和社会各界人士也会定期参观并举办各种活动，以表征这一事件及其记忆的持续性和重要性。具有同样功能和意义的是 1986 年唐山地震十周年纪念活动和唐山抗震纪念碑、抗震纪念馆、抗震纪念碑广场的建成。

随着政治权力的民主化，公开的仪式和纪念活动成为政治过程的基本要素。纪念碑中意义的产生不仅可以通过激活记忆来实现，还可以通过纪念碑等场所空间的产生来实现，或通过使用和激活它以创造持续的意义。这包括公共纪念仪式，纪念场所需要由仪式来点亮，仪式的操演被认为是在纪念碑和集体记忆之间建立联系的核心。纪念性场所将作为一个持续地激活其空间的场所而受到关注，实现激活的方式及其原因是研究纪念仪式修辞性的一个核心问题。

在合适的位置，纪念碑可能成为仪式的焦点，从而将亨利·列斐伏尔（Henri Lefebvre）所谓被动的"表征空间"转化为动态的意识形态场所。在这里，公众可以通过精心安排的纪念活动、仪式和受控的景观来体验蕴含象征意义的事件。通过这些"人为的时间和空间结构"，集体记忆聚焦于特定的事件和地点。理想情况下，大量的人参与到这些记忆仪式化的表演中，加强了

社会与他们的联系，表征空间所表征的意义，以及彼此之间的联系。纪念碑通过重复性的有意义的仪式性纪念活动，集体记忆可以一代代传承下去。因此，把纪念碑、纪念活动和公众参与合在一起，就构成了为集体记忆建构赋予社会意义的表征实践。他们将集体记忆与高度浓缩、固定和有形的场所紧密地联系在一起。在意识形态景观中编排纪念活动，往往是一种有意识的操演，可以实现培养政治共识的目标。

南希·芒恩（Nacy Munn）赞同涂尔干的仪式观，认为其中最有趣的地方在于涂尔干指出了仪式作为转换开头的重要性："一端是社会政治秩序的外部道德约束和类分，另一端是个体行动者的内在情感和想象。"仪式戏剧化且强化了一种集体形象，这种集体形象充当着社会和个体之间的媒介。芒恩据此将仪式称作一种"社会控制系统"，"通过共同生活意义的象征性动员，将个人与有着重要人物的共同体"联系在一起。①

当个体参与到公开的公共纪念仪式中，尤其是官方举行的汶川地震的各种悼念仪式中，实际上就是进入了社会引导系统和秩序化的规训之中。这种秩序化，使得汶川地震的伤痛记忆得以在社会群体和个体中保存。在纪念仪式的程序中，参与其中的社会成员，被要求在规定的时间、规定的地点、规定的流程中做出规定的行为。这种规定的行为可以是默哀时低头、低声啜泣，也可以是对仪式讲话产生的强制性记忆闪回的接收，以及被要求的省思。而纪念仪式的意义正是在于通过这些秩序与要求，与社会成员其他非仪式行为产生区别。重复举行的伤痛记忆的纪念仪式通过这种方式，在社会群体内部形成强大的康纳顿所说的惯性。这种惯性是个人力量无法改变的，它保证了较长时间内仪式周期的继续进而使得伤痛记忆得到保存。②

---

① 大卫·科泽. 仪式、政治与权力［M］. 王海洲，译. 南京：江苏人民出版社，2014：73.

② 许捷. 伤痛记忆博物馆研究［D］. 硕士学位论文，杭州：浙江大学，2010.

官方举行的公共纪念仪式以这种形式保证了它的功能，并传递给那些参与的人。仪式是非言语的，在确保人们同意某一特定命令和价值观方面，仪式一直被认为比强制力量更有效。因为仪式将人们带入一个共同体中，带入一个精心营造的强大的情感、心理、象征符号、文本、演说等共同构成的场域中。它们可以用来促进产生意志和行动的和谐，而不引发反抗，因为个体在仪式中扮演着应该扮演和指定的角色，矛盾和反抗几乎是不可想象的。

此时，仪式的"重演特征"、所表现的内容和展示的形式相结合，尤其是汶川地震纪念仪式通常以崇高和神圣的方式呈现，整合社会各群体的情感，在仪式营造的情感氛围中，个人不断地重温、强化集体建构的记忆，并激发个人对于国家的认同，不断形塑和巩固国家和集体记忆。

最为典型的是汶川地震后的5·19全国哀悼日仪式。全国哀悼日定在5月19日至21日，共3天。按民间的丧葬习俗，每7天要为死者进行一次祭奠，共七七四十九天。国家利用民间的"头七"来举行国殇哀悼仪式，把民间"头七"的个人丧葬仪式变为国家集体的哀悼仪式。虽然同样都具有祭奠和纪念逝者之意，但从情感上来说，个人的变为集体的，家庭的变为国家的，从原本属于个体记忆的仪式转变为具有集体记忆的哀悼仪式。

博德纳尔认为，"公共纪念活动通常是为了表达官方关切"①。在国家意识形态主导构筑的公共记忆空间和纪念仪式上，汶川地震中的罹难者是被作为一个整体进行祭祀、悼念和追忆的。在北川县城遗址、映秀镇漩口中学遗址、5·12汶川地震纪念碑前、纪念馆里，乃至在5·19全国哀悼日仪式上，参与者同病相怜，拥有共同的不幸遭遇，能够相互理解相互安慰，从而使失去亲

---

① BODNAR, JOHN E. *Remaking America*：*Public Memory, Commemoration, and Patriotism in the Twentieth Century* [M] .Princeton University Press，1993：16.

人的痛苦得到部分的缓解，心灵的创伤聊以慰藉。这可以说是公共纪念仪式的意义所在。但对每一个无辜死难者来说，并不是抽象的数字，他们也曾经是鲜活的生命，或是慈爱年迈的父母，或是承欢膝下的儿女，或是手足情深的兄弟姐妹，等等。他们有自己的个性、情感、不同的生活经历。每个人背后都有一个故事，都是一个独特的存在，都值得铭记和尊重。因此，公共的纪念仪式无法取代个性化、专属于个人的祭奠仪式。抽象的"抗震精神"也无法替代遗属们对已逝故人寄托哀思。

　　和个体的丧葬过程相比，公共死亡事件的祭祀与纪念活动，既植根于民间丧葬习俗，也往往伴随着政治权力、地域社会、家属个人，乃至商业资本之间的协商、对抗、合作等复杂的角力。于公共死亡事件的处理，将个人的祭祀仪式纳入公共的纪念活动中，实际上超越了死者的"私人"范围，而成了公共事务的一部分，与纪念碑、纪念馆的建造，纪念物、遗迹的保留，纪念活动的举行，以及纪念日的设定等一样，都以唤起重塑事件的记忆，强化事件的某些侧面，成为社会集体记忆的一部分为目标。[①] 唐山地震后举行的公祭仪式是一次官方举行的公共纪念仪式，表达的是官方的关切；遇难者遗属仍然在用民间的方式祭奠，从某种意义上来说与官方的纪念方式各行其是。可见，公共纪念是无法取代个人的祭祀活动的，尽管官方记忆可能会占据主导地位，民间记忆可能会随着时间的流失而褪色，但集体记忆的个人自主性决定了个体记忆需要个性化的纪念仪式。正因为如此，7月28日这一天，有大量唐山市民在路口为地震中遇难的亲人烧纸焚香。这是市民个人祭奠方式的表达，而且成为唐山的一个独特的习俗。个人化祭奠仪式这个行为执着地存在本身，表明公共的纪念仪式并没有取代个人的祭祀意愿。对于很

---

① 王晓葵.国家权力、丧葬习俗与公共记忆空间——以唐山大地震殉难者的埋葬与祭祀为例［J］.民俗研究，2008（2）：5-25.

多唐山市民来说，唯有个人化的祭奠仪式才能更真切、质朴地寄托对于亲人的哀思，满足与死者的情感倾诉，这是他们与死者对话的最好方式。

为什么会出现个人化祭奠与公共纪念方式各行其是的现状？为什么公共的纪念仪式不能满足个人的祭奠需要？为什么老百姓不去抗震纪念碑广场前进行祭奠活动？从唐山地震的例子可以看出，官方主导的公共记忆和个人的记忆可能会独立发展，但不是以彼此为代价。康纳顿的仪式操演观认为，公共的纪念仪式是展示符号、组织符号的行为，其仪式操演是价值观念的展示。从前述的仪式演讲内容和唐山、汶川地震周年纪念仪式的分析看，这些公共的纪念仪式呈现更多的是"抗震救灾重建"的记忆，而不是灾害本身的记忆。也就是说，这些纪念仪式所建构的集体记忆的主要内容是凸显"抗震救灾精神"，是彰显公而忘私、患难与共、百折不挠、勇往直前等中华民族精神，而民间的个人记忆更多的是个人的伤痛记忆。这样的集体记忆内容显然并不能满足遗属们表达哀思、倾诉情感、获得心理慰藉的需求。而且，不管是抗震纪念碑、纪念馆还是5·19全国哀悼日仪式及地震周年纪念活动，都是作为公共领域而存在，纪念的是地震造成的公共死亡事件，表面上包含了每一个遇难者，但同时它也忽略了每一个遇难者的个体性和特殊性。此外，作为公共领域，在此举行民间的、个体的祭奠仪式也不现实。

第四节　灾难、仪式与媒介权力：5·19全国哀悼日的全国电视直播

一、仪式媒介化与"想象的共同体"

仪式与媒介之间的关系主要表现为仪式的媒介呈现，即仪式媒介化或媒介化的仪式。仪式的媒介化是涂尔干的仪式理论意义的具体化，仪式媒介化可以实现社会的集体参与。涂尔干强调集体情感的重要性，认为一个社会、群体的成员，在一个地方聚集产生认同的感觉，涂尔干将它称为"集体欢腾"。这种"集体欢腾"正是经过媒介中介化了的社会行动产生的效果。在媒介化的仪式中，可以通过创造符号、影像、图像等来调动和动员集体情绪。

库尔德里（Couldry）在《媒体仪式：一种批判的方法》（*Media Rituals: A Critical Approach*）中说，新涂尔干主义主张重建社会共同体，实现新的社会整合，大众传播媒介是现代社会把社区成员聚集在"同一屋檐下"的一种有效手段。或者说社区成员是在这种情况下围绕着电视机的，因为在现代社会中，这一功能主要由大众媒体尤其是电视来完成。新涂尔干主义是从建构和维持社会生活的有利角度来看待媒体的。大众传播媒体不仅仅是图像和文本的消费，通过媒体和媒体的宣传，个人有可能感到自己属于某个更大的社会群体，接触到这个群体的基本价值观并与这个社会群体的基本价值观相融

合。换句话说，媒介有利于社会秩序整合和群体内部凝聚力形成 ①。也就是说，大众媒体活动服务于社会的秩序、融合和内部凝聚力。

但涂尔干也承认，这是一种"机械团结"，大众媒体与社区群体之间的关系不是自动存在的，而是需要具体地、单独地构建的，而且大众媒体与社区群体之间的关系被权力高度渗透。在现实中，社区群体中一开始不一定有一个核心，但是从意识形态或权力意志的角度来看，这样一个核心的存在是很重要的。大众媒体的作用正是建立和维持这种信念，以及媒体本身享有进入该中心的特权。以 5·19 全国哀悼日的全国电视直播来说，大众媒体的参与是公共悼念仪式的必要条件，也是体现其权力所在。它扮演宣讲者和操演者的双重角色，一方面用镜头语言宣讲这个悼念仪式的重要性和意义，营造"想象共同体"的氛围，实现仪式增强凝聚力的功能；另一方面，在特定时刻展示其作为公共悼念仪式中强大代理人的权力。

那么需要解决的问题是，大众媒介权力中心的神话是如何创造出来的，以及在构建这样一个神话的过程中涉及什么样的仪式实践。在《想象的共同体——民族主义的起源与散布》这本书的开头，作者本尼迪克特·安德森用"想象的共同体"这个词来描述报纸、电视或社交媒体中介化的社会群体。这些是被媒介中介化的社会群体，并不是固定在任何特定的物理场所，因为它们是在人们的想象的经验世界中形成的。但想象不是虚构，它们仍然是共同拥有的社会现实的一部分。他认为，人们总是通过某种想象来建构与他人之间的社会关系并因此而建构某种身份，想象在建构和维系共享世界中具有创造性力量。他认为，社会群体不是一个预定的、有限的或既定的社会群体，也不能仅仅通过参考周围的环境来解释，社会群体通过各种想象和象征来建

---

① COULDRY N.*Media Rituals：A Critical Approach*［M］.London：Routledge，2003：5-8.

构自己的社会关系。①

　　大众传媒在想象的共同体中的作用可以归因于 20 世纪印刷业的迅速发展。大量的书籍、小说、报纸的出现，尤其是大众报纸的大量出现，大大地促进了想象的共同体的形成。安德森认为，报纸作为一种定期印刷的刊物，加深了人们对于"同质的、空洞的"时间的感知。这种特性使阅读报纸成为一种"群众仪式"，报纸成了现代人晨间祷告的替代品。这种由阅读报纸所形成的仪式，使人们能体会到想象的共同体的存在。报纸作为一种凝聚力、一种象征性和想象中的社会共同体的角色与当今社会大不相同。大众传媒时代，国有媒体（如国有电视台、报纸等）主导着大众传媒。随着我们对世界的体验变得越来越中介化，即与媒体相关和以媒体为中心，研究、理解媒介和想象共同体的本质以及媒体在建构、维系这些共同体中所扮演的角色的需求不断增长。

　　那么，这些想象出来的共同体是什么，它们是如何在当今社会中被建构出来的？安德森认为，想象的共同体或"社会想象力"产生于个人如何想象它们的社会存在，如何想象它们与他人和自己的环境相适应，以及什么样的象征符号和图像构成了这些期望。这些将社会群体和个人联系在一起的想象力通常以图像、故事和符号的形式表达出来，而这些都是通过媒体来实现的。它们不是理论的抽象，而是真实的日常实践。安德森认为，想象的共同体，取决于多少人能够通过媒体在同一时间体验同一件事。

　　安德森认为，国家形象是集体想象的重要内容，它蕴含着国家认同和群体认同及身份认同。他强调大众传播，特别是印刷媒体即书籍、报纸和期刊在通过集体想象以维持共同归属感方面的关键作用。安德森说，国家认同首先不能被理解为一种共同的语言、地理、种族、宗教甚至历史，而是一种共

---

① 本尼迪克特·安德森.想象的共同体——民族主义的起源与散布［M］.吴叡人，译.上海：上海人民出版社，2011.

同的思维和情感形式。在他看来，图像、符号、歌曲和神话传说等都是文化符号，它们作为想象的共同体的符号强大到足以为维系一个国家的个体之间提供包罗万象的联系。

这种特性吸引我们关注什么样的事件适合在媒体上传播，什么样的图像、符号适合于媒体建构集体想象、集体情感和集体行动。这些想象实践是如何形成和塑造并在媒体上产生图像，情感、想象和行动是如何建构的，谁是这一行动的中心。

能够被媒介化的仪式一般是那些特殊的和具有操演性的重大事件。戴扬和卡茨在《媒介事件：历史的现场直播》中认为，加冕、挑战、征服等三种类型的事件是特别适合于媒介化的事件。庆典仪式或哀悼仪式等事件也是当今社会适合于媒介化的事件，尤其是重大灾难性事件，一般是重大的、往往是创伤性的，甚至是历史性重大灾难事件，常常表现出很高的媒体表现力。它们在符号化和符号表征意义导向的基础上，传播强有力的象征，能够维持和唤起或动员集体情感和团结。

对于汶川地震这样有大量遇难者和对社会有着特殊象征意义的重大灾难事件，完全可以被称为国家的悲剧。在如此重大的灾难事件后，出现了一些强烈的集体仪式化元素。5·19 全国哀悼日这样重大活动的一个显著特征是，它本身就是仪式，通过媒体变成了仪式化事件。在这个仪式化的过程中，媒体塑造和影响着事件本身，以及观众对事件的解读和呈现方式。

二、仪式媒介化作为权力的代理人

媒体创造和维持群体意识的权力不能仅仅是缩小到空间、时间，甚至想象的共同体和集体想象。媒体的权力更是建立在能够将一系列的符号集中在自身的能力上，可以用这些符号来吸引观众和读者，并将它们与一个共享的社会与世界联系在一起。这些符号，可以是各种各样的标志性图像、国家符号、图腾特征和仪式，这就是媒体权力的关键所在：这种权力不是基于强制，而是基于集中、表征、再造和使用文化资源的能力。正是由于这种象征力量的集中，媒体不仅影响我们作为群体和在群体中行动的方式，而且影响我们如何能够描述和理解我们所处群体的性质。

自电视诞生以来，就作为一种社会化的媒介，为社会文化互动以及身份的表达和强化提供了手段。电视直播对全国哀悼日的表现，无论是在家里还是在公共场合观看，都可以成为构建"共享文化"的仪式行为，并富有成效。

5·19全国哀悼日电视直播正是一种媒介化的仪式形式。通过电视直播，观众对于汶川地震遇难者及其家属的痛苦和折磨感同身受。全国哀悼日的电视直播以某种导向的作用将人类的感官体验联系在一起，其核心是"真实的暗示"。电视直播全国哀悼日的过程中，观众在时间和空间中是共同在场的。在观众眼中，电视的直播可以培养一种移情取向——对人类苦难的共情。

在5·19公共悼念仪式的媒介化的过程中，电视作为大众传播媒介，在公共仪式中是强大的代理人，其权力塑造并影响着事件本身以及受众解读和呈现事件的方式。首先是电视对受众日常时间的强行中断，从5月19日起，中央电视台关于悼念仪式和汶川地震的画面，在全天或主要时段占据了中央电视台和其他卫星电视的所有频道，报纸和互联网网站等所有媒体的横幅、标志和标题都被改成了黑色和白色。这种强行的中断使所有人包括电视机前的观众也成为仪式的参与者，与现场参与者一同默哀，为5·19公共悼念仪式灌注了强烈的社会意义和心理感受，营造了同样的情感感染场景。全国哀悼日的电视直播代表了汶川地震特大灾难事件结构构成的一个重要转变，因为在不同时空的人们同时实时体验事件，参与悼念仪式的现场内外的个人形成一种强烈的"共存感",共享这一时刻的庄严、崇高和神圣。个人的体验、记忆与集体融为一体,电视的直播整合、聚合了整个社会群体成员。

媒介化的仪式权力表现在可以选择性地呈现在某些具有特殊意义的地方举行的仪式。5·19汶川地震全国哀悼日仪式的直播精心地选择了一些富有意义的地点,例如具有政治地标意义的天安门广场、外交部、新华门,这些地方是中国行政权力的象征。此外是灾区,如北川县城遗址、都江堰等地,还有中国北方的哈尔滨,东方的上海黄浦江,西方的新疆,以及香港、澳门等地。这些具有特殊意义的地点象征着祖国的四面八方和港澳同胞的共同参与。电视不仅仅是报道或"媒介化"这些仪式,而且通过仪式转播传达某些情感或意识形态。也就是说,经过媒介中介化的仪式,超越表面的报道或呈现,以虚拟的方式"渗透"某些集体情感——基于社会应该是什么样子的想法和情感(集体情感),唤起和维持集体情感。

通过媒体进行的仪式都具有明确的国家层面的意义。在这些仪式中,悲痛和哀悼成为国家团结的首要情感要素。在5·19哀悼仪式营造的感染域中,凄婉的火车汽车鸣笛声和防空警报声响彻在祖国的四面八方。从政治权力中心的天安门,到地震废墟遗址,从香港特别行政区,到澳门特别行政区……通过电视仪式的现场直播,象征国家的各种元素和符号呈现在电视画面中,激发观众的心理共鸣和情感参与。观众将个体遇难者的哀悼和记忆上升为国家记忆。在电视的现场直播中,可以看到的降半旗和参加公开悼念活动的党和政府领导人等国家形象的组成部分,他们在公共悼念活动中起到团结全国的作用。

国旗和党和政府领导人作为国家的象征符号,在悼念活动和想象的共同体中被转化为国家的哀痛,国旗降半旗的画面表达了举国上下的悲痛。这一悼念仪式使亿万观众在身体实践和情感上共同体悟到个人、集体与汶川地震的关联，并将个人的体悟与记忆共同汇聚为集体的记忆，国家符号和元素的在场，潜移默化地唤起了民众对合法权威的忠诚。同时，这一全国性仪式也完成了此次灾难事件的转换，国家由此宣告救灾工作进入恢复重建第二阶段。

　　总结来说，从5·19全国哀悼日仪式和唐山、汶川地震周年纪念仪式来看，官方举行的公共纪念仪式是强化和重建集体表征的过程。官方作为仪式举办者规训了仪式参与者的表现、情感、心理，借助于电视直播将仪式所象征的神圣性、崇高性功能化，实现了公众对国家的想象和认同。官方通过仪式的操演及其代理人电视直播所传递的象征性意义呈现给公众，凸显了党和政府的"救灾抗灾"记忆及其体现的抗震救灾精神，并配合纪念仪式上的讲话，有效地让参与者内化了所表征的意义，赋予集体记忆一种持久性。

第六章　交互与互补——多媒介的协奏

第一节　集体记忆建构的媒介动态性

一、集体记忆在不同媒介间的动态转换

集体记忆的建构是一个持续的、动态的、多向的过程，汶川地震的创伤记忆建构同样是一个媒介化的动态性过程。地震发生后，新闻媒介的报道成为记录历史和建构记忆的第一环节，人们通常会把新闻媒体当作"历史的初稿"，铺天盖地的新闻报道成了"记忆的初稿"。在巨大的灾难造成的创伤面前，客观的新闻报道显然无法满足人们情感宣泄的需求。我们需要从情感上与这个事件产生共鸣，使之成为"我们"的集体记忆或文化记忆的一部分。

短小、精悍、情感真挚的诗歌显然更能胜任上述需求，因此诗歌当仁不让地成为铭记苦难、承载记忆的媒介。地震诗歌的井喷通过网络、手机等媒介来实现，进而进行分享、转载。在诗歌创作热潮出现后，电视、报纸等媒体相继跟上，各种诗歌团体积极组稿，迅速出版了十多部地震诗集，诗歌成为表达哀思、鼓舞人心、凝聚情感、塑造身份认同的重要媒介。"今夜，我们都是汶川人""昨天就这样躺进我每一个汶川人／不，就这样躺进了每一个四

川人／天啊，就这样躺进了每一个中国人的记忆"。身份的同构立即引起所有中国人的情感共鸣，在新闻媒介的轰炸式报道和全民诗歌创作热潮的珠联璧合中，创伤是如此地被体验和记忆，并因此被想象和呈现，集体认同完成了重构。

这种集体认同和身份认同的重构，意味着将会有一种对集体精神的追忆，因为记忆不仅是社会的和流动的，而且与过去的和当下的自我意识紧密相连。认同的不断建构，不仅面向现在和未来，也通过重建集体的凝聚性结构，过去的体验和象征意义表征纳入当下的意义表征框架之中，将历史与当下缝合形成连续性完整的表征意义，从而转向文化记忆。既完成个人记忆向集体记忆的转换，从心理维度转向文化的维度，也实现集体记忆在时间上的连续性，跨越世代的传递与保存。

与诗歌相比显得"相对滞后"的小说，作为长时记忆的媒介，在文化记忆建构中占据着重要的位置。它通过故事情节的叙述、人物形象的塑造进行文化表征，提炼具有凝聚性结构的文化记忆，使得文化记忆得以传递和持续。

一旦集体身份得到这样的重建，最终会出现一段"平静期"，意义的螺旋变得平缓，情感变得不那么强烈，创伤的关注逐渐淡化。创伤客体化的过程变得例行公事，热情蒸发，随着对创伤的强有力的影响话语的消失，创伤的记忆在纪念碑、博物馆、废墟遗址和文物收藏中被物化，新的集体身份和记忆将根植于这些纪念性场所中，将个人从事件的创伤性休克转移到创伤后的纪念空间，并在仪式惯例中形成。

汶川地震已然成为历史，我们通过仪式的操演行为把过去的事件和历史重新带回当下。在周年纪念仪式的操演中，过去作为一种纪念行为或仪式被带入当下，历史通过沉淀在身体中的习惯性记忆被铭记，周年纪念仪式的重复操演则不断地巩固文化记忆，创造和稳定过去的某些叙事和标志。至此，集体记忆完成其动态的持续的累积建构过程，这也是集体记忆跨越不同的媒介流动、扩散、转化、累积的过程。同时，影视等媒介的介入也满足了人们通过声音、视觉和影像去记忆、去见证、去连接、去体验创伤的强烈愿望。

从汶川地震的记忆在媒介间的转换中，我们发现记忆是一个跨越多个时间和空间不断展开、变化、转变、演进的过程性行为。在媒介、时间、空间的综合作用下，我们的集体记忆也在不断地融合、变化或者抹去。在这个过程中，汶川地震的意义和记忆被重新定义。在不同的媒介中，汶川地震的意义从单一的媒介中分离出来并被融合、重新塑造，既有个人的自发行为，如诗歌潮的涌现，小说等文学作品的书写等。更多的是官方引导的过程，如官方主导的新闻媒体、博物馆、公共纪念仪式等，通过这些不同的媒介的书写与保存，对汶川地震这一历史事件重新进行想象和意义建构，以服务于意识形态和社会需求。

我们对于汶川地震的记忆，除了亲历者都不是基于事件的直接体验和记忆，而是基于"文本中介"和"物性中介"。具体来说，新闻媒介、文学影视作品等是基于他人提供的"文本资源"——在事件和我们对事件的记忆之间充当中介的叙事或影像符号，而纪念碑、废墟遗址、馆藏物品和仪式是基于物体和身体等抽象符号进行表征和隐喻的。

在各种媒介层出不穷地涌现且叠加共存的情况下，集体记忆的建构已经今非昔比。在此之前，集体记忆通常是保存在单一的媒介之中，如口头流传的故事、历史典籍等，或凝固在特定的场所、空间和容器中（纪念碑、文本、博物馆），并属于国家和特定的群体，造成了一种历史连续性的感觉。但在多种媒介并存且共同构建记忆的过程中，集体记忆建构的动态性也表现在记忆主体的参与中。记忆主体并非像过去那样只接触一种单一的媒介，而是同时体验着多种媒介，不同媒介对于记忆主体所产生的体验是不同的。集体记忆的建构并非单向度地从建构方出发，记忆主体在不同媒介建构的记忆中，参与度、接受情况都会影响集体记忆的建构效果，因此，集体记忆在建构方与记忆主体间的双向互动与勾连中形成。

媒介作为一种集体记忆建构中介是记忆实践的关键驱动因素。从个人口述、目击者证词、诗歌寄托哀思、大众传媒报道、纪念性场馆、网络祭奠到公共纪念仪式，这些集体记忆建构的过程性和动态性将个人和群体从过去带入未来，带着各种不同的记忆旅行。贯穿各种媒介创造记忆的动力的是政治、意识形态、权力、文化等，共同构成了一个不断变化的动态的多媒介交互的多向度记忆。这与"记忆竞争"的"零和游戏"即一种媒介的记忆覆盖另一种记忆或抹去另一种记忆不同，各种不同媒介的共同建构使得汶川地震的记忆在各种媒介的生产、表征、征用和叠加中成为更大的记忆螺旋，记忆在不同的媒介中生产、保存和转移的过程性凸显。

也正是各种不同的媒介累积性的建构，逐渐形成一个众多媒介共同形塑的一个基本的记忆框架。在这样的共同的记忆框架下，我们的记忆才得以保存和传递。也就是说，尽管不同的媒介建构的集体记忆在动态地变化着，每一种媒介都是在另一种媒介记忆的基础上不断融入新的记忆，但是我们仍然可以在动态的变化背后找到始终不变的共同的基本框架和共同记忆。具体到汶川地震的集体记忆建构，这个始终不变的框架就是"灾难—救灾—成就—认同"。

《人民日报》等主流媒体建构的党和政府救灾、重建的记忆奠定了基本叙事，汶川抗震纪念碑通过其表征的崇高和神圣性将这一记忆凝固下来，并在周年纪念仪式的反复操演中不断地强化。文学影视作品则通过想象将新的记忆融入主叙事框架中，通过各种不同媒介框架的呼应、融合，保持内在的一致性，共同维持不同媒介的受众对于这一记忆的连续性。

二、官方记忆、个人记忆和媒介再现的动态转换

　　记忆建构的动态性还体现在真正的记忆过程发生在集体与个人、官方与民间、个人与国家之间。官方记忆、个人记忆、不同媒介再现三者的相互作用，互相关联且不断变化，产生了连续的记忆实践。人们可以透过集体记忆在不同媒介中的动态转移过程，将之作为一个持续的记忆和遗忘过程。我们为什么会遗忘？我们遗忘了什么？我们什么时候遗忘？我们又记住了什么？从这些问题当中，我们可以重新确定个人和群体与历史的关系，了解背后的意识形态意图。如果关于汶川地震的记忆不再在新闻媒介、文学作品或纪念仪式中进行，它们会变得过时或产生"惰性"，最终会在集体记忆中消亡。如今汶川地震已经过去十多年了，对于这场灾难的记忆也很少出现在各种媒介当中，除了周年纪念日会再次唤醒人们对这一重大灾难的记忆，在其余的时间我们关于汶川地震的记忆是沉睡的。

　　我们对于汶川地震的记忆正在慢慢地淡化，甚至在网络搜索中已经出现年轻的一代提出"汶川地震是什么时候发生的"这样的问题。从前文对于汶川地震纪念仪式讲话内容的分析可以看出，在这个逐渐遗忘的过程中，它们正在被新的记忆所取代或覆盖，正在被凸显成绩和面向未来、发展进步的叙事和记忆所替代。从汶川地震十周年各媒体报道的关键词中，也能体现这种记忆的变化。人民网策划的专题关键词是"奋进、巨变、展望"；澎湃网的关键词是"继往开来"；《南方都市报》的关键词是"十年新生"；《成都商报》的关键词是"伤痕不再"；《楚天都市报》的关键词是"涅槃"。

　　这些报道都意在展现震后10年的变化与重生，这些新的记忆更直接地表达了当下的关切和选择，表达了当下党和政府更为关注当下的现实与发展、继往开来，希冀以发展来实现对于遇难者的弥补。不是沉湎于悲痛之中，而

是在多难中兴邦。国家正在塑造一个奋发有为、积极进取、科学发展的民族形象。这种记忆的动态变化也与国家彰显的战胜灾难、增强凝聚力相关，与谁引导着集体记忆的动态转移相关。

集体记忆的建构过程中伴随着一定程度的遗忘，但遗忘在官方记忆的建构中并不是被动的，而是像记忆一样，这是一个主动、积极、有意的过程，是修辞和意识形态实施的工具和目标。在这样的记忆动态变化中，我们遗忘的是创伤和痛苦的体验，面对的不再是一个伤痕累累的国家，而是想象一个面向未来和开放的国家，是一个令人对未来充满希望的国家，民族认同感油然而生。

从不同媒介作为集体记忆动态转换组成部分的兴起、衰落和边缘化，可以考察集体记忆研究的修辞性问题。这种对记忆动态性的转向，要求我们对为什么某些集体记忆被有意地凸显，或者为什么使有些边缘化的记忆在公共领域中彰显的因素有新的认识？集体记忆的动态化使我们在思考集体记忆的修辞性建构中不仅考虑政治、经济、文化、意识形态等社会因素和框架的作用和影响，而且也考虑记忆建构的"媒介框架"和记忆进入公共领域中的媒介的议程设定的作用。

在很多情况下，特定的媒介能够成为集体记忆的议程设定者，然后通过在公共领域的不同平台（印刷品、图像、纪念仪式）上进行反复地叠加、重申，使集体记忆在群体的个人中扎根、传递并内化为个人的记忆。这就使我们认识到，集体记忆建构和记忆表征在汶川地震创伤中的地位和作用。这样我们就能意识到为什么有的媒介建构的记忆能够被人们铭记，有些媒介建构的记忆消失或遗忘。这意味着，在不同的媒介之间存在着竞争、互动、互补、抵消、参与和退出的关系。每一种媒介建构的记忆是通过彼此塑造、竞争或互补的，这使得从多个维度和向度获取记忆成为可能。因此，我们可以从不同的媒介中找到记忆的共鸣和共振。

总的来说，记忆建构是一个流动的、包容的和开放的过程，而不是固定的和排他的。这为不同的记忆媒介和话语的交集提供了一个机会，也为打造跨越媒介边界的群体共享共情的记忆提供了可能性。

第二节　集体记忆建构的媒介互补性

一、媒介互补：记忆框架的强化、再构与异质化

不同的媒介有不同的特点，不同的媒介在形塑集体记忆过程中具有不同的功能，发挥的作用也各有不同。有些媒介将记忆植根于叙述，如口述史、小说等文学作品；有些媒介依靠象征、隐喻或表征来承载记忆，如纪念碑、纪念馆、废墟遗址等；有些媒介需要共同在场才能起作用，例如纪念仪式需要特定的记忆场所配合。不同媒介生产的记忆效果不同，例如遇难者家属通过参与共享的纪念仪式，或者口述自己的创伤记忆以宣泄情感，比小说讲述的创伤故事能带来更好的治愈效果；纪念仪式所提供的现场感、共情性又是单靠语言无法实现的。

不同媒介共同建构集体记忆，每一种媒介都会对那个最基本、始终不变的记忆框架或核心叙事贡献自己独特的力量。这使我们可以观察这些不同的媒介记忆如何交互、互补、呼应，相互协作，共同建构一个更为完整的记忆，有时甚至是改变原有的个人记忆。在互动、互补的过程中，某些媒介在完成记忆的生产功能和周期后会淡出甚至消失。例如应时而生潮涌般的地震诗歌

在发挥其情感宣泄和塑造想象的共同体的功能之后迅速退潮。新产生的记忆转移至其他媒介中，经过迭代后会与最初产生这些叙事的个人记忆相反或对立。例如在汶川地震十周年之际，一些受访者的口述记忆随着时间和其他媒介的影响而发生了变化："当然我们学校地震过后，像校训这些也结合了地震精神有了变化，比如添加了爱国、感恩、朴实、勤奋等，这个爱国感恩主要就是从地震文化中得来的。"①

在《人民日报》建构的"救灾—成就"记忆框架影响下，一些受访者主动地融入这个叙事框架。有些媒介原有的记忆被扩展，以一种新的方式形成当前的互动记忆。这些记忆通过嵌入新的语境、对象和媒介而被不同程度地交叉、放大和缩小。

媒介作为集体记忆建构的"中继站""稳定剂"或"催化剂"，使记忆得以循环。从这种动态互补的角度来看，不同的媒介之间不是割裂的、离散的，而是跨媒介相互作用的。记忆被跨越媒介携带，通过所有可能的媒介渠道进入人的记忆。记忆随着个体从一个媒介迁移到另一个媒介。例如，当个人在现场哀悼亲属的行为转移到网络祭祀或国家的公开纪念仪式时，不仅是场所和媒介的改变，也是氛围和效果的改变。

网络祭祀可以将图片、文字、音频等媒介形态实现融合，可以虚拟地实现点蜡烛、献花等行为，形式更为丰富多样。但现场感和氛围感显然有所缺失，情感的感染力也无法被现场真实的哀悼所取代。国家公共纪念活动可以营造崇高、庄严的"我们感"，但是公共的纪念仪式将汶川地震遇难者作为一个整体来纪念，无法满足个人祭奠的需求，无法替代个人的现场哀悼。随着不同的媒介携带着他们的特质、记忆和创伤，这些被转移并带入新的记忆

---

① 胡子祥.抗震救灾精神口述史——汶川特大地震十周年纪念专辑［M］.成都：西南交通大学出版社，2018：368.

之中。

　　不同媒介的动态互补有些是基于重复和叠加的媒体再现，是媒介框架和记忆的强化。例如，《人民日报》建构的"救灾—英雄—感恩"记忆与电影《人民至上》是不同媒介间的呼应和印证。典型的是汶川地震十周年，电视、电影、报纸、诗歌、小说、口述史、纪念仪式等不同媒介彼此联动，共同形成彼此叠加的记忆，强化了主叙事框架。《人民日报》建构的"救灾—英雄—感恩"记忆在各种不同的媒介中成为基本框架和标准记忆版本。之后的各种媒介都是在这一基调的基础上不断地叠加、呼应和印证。2018 年汶川地震十周年，中央电视台推出了 5·12 四川汶川地震系列报道以及《十年 不能忘却的记忆》《汶川地震十周年，难忘的面孔》等专题节目。

　　全国四十多家报纸制作了专题栏目，如《南方都市报》的《汶川地震，十年新生》；《华西都市报》的《"5·12"汶川特大地震 10 周年　放眼皆是绿水青山　地震伤痕不再》；网络媒体如人民网策划了专题《"5·12"汶川特大地震十年特别报道：奋进·巨变·展望》；新浪网制作了特别报道《汶川十年家国》；澎湃新闻网推出专题《汶川地震十周年·记往开来》。一些微信公众号也制作了专题，如界面推出系列人物报道；还有南都周刊的《十年航拍对比：北川的遗落与重生｜汶川十年》、新华视界的《汶川地震十周年：再还人间一个锦绣巴蜀》。

　　四川省在映秀镇举行了汶川地震十周年纪念仪式，几部电影作品也同期放映，如《破门》《川流不息》《亲爱的，我要和别人结婚了》；小说诗歌作品如《汶川十年》《十年：汶川地震十周年诗歌作品集》，口述史作品《汶川大地震十年祭：来自亲历者的口述》《十年再回眸：汶川大地震亲历者口中的抗震救灾精神》《"5·12"特大地震访谈·汶川之殇——汶川县 153 位地震亲历者口述资料辑录》也在这一时期纷纷出版。

这些不同媒介的记忆框架在《人民日报》主框架下相互融合，有的着眼于 10 年中人的变化与成长，有的记忆框架呈现了灾区重建后城区经济发展的成就，有的在口述史中提炼抗震救灾精神，有的在诗歌中寄托哀思，见证 10 年重生。不同媒介联动叠加，从各个侧面和不同向度共同强化了《人民日报》的主叙事框架。有些是基于别的媒介记忆的互补，这些不同的记忆汇聚成为一个更为丰富多维的集体记忆。我们从不同媒介的重复叠加中，可以发现每一种媒介都贡献了叙事的维度和修辞力量，在共同的意识形态的影响下，都被纳入国家对于汶川地震的"救灾—英雄—感恩"的主叙事框架中，从不同的媒介维度共同实现强化认同这一总目标。

集体记忆有赖于"再阐释再建构"。也就是说，从一种媒介中获得一种"属性"或一种记忆，然后在另一种媒介中重新利用它。在这一过程中，各种不同的媒介相互借鉴、整合、吸收、批判和改造。地震中汶川县映秀镇漩口中学损失最为惨重，为了铭记这一灾难记忆，漩口中学遗址得以完好保存，成为汶川地震的见证，成为死亡和灾难的表征。矗立在漩口中学门口的"汶川时刻"纪念碑，将时间定格在 14 点 28 分，指向生命的永恒和不朽。之后国家每年的地震周年纪念仪式都在此举行，使之成为一个纪念性场所，也是遇难者家属缅怀和凭吊家人的场所。

如今漩口中学遗址成为爱国主义教育基地，凝聚了抗震救灾的精神和意义，同时也成为旅游景点和城市景观的一部分。在电影《大太阳》中，漩口中学成为取景地，作为电影中的场景，再度勾起人们对于灾难的记忆，使灾难的记忆得以延续，在完成还原真实的灾难场景的功能外，呈现了映秀灾后恢复重建的现状。在电影《惊天动地》中成为象征符号，与国旗的符号一起完成了废墟与重建的表征。

随着网络等新兴媒介的出现，不同媒介间的互补与融合趋势突出，使得各种终端融合于网络平台上。新闻文本、声音、图片、影像融为一体，不同介质类型特质不同，传播效果不同，建构方式不同，它们之间的互动形塑了当下的集体记忆。今天没有任何媒介，当然也没有任何单一的事件及其记忆的建构，是能够在完全脱离其他媒介、脱离社会、政治意识形态和文化影响的情况下进行建构的。

我们可以把多种不同的媒介也看作一个空间场所。在这里，不同的甚至潜在相互竞争的记忆被挤在狭小的空间里。官方媒介与网络媒介或自媒体共存于这样的空间之中。这种相互竞争的记忆在表面上表明，同质化的集体记忆的整合力量正在减弱。例如国家公共的纪念活动旨在塑造认同，宣示国家和意识形态的在场，而个人的哀悼更多地倾诉对于亲人的哀思，满足个人情感的宣泄，官方建构的集体记忆被部分消解了。

网络等媒介的出现，使官方媒介在集体记忆的唤醒、转述和创造上的垄断地位被弱化^①，人们不仅可以在网络媒介中获得一些不同于官方发布的信息资源和记忆版本，甚至可以抗争、颠覆官方所建构的同质化的集体记忆框架和版本。承载集体记忆的媒介多样化，使得个人对记忆如何建构比以往有更多的自主权，这也在一定程度上打破了同质化的集体记忆的整合力量。毕竟在选择性注意和选择性记忆机制下，个人可以根据自身需要倾向于选择与自己已有认知相契合的信息，自主决定对某些记忆框架和历史事实的"见"与"不见"。

在不同的媒介平台上，集体记忆不断被补充、完善、竞争、消解，既意味着记忆更为完整的可能性，并且更为巩固，也可能意味着记忆的相互冲突、混乱。例如在汶川地震的感恩记忆建构过程中，个人可以利用不同的平台和媒介相互争夺、建构属于自己的记忆。这些记忆在契合部分人的认知框架的

---

① 胡百精.互联网与集体记忆建构 [J].中国高校社会科学，2014（3）：98-107.

前提下又会被继续转发、分享，从而成为更多人的记忆。通过这样的记忆淘汰和保存过程，我们可以了解不同媒介之间相互作用的竞争和互补过程。

因此，关于汶川地震的各种叙述、阐释和记忆，在多媒介的博物馆展品、纪念碑、废墟遗址、口述历史、文学影视作品、纪念仪式，甚至个人相册中混杂在我们的脑海中。所有这些都是我们关于汶川地震历史记忆的多模态版本，通过文本、声音、身体惯习和视觉影像不断流动。不同媒介呈现的记忆常常以碎片化、片面性的方式存在，每一个都相当于一个框架，我们难以通过这些单向度的框架，通过某一个历史碎片的片面化记忆得出整体历史的真相。而在不同的媒介建构下，我们可以将这些不同向度的、松散的框架有机地连接起来，形成一个历史记忆的拼图，相互参照，避免记忆的扭曲，尽可能还原历史的真相。

二、记忆媒介转换的效果

集体记忆在媒介中或通过媒介产生的过程，与调节记忆的政治和社会力量交织在一起。正因为集体记忆的动态建构是一个在不同的媒介中多模态建构的过程，因此我们可以通过探索各种建构集体记忆的媒介共存关系，发现在一种介质中呈现的集体记忆，是削弱、简单重复还是强化放大了在其他介质中呈现的集体记忆。

在前文的分析中，我们看到在不同的媒介中，无论是《人民日报》"救灾—英雄—感恩"的报道、地震诗歌"我们都是汶川人""汶川—祖国"的隐喻、抗震纪念碑和纪念馆的崇高感、神圣感，还是5·19全国哀悼日及公共的周年纪念仪式中的"我们感"，以国家和政府为建构主体的记忆从多个维度留存在我们的脑海中。这些记忆被不断地唤醒、累积、重复、叠加，犹如多声部的复调，不同的旋律彼此汇合成一个整体，形成和声关系，集体记忆在这个过程中不断巩固、深化以至长存。

知乎、微博等网络平台，则形成对官方主流媒体宏大叙事的补充，不仅补充完善了相关图文资料，更多地表达个人记忆，倾向于个人情感和细节的流露与补充。如汶川地震十周年新浪网推出特别栏目"汶川，十年家国"，其中既有对《人民日报》等主流媒体叠加的叙事框架，如对地震中 10 个重灾区的 10 年变迁进行了跟踪报道——《汶川书记的十年》《五个再孕妈妈重新孕育新生命和希望》等与《人民日报》的报道相呼应。

《人民日报》的报道突出展示成就，新浪网的报道则既展示成绩，也暴露问题。与《人民日报》的报道相比，新浪网的报道更突出情感和细节，详细叙述了 5 个家庭各自的艰难，表达对普通百姓民生问题的关切。如赵小军一家生活拮据，在地震中失去了儿子，如今和再生育的女儿相依为命。为节省路费，出门都是走路，甚至 8 小时的路程也是走路，建构了更具生活细节的记忆。

此外，新浪网记忆建构形式内容更为丰富，既有原创 MV、地震相关视频回放、地震知识科普，还有互动环节。新浪网专门开通了"我与汶川"的互动栏目，网友可以通过实时互动添加个人与汶川的记忆联系，同时微博热议也增加了"汶川十年"话题，实时滚动播放网友的留言，使众多网友参与到汶川地震的集体记忆建构中，众多的个人记忆共同汇聚成集体记忆。

研究不同媒介的记忆建构还可以考察当记忆从一种传播方式和媒介转移到另一种传播方式和媒介时，它们产生了怎样的变化？效果如何？以有关失独的记忆建构来说，汶川地震造成 5 000 多个失独家庭，也将这 5 000 多个家庭的希望和寄托摧毁。再生育是他们面临的难题，大多失独的夫妻年龄偏大，自然生育困难重重，老无所依的担忧以及对生命轮回的信仰又使他们渴望再生育，希望失去的孩子能够"轮回"到新生命中来。

同样是关于灾区失独家庭的记忆，《人民日报》淡化了失独家庭面临的困境和无法缓解的创伤，侧重于展示在党和政府的关心帮助下再生育工作取得的成就。同样的题材，澎湃新闻网的三篇报道则从不同的视角，建构了另一种关于失独家庭的创伤记忆。更为关注个人的创伤体验，表现个人在艰难生活中的挣扎和苦楚，呈现的个人记忆是在宏大的历史记忆和生活体验之间的挣扎，是以个人记忆的存在标示着人们拒绝遗忘创伤，是以个人记忆来补充甚至挑战占主导地位的国家记忆模式及内容，成为国家权力主导之外的另一种记忆。

范俭导演的纪录片《活着》反映的是关于失独家庭面临的困境。这部片子耗时 2 年拍摄完成，时长约 79 分钟，讲述了大地震后叶红梅和丈夫祝俊生失去了唯一的女儿，做了两次试管婴儿都失败了，但夫妻俩都没有放弃生活。片子没有《人民日报》的宏大叙事，而是把个人记忆从宏大叙述中解放出来，保持了明快的叙事节奏，客观地见证夫妻俩努力、艰难地活着。这部纪录片也不像澎湃新闻网建构的创伤记忆，而是展示了活着本身的意义，生活充满了艰难。地震过后，夫妻俩都没有工作，年龄偏大，身体状况差，再生育希望渺茫，加上对地震中遇难的女儿从未停止的思念，虽然丈夫乐观幽默，却常常忍不住掩面哭泣。在叶红梅夫妇准备放弃的时候，叶红梅意外怀孕了，上天给这户家庭一个意外的惊喜。

尽管生活不易，但是活着的人需要解决活着的问题，人是为了活着而活着的，而不是为了活着之外的任何事物活着。这就是生活的本来应有的样子，有苦难、无奈，也有意外的惊喜。《活着》关注的是在生育背后，对待生命和活着的韧性态度。

这三种媒介建构的记忆各有不同，面对不同的人产生的效果也不同。纪录片更注重人物情感的表达和诉求，展现人物在生活中的悲喜和无奈，更容易与观众产生共鸣，内化并记忆深刻。

第三节　集体记忆建构的媒介修辞性

一、集体记忆建构的双重张力

集体记忆在不同媒介之间的动态性建构过程，对于历史、集体记忆与媒介之间的关系具有重要的影响。在过去的几十年里，记忆研究成为许多学科的热点，各种关于集体记忆建构的研究层出不穷。不仅各种记忆的实践如纪念活动、纪念馆和遗址的数量呈爆炸式增长，而且集体记忆与意识形态之间的关系研究也不断引起关注。在桑塔格看来，"集体记忆"这一概念不过是意识形态的别名而已[①]，因为意识形态被认为是人为的恶意操纵的思想框架，因此意识形态被更为隐蔽的集体记忆一词所取代，这一点与哈布瓦赫的观点不谋而合。

哈布瓦赫认为，我们对过去的历史事件的记忆通过不同的框架得到再现。这些不同的框架是以不同的媒介为基础的，记忆不仅通过媒介的动态性建构产生一种连续性关系，也通过不同媒介的反复重现建立一种连续性关系。历史是对过去事件的解释性科学，集体记忆也是对于过去事件的再认知再阐释。它的特点是永无止境的重建过程，但随后又被一种新的重构所取代。我们与正在消失的历史事件之间建构起的个人联系，即个人身份和认同，不仅能让

人们与不可挽回的消逝的过去直接联系，也是与当下的社会产生联系的关系，因为丧失记忆就是丧失身份感。①

　　哈布瓦赫的分析突出了集体记忆的两个维度之间的张力。从一个维度来看，集体记忆是关于再现的，是一种再现历史知识和真相的过程。这种知识将使我们能够理解事件之间的因果关系、思想更迭和制度竞争的谱系，以及在人类社会中产生变化的力量。从这个角度来说，集体记忆不仅是一个再现的问题，我们与过去的关系不仅仅是通过事实知识或对因果的理性理解形成的，还包括"共同的想象""共同的体验""同理心""共情感"。纪念碑、博物馆、废墟遗址、诗歌、小说和电影以及各种文本、仪式邀请我们与汶川地震这一历史事件建立起一种共情关系。我们想象罹难者家属的经历和情感，哀悼遇难者的痛苦和死亡，认同他们的精神和信仰。

　　同时，这种对汶川地震罹难者以及集体记忆的认同反过来又成为我们重新思考当下自己身份的基础。我们在共同的想象和共情中建构自己"汶川人""四川人""中国人"的身份。所以，另一维度关注个人作为历史主体的体验方式，关注记忆主体对于集体记忆的体验和历史意识。毕竟记忆历史的是个人，每一个个体才是集体记忆的最终承载者。所有的书写和故事，所有的记忆场所表征、所有的文本都是客体，直到它们被具有历史思维和历史意识的个体阅读、记忆或接受。每一个人作为历史中的一个主体，有自身的主体性。我们可以把集体记忆看成具有历史意识的个体将其历史记忆视为个人生活经验的一部分，并且在与媒介的互动中表达出来。这样，集体记忆就不仅与保存记忆的外在媒介相关，而且也回到有记忆的每个个体身上。

　　每个历史主体也参与到集体记忆的建构过程中。在这个建构的过程中，人和建构本身相互作用，并不是被动地建构，不是单向度的过程。与事件相

---

① 陶东风．记忆是一种文化建构——哈布瓦赫《论集体记忆》[J]．中国图书评论，2010（6）：69-74.

关的体验、理解、分享都是集体记忆建构的过程。人的主体性会投射到建构的过程中，建构打上了主体性色彩。记忆主体在不同媒介所建构的记忆中具有跨媒介参与、体验、理解和分享的能力。记忆主体在每一种媒介中参与程度越深，记忆就越深刻，越是能够促进某一媒介所建构的集体记忆。否则如果某一种媒介缺乏记忆主体的参与投射，将会逐渐消失。例如，在国家举行5·19哀悼仪式的同时，汶川地震遇难同胞网络公祭也在进行，并在活动结束后建成网上纪念馆，希望能够永久保存纪念。但之后由于缺乏管理，人员逐渐稀少，这种媒介所建构的记忆由于个人参与少而形同虚设。

或者记忆主体与建构主体之间达不成意义的共通，记忆主体不能正确地理解建构方所表征的意义。例如纪念性场所如纪念碑、废墟遗址等记忆场所通常是将表征的意义灌注、凝固到建筑物上，这需要记忆主体能够正确地理解意义并与之共情。然而建构方所建构的神圣、崇高感并不总是能够被个人正确地解码，在国家意识形态的影响下，北川国家地震遗址博物馆旨在展示弘扬伟大的抗震救灾精神，以及国家和人民面对这一特大灾难表现出的民族凝聚力，记录勇敢坚忍、博爱团结和生命高于一切的神圣情感。[①] 但是北川遇难者家属将此处作为祭奠家人的地方，点香祭拜，将它功能化，而外地游客则将它景点化，思考死亡与生命的意义，并未能转化勾连起建构方所建构的意义。

个人的这种既具有自我意识又具有自身建构性的历史意识，其反身性也是在呈现集体记忆。因为记忆是需要内化于我们每一个人的头脑和意识中，每一个个人对汶川地震这一历史事件的认知、情感和历史意识及对记忆的吸收、理解、分享又被当作信息吸收、记忆，或者作为历史记忆存档，从而创造了哈布瓦赫描述的多重个人记忆和多重历史体验。这种多重个人的历史意

① 杜辉. 地震之后：废墟、纪念地与文化景观视觉化［J］. 西南民族大学学报，2016（8）：17–22.

识又被整合汇集到集体记忆中。历史意识的每一种自我表达都是集体记忆的一种表达，不是因为它完全由集体的其他成员共享，而是因为个人所能获取的媒介使表达成为可能。

二、反思媒介修辞性，了解集体记忆功能

作为阐释重构的集体记忆，最终目的都是制造认同。同一事件的集体记忆会随着时间的推移而变化，并受到建构记忆的框架和书写、传播媒介的变化的影响。例如，一些媒介如口述史或文学文本相对比较容易胜任解释和阐释的任务，其他如仪式操演和博物馆、废墟遗址展示似乎更容易被赋予对过去的经验唤起认同的任务，电影、纪录片或新闻短片等影视媒介视听融合，往往能够具有极强的逼真再现特定历史事件的功能。

不同的媒介有不同的特点，并不是说有一些媒介天然地比其他媒介更适合建构某一类型记忆。媒介在建构集体记忆的过程中具有修辞性，每一种媒介都能够充分地利用其特点，将修辞性建构隐藏在其特点之中并充分地展现出来。从哈布瓦赫对于集体记忆的阐述中可知，我们对历史事件的记忆绝不仅仅是一个再现历史事实和历史知识的问题，任何与过去历史的记忆都涉及记忆主体的情感和想象，以及对于历史事实和历史知识的重构。由于我们对历史的认知和记忆是获得自身身份的基础，它也因此决定了我们在社会上的行为方式。因此，我们需要从一开始就要认识到集体记忆的修辞性建构这一重要特征并有效地发挥其功能。要认识到集体记忆修辞性建构过程中，不仅书写媒介具有修辞性和重塑性，记忆主体的想象层面、情感层面、再阐释层面、内化分享层面也是重构集体记忆的过程。

更进一步地说，重要的是要认识到我们对汶川地震这一历史事件的记忆

是如何与各种政治、意识形态、权力以及被媒介接触行为所影响的，我们每一个记忆主体的情感、想象和身份认同在其中具有怎样的作用和功能，还要更深刻地反思这些影响的原因和效果。为什么我们对汶川地震的某些书写和叙述比其他的更感兴趣并且记忆深刻？例如，《人民日报》等官方媒体所建构的记忆是否产生了效果？为什么一些网络媒体和自媒体的再阐释和重构能够深深地打动我们，而另一些却让我们无动于衷？记忆主体的这种反身性和情感参与如何影响我们这一代建构汶川地震的历史记忆？又如何影响下一代以至更下一代对这一历史事件的记忆？它们与不同的媒介框架有何关系？

换句话说，集体记忆修辞性建构的终极目标，即身份认同与书写媒介的诠释和再现是如何交织在一起的？集体记忆的修辞性建构如何受到再现历史的媒介的影响？这些不同的媒介如何影响我们了解汶川地震的方式？这些不同的媒介又是如何影响每一个记忆主体对于自身身份的认知与汶川地震这一历史事件的联系？每一个记忆主体的历史意识和历史认知是建立在这样的历史知识的基础之上，通过提出这些问题，我们可以意识到，呈现在不同的媒介中关于汶川地震这一历史事件的影像和文本如何重塑了我们对这一历史事件的认知和集体记忆；或者影响了我们卷入历史进程的意识。

对于上述这些问题的反思，有助于帮助我们了解，对于汶川地震这一历史事件的历史意识并不能产生一个单一的权威的历史真相。因为随着时间的流逝、媒介的变化，我们对这一历史事件的认知和记忆是不断变化的。

但是我们需要了解的是，历史的真实并不是历史事实是否存在，而是人们如何书写、理解、解读和阐释这一历史和记忆这一历史的过程。历史毕竟不能复盘，与其讨论对汶川地震的再现，揭示历史真相，还不如充分发挥这一历史事件建构意义和重塑记忆的过程及功能。因为每个社会都是通过集体记忆来认同和介绍自己的，集体记忆确保了包括各民族在内的身份的持久性，并防止其幻灭和死亡。

从这个角度来看，对于汶川地震的集体记忆可以看作是对于汶川地震这一历史事件的书写、记录和再现，以及个人和群体对这一历史事件如何记忆之间的一系列关系，探究这一历史事件的真实性和集体记忆的关系，涉及如何理解这一关系链。汶川地震的集体记忆总是要以一定的媒介来书写、表达、存储及传递，要么是经典的文本、要么是仪式的操演、要么是记忆场所的表征，所以尽可能地追溯一系列的媒介，通过这些书写与表达中介，我们可以了解汶川地震的哪些记忆被突出，哪些价值和意义在我们对这一历史事件的呈现和建构中得以再现和表征，以及我们为什么会这样记忆它们。

在对这一关系链进行思考的过程中，我们会认识到，我们接收到的关于汶川地震的叙述、书写、表征和意义建构是由书写与表达这些故事、图像和意义的人的意图和旨趣以及书写、传播这些故事和意义的媒体的性质和我们现在的立场所塑造的，这也向我们揭示了当下社会的倾向和框架。在不同的媒介之中，它们创造了多样性的框架，再现了对这一历史的大量不同的叙述和意义。对同一事件的不同表现形式的考察，使我们能够理解形成集体记忆的各种影响因素。因此，探究历史的真实性涉及集体记忆建构者的立场、记忆主体的反身性以及不同媒介呈现之间的互动。通过这种互动，我们判断各种媒介传递的关于过去历史的记忆，考察背后的意识形态和价值观念影响，从而确定我们当下的立场。

不同的媒体通过两种方式影响我们对过去的不同叙述的关注过程，从而影响对于历史和集体记忆的认知过程。首先，使用的媒介塑造了特定的被传播的记忆。例如，在教科书中阅读关于过去历史的内容与在博物馆、纪念馆参观收藏的藏品和在习惯的仪式中体验到的是不同的。因此，我们就需要反思这样的媒介在塑造我们对历史的理解和重构集体记忆方面所扮演的角色及其修辞性特征。其次，不同的媒介有可能让我们接触到关于过去历史事件的各种不同的声音和图像，让我们站在不同的角度、从不同的媒介立场看待同一事件。

然而，要理解某一种媒介作为建构身份认同和集体记忆的影响，不仅要考察这一媒介本身的内在特征，还要考察它与其他记忆再现媒介共存和相互作用的方式。所有记忆再现的媒体都有其固有的优势和局限性，但是随着媒介的日益多样化，人们更容易将各种媒介形式结合起来，扬长避短，突破时间、空间的限制，拓展集体记忆的边界，提供更多历史的声音，发挥不同媒介互补作用，以提供一个更为完整的集体记忆。

倾听历史的多重声音，建构不同的集体记忆同样是一个过程。通过这个过程，我们试图获得汶川地震的多向度的意义，判断不同记忆叙述的可靠性，评估不同形式的符号和表征的意义，并寻找再现这一历史和当下社会、政治、文化之间关系的模式。在复杂的多种媒介建构的集体记忆中，人们很容易被各执一词甚至相互矛盾的多元叙事框架和表征所迷惑。但这并不意味着我们放弃对不同媒介框架同时也是不同集体记忆的产物的警醒。因为无论哪一种媒介，无论它建构什么样的记忆，都与当下的情境有关，都受到当下意识形态的影响。集体记忆并不是历史事件的被动的产物，它是我们在当下的情境中对历史的一种思考。

因此，探究历史的真实性和集体记忆的建构是一种持续的对话，通过探究不同媒介、不同社会情境、不同时空位置的不同记忆，塑造和重构我们对汶川地震这一历史事件的理解和记忆，揭示构建记忆的主体、客体及其目的。这也是一个自我反省的过程。当我们与过去的不同再现形式展开对话时，我们不仅通过认同一些再现形式，拒绝其他再现形式来创造我们的解释和身份感，也被迫思考我们当下的处境，以及它如何影响我们的阐释和选择。

　　最后，集体记忆不仅仅是一个人与过去历史事件之间的体验、理解和情感关系，它更是一个社会建构问题。我们对过去的认知和记忆不仅受到各种媒介之间不平等的力量的影响，还受到社会价值观、意识形态、文化传统等影响。尤其是意识形态转化为塑造想象共同体和身份认同的能力，直接或间接引导、决定哪些历史的记忆被输出，从而塑造人们对历史事件的意义和集体无意识，这就与集体记忆的修辞性建构关联起来。

　　毫无疑问，无论是个人记忆还是集体记忆，都经历了一个动态的建构、重塑和遗忘的过程。我们研究记忆重构过程中的不同媒介呈现，以及这些过程中与个人和社会需要在身份建构、认同之间的内在联系，跨越代际的记忆、媒介的作用、纪念活动和其他公共仪式的影响，以及国家对哪些记忆应该被记住、哪些应该被遗忘的引导，尤其是在政治权力体系中，都是集体记忆过程背后的修辞机制。

　　集体记忆不能准确客观地描述历史事件，历史文本也没有提供绝对的真相。通过研究一个群体在特定时间和地点的集体记忆，我们只能了解那些在那个时间和地点留在他们头脑中的记忆，或是完整的或是被重塑的。我们可以将集体记忆视为"共享的个人记忆"，但定位它们，不是在"头脑"或"世界中"，而是在媒介和为每一个人头脑中的相互作用中。众多不同媒介建构的记忆，如何耦合统一成我们头脑中共享的记忆版本，这仍然是一个媒介修辞的结果。但如果我们总是按照"需要"，在媒介的修辞建构下去记忆历史，那么以史为鉴就成为空话。虽然我们的记忆永远无法还原真实的历史，永远会有各种权力、意识形态影响历史的记忆建构，但我们可以透过不同媒介再生产记忆的过程了解集体记忆的功能和作用。

　　通过展示各种媒介的书写实践和意识形态如何使汶川地震这一历史事件变得有意义的过程，本书旨在揭示正是那些媒介的、意识形态的实践和文化价值观，正是从这些影响因素中，汶川地震这一重大灾难事件才可能在中华民族的社会想象中出现。如果我们想要理解汶川地震的历史意义如何塑造下一代人的记忆和行动，并意识到权力、意义制造、媒介书写和历史之间的深刻关系，那么解读围绕汶川地震的各种记忆书写媒介和意义是至关重要的。

总体来说，目前对于汶川地震集体记忆的书写媒介主要是官方背景或官方主导的媒介。本书关注国家或官方媒介对于集体记忆的建构性书写，并不意味着国家或官方媒介是与汶川地震集体记忆建构有关的唯一媒介。事实上，网络等个人记忆媒介也参与其中。然而，官方记忆强大的光环往往遮蔽了个人记忆的微光。官方媒介对于叙事资源的生产、引导能力是任何其他媒介都无法比拟的。官方记忆的书写和表达媒介，无论是文本资源，如新闻报道和文学作品，还是物化书写媒介，如纪念性场所和仪式等，它们所提供的叙事模式，都以无形的方式内化到了个人的无意识当中，在潜意识中引导着个人的记忆，使得个人在潜移默化中自觉地认同，实现集体记忆培育认同的功能。

结　论

一、谁的记忆？

汶川地震的集体记忆建构是一种修辞实践，在修辞和框架的介入下，不同的媒介建构了不同的汶川地震集体记忆，其核心问题即谁的记忆。无论是《人民日报》的"灾难—救灾"记忆，还是汶川地震一周年、十周年公共纪念仪式、汶川抗震纪念馆，抑或文学作品的崇高记忆，都表明官方在意识形态等修辞策略的影响下建构的集体记忆得以强化和凸显，而民间的个人记忆则被弱化。

汶川地震的集体记忆，是凭借着一组共享的媒介，包括大众媒介报道、纪念馆地震遗址、文学作品的叙述、身体的纪念仪式建构起来的。然而，这并不意味着其中的每个人都有统一的记忆和记忆建构的单一系统。相反，对上述各种文本和媒介建构的汶川地震集体记忆是由内部分化和制度化所塑造的，就像由它们所围绕的文本所塑造的一样。在这个过程中，各种各样的社会和政治动态通常会产生一个复杂的、有区别的集体。

不同的群体和集体有各自的记忆，且处于不断变化的动态的建构、重塑和遗忘的过程中。汶川地震的集体记忆在很大程度上是国家记忆和民间个人记忆的互动补充的过程。整体而言，汶川地震的集体建构呈现了国家记忆强化、个人记忆弱化的特点。当汶川地震的历史记忆进入国家记忆建构的层面，它被视为需要及时记录和保存的记忆或经验，但它同时掩盖了个人在集体记忆中的作用。官方记忆被公开赋予记忆和纪念的职责，其强大显然使大部分的个人记忆或个人参与历史生产的痕迹被忽略。

尽管集体记忆不应被比作个人记忆的总和，集体被描绘成拥有自己的思想和记忆的大型抽象实体，但个人参与者在集体记忆过程中的作用也不应被低估。集体记忆需要兼顾那些个人的表达和个体的记忆，集体中每个成员独有的个人记忆最终会成为共享的集体记忆，个体记忆也是集体记忆的重要组成部分。汶川特大地震，对于每个汶川人的记忆和一代中国人的集体记忆仍然承载着地震创伤的巨大影响。每个人对于汶川地震的记忆是各不相同的，他们可能对这些记忆有不同的个人体验。例如，汶川地震的亲历者与非亲历者对事件的感受和记忆是不同的，这种个人经历可以为特定的人形成对事件的集体记忆。

因此，对于汶川地震，在关注集体记忆的同时，也要关注个体记忆，要看到集体记忆的同质化，更要看到个体记忆的差异化。个人作为社会中的一员，对汶川地震这一历史事件的记忆，必然是整个社会的记忆之一部分。当"个体记忆"转变成"集体记忆"的一部分后，会大大地丰富关于汶川地震的"集体记忆"。这样的"集体记忆"，才能更全面反映历史，更接近历史真相。因此，以个体经验为基础的"个体记忆"与以群体为基础的"集体记忆"并非截然对立，个体记忆往往是对集体记忆的补充、修复、矫正和保存。①

---

① 王玉国.个体记忆与台湾光复接收论述——兼论个体记忆与集体记忆［J］.台湾研究集刊，2017（4）：78-86.

二、记忆什么?

官方的媒体、纪念馆和公共纪念仪式将汶川地震的灾难建构成多难兴邦的崇高记忆和抗震救灾重建的"灾难—救灾—成就"记忆,凸显的抗震救灾精神的记忆,概括起来就是"彰显爱心、敬重生命的人本精神;万众一心、众志成城的团结精神;一方有难、八方支援的救助精神;不畏险阻、坚毅勇敢的英雄精神;正确决策、有序救援的科学精神;面向世界、融入国际的开放精神"。除了官方建构的集体记忆,个人记忆呈现的是怎样的一种汶川地震记忆呢?

布朗(Brown)和库利克(Kulik)的闪光灯记忆理论,将个人对令人震惊的重大事件所形成的记忆称为闪光灯记忆。强势存在的集体记忆好比闪光灯下的强光,而个人记忆让我们有机会看到闪光灯下那些或重要或不重要的更为生动、准确、持久、情绪化的细节。

官方建构的汶川地震集体记忆通过大众传媒、纪念场馆、公共纪念仪式等呈现的记忆,在权力、意识形态等修辞框架下未免空洞、同质化、抽象化。而在闪光灯记忆中,个体能够记住他们得知这一重大事件那一刻的细节和更为鲜活、丰富的个人体验和记忆。例如,知乎问答和微博上,关于汶川地震时你在做什么的问答,不同的个体可以回忆起汶川地震时他们在哪里,和谁在一起,当时在做着什么,以及接收消息时的感受和情绪,等等。这种特殊的记忆机制相对不加区分,更全面地保存了整个事件的历史记忆,包括许多不相关的细节。即使在几十年之后,这样生动的画面似乎仍然很容易被回忆起来。

个人的闪光灯记忆显然比官方建构的集体记忆更生动、更鲜活、更持久。个体能够饱含情感地从汶川地震这样令人震惊的公共事件中清晰地记住一些信息。而且，对于汶川特大地震这样的重大灾难性事件，个人的记忆也理当被置于历史的结构和历史的记忆之中。

三、如何记忆？

汶川地震的集体记忆是整个国家共同经历过的创伤回忆，这些回忆被经历过它的群体成员所保留。这些记忆被保留下来并传递下去，单凭大众媒体记忆显然是不够的，即使大众媒体占据了建构集体记忆和社会认知中越来越大的一块。

不断重复的仪式化的操演和制度化的汶川地震周年纪念活动与纪念碑联系在一起，纪念并保存、赋予场所意义，也唤起我们关于汶川地震的特殊意义，并作为身份建构的空间坐标，建构了与纪念性场所相匹配的身份认同和国家认同。

相比之下，汶川地震纪念碑、博物馆和地震遗址等则以形象化、物化并以象征性的形式保存和延续着汶川地震的集体记忆。展馆中的展品更为直观地展示了汶川地震的巨大破坏性，及其带来的巨大的创伤和痛苦，以符号化的方式呈现汶川地震的集体记忆。

汶川地震相关文学作品则通过符号和隐喻让记忆生动起来。汶川地震诗歌通过个人、汶川、中国、祖国母亲等命运共同体的隐喻，征用政治隐喻，发动情感动员，从而实现统一的社会动员和国家认同。

各种媒介在修辞框架下建构的汶川地震集体记忆，作为公共纪念的持续进程的一部分，一方面这种记忆是集体的，因为它是超个体的；另一方面每个个体记忆总是与一个官方建构的集体记忆相联系，无论是意识形态上的、政治上的，还是代际上的。所以尽管是个体在记忆，但个体所有的记忆都是建立在一定的社会框架下，个体只有将自己置于这些框架之中并参与到这种记忆之中时，才有能力进行回忆。

官方提供了一个集体记忆的框架，所有的回忆细节都融入其中，它对记忆的方式和内容都产生了巨大的影响。这个集体记忆的框架即记忆的修辞策略，是集体记忆重构的基础。我们想要理解个体记忆，就应该理解这些集体记忆的社会框架是如何运作的。

对于汶川地震的集体记忆来说，官方建构的记忆和个人的记忆总体上呈现统一，而不是差异。我们既需要官方建构的集体记忆，也要重视个人记忆所扮演的重要角色。由于个人的记忆常常被官方媒介、专业人士和精英所盗用，在大多数情况下，官方和权力胜出，个人生产记忆的痕迹常常被淡化，甚至被抹去，因此要将个人被遮蔽的记忆还原融入集体记忆之中。因为汶川地震的集体记忆不仅取决于这些纪念性媒介所建构的意义和表征，还取决于个人的反应，取决于个人与其对话与互动以及个人记忆与官方记忆的融合。

另外，汶川地震的集体记忆如何建构以及为什么建构还需要考虑代际差异的存在，还需要兼顾集体记忆如何传递和再解释。例如，汶川地震活生生的亲历者在场，个人可以与之讨论，或者可以从他们那里获得第一手证词，这可能成为建立集体记忆的一个重要因素。而对于下一代人来说，记忆的传递方式对于保存集体记忆显得更为重要。对于互联网网民的下一代来说，网络等新媒体生产的集体记忆更易于被接受。因此，在考虑保存和重塑汶川地震集体记忆的代际差异时，我们不仅要记住这一代人如何记忆汶川地震，还要记住年轻一代是在什么情况下，通过什么媒介来了解汶川地震的历史。

四、记忆的意义

对于汶川地震这样重大的灾害事件的记忆，其意义既体现在科学预防和科学应对上，也体现在长期的文化创伤意义的表征中。

首先，是关于地震知识的积累和传递。各种媒介对汶川地震的书写和叙述伴随着灾难体验和相关知识。这些体验和知识随后会被纳入社会记忆和集体记忆，对于汶川地震的记忆能够成为当下经验、过去知识和未来预防的连接和催化剂。尤其是对于易于发生地震的地震板块地带，人们通过相关地震知识的记忆，可以将如何防灾减灾、如何科学预防、如何科学应对等自救的知识跨代传递下去，避免更大的人员财产损失，因为生活在地震灾害易发地区的人往往会根据代代相传的记忆和知识做出反应。

人们可以将地震知识应用在灾后科学重建过程中，例如，加强城市基础设施抗震设防级别，提升抵御和化解重大地震灾害的能力，增加风险治理水平。尽管我们无法避免地震的再次发生，也无法准确地进行地震预报，但是随着地震知识的记忆和累积，人们可以尽可能地规避风险。

其次，形成历史意识和集体表征。记忆不是由经验、体验瞬间形成的，它是一个长期的不断变化、巩固、凝结的过程。在这个过程中，个人和集体互动、协商、相互融入，将直接的、稍纵即逝的体验凝结为意义的表征。埃尔认为，无论是个人记忆、社会记忆还是集体记忆，都与文化、与意义的建构和表征紧密相连，这也是将短期记忆转化为长期记忆的过程。决定一个体验是短期记忆还是长期记忆的关键在于它是否与个人的历史意识相契合，是否与建构主体的意义建构相契合。

汶川地震作为孤立的重大灾难事件，固然可以成为众人刻骨铭心的记忆，但是当我们将之置于中华民族灾难史中，将之升华、转化为多难兴邦的民族精神，纳入万众一心、众志成城的灾难叙事中，融入一方有难、八方支援、正确决策、有力救援的记忆框架中，关于汶川地震的记忆才能够转化成为长期的文化记忆。

集体记忆的构建是一个复杂的过程，涉及三种类型的建构主体：嵌入集体记忆的政治权力和意识形态，利用民族文化中的凝聚性结构来形成历史叙述的"记忆制造者"，以及为了自身利益利用"凸显、遗忘或框架化"等修辞策略进行记忆建构的"记忆修辞术"。在象征性强化和意义表征的过程中，个人记忆和集体记忆、官方记忆并不互相排斥，官方通过政治文化和意义来凸显其独特的代表性而合法化。

基于记忆的合法性建立在记忆者遵守政治文化中共享的"正确思维模式"的前提下，这种行为的基本"思维模式"由集体记忆所承载。个人将个体的记忆植入集体记忆之中，也正是运用了这种"正确思维模式"和历史意识。在官方和个人意义表达的交集中，个人将自己的生活体验、历史意识相互渗透，才使得集体记忆成为可能，反过来这种集体记忆又内化为个体成员的自我历史意识。汶川地震的创伤提升为整个中华民族的创伤，并被赋予多难兴邦的意义。这种典型的中国式思维和历史意识已经铭刻在汶川地震的集体记忆中，在各种主要的媒介建构中传达的民族创伤的象征积累为大众想象中的民族自我延续的修辞力量。

在汶川地震的集体记忆建构和重塑中，创伤性记忆已成为一种"社会生物学记忆"，强调基于重大创伤的社会共同命运的痛苦感，汶川地震的重大创伤成为国家创伤的焦点，这种基于情绪和情感的记忆的建构显著地提升了民众的凝聚力。

修辞策略的运用对集体记忆的建构至关重要，汶川地震的集体记忆是国家认同在记忆修辞策略和记忆建构者的利益中形成的。作为以救灾、成就、感恩、崇高和爱国主义教育为导向的汶川地震集体记忆的主要内容，政府和官方驱动的修辞策略的运用与集体记忆的构建与重塑平行。对爱国主义的诉求可以触发与创伤性国家经历相关的国家情绪，带有"民族的创伤"这一神话符号的内涵，汶川创伤的集体记忆能够引发强烈民族认同情绪并锻造民族凝聚力。在爱国主义教育的象征性增强的努力中，集体记忆可以激活公众对汶川及中国苦难的纪念，国家可以通过塑造汶川地震的集体记忆来创建社会认同。

这一修辞策略在文化记忆和文化创伤建构中同样至关重要。对于汶川地震的记忆，被这一历史事件的直接经验塑造的一代人和之后的一代又一代人是不同的。尽管对于这一代人来说，这一共同的历史起源于共同的体验，但是对于它的记忆，除了切身体验之外，也是经由各种书写媒介的中介建构的。随着时间的流逝和记忆在不同时间、空间和各种媒介间的转换，记忆会随之修改。

对于后代人来说，关于汶川地震的记忆是被各种书写媒介建构的，是被各种故事、叙事、文本、场所、物品等中介调节的。随着时间的流逝，汶川地震的创伤和痛苦体验逐渐被博物馆、仪式和各种物品表征意义所过滤，取而代之的是"我们"的集体身份和共同命运感。这个记忆的重构过程受到记忆主体所能接触到的各种媒介资源及其修辞策略的影响。

汶川地震是中国历史上罕见的重大灾难性事件，将汶川地震作为创伤记忆的过程，已经使汶川地震的抗震救灾精神成为中华民族精神和文化记忆的体现，我们记忆的是它的"意义"，是以记忆来留存中国人民在灾难面前的崇高人性、顽强生命力。

参考文献

专著类：

［1］阿斯特莉特·埃尔，冯亚琳.文化记忆理论读本［M］.余传玲，译.北京：北京大学出版社，2012.

［2］阿莱达·阿斯曼.回忆空间：文化记忆的形式和变迁［M］.潘璐，译.北京：北京大学出版社，2016.

［3］阿莱达·阿斯曼.记忆中的历史：从个人经历到公共演示［M］.袁斯乔，译.南京：南京大学出版社，2017.

［4］埃德蒙·伯克.关于我们崇高与美观念之根源的哲学探讨［M］.郭飞，译.郑州：大象出版社，2011.

［5］爱弥尔·涂尔干.宗教生活的基本形式［M］.渠东，汲喆，译.北京：商务印书馆，2011.

［6］安克斯密特.崇高的历史经验［M］.杨军，译.上海：东方出版中心，2011.

［7］保罗·康纳顿.社会如何记忆［M］.纳日碧力戈，译.上海：上海人民出版社，2000.

［8］保罗·利科.记忆，历史，遗忘［M］.李彦岑，陈颖，译.上海：华东

师范大学出版社，2017.

［9］保尔·汤普逊.过去的声音：口述史［M］.覃方明，渠东，张旅平，译.沈阳：辽宁教育出版社，2000.

［10］本尼迪克特·安德森.想象的共同体——民族主义的起源与散布［M］.吴叡人，译.上海：上海人民出版社，2011.

［11］布衣.罪孽的报应：日本和德国的战争记忆与反思（1945—1993）［M］.戴晴，译.北京：社会科学文献出版社，2006.

［12］大卫·科泽.仪式、政治与权力［M］.王海洲，译.南京：江苏人民出版社，2014.

［13］郭于华.仪式与社会变迁［M］.北京：社会科学文献出版社，2000.

［14］哈拉尔德·韦尔策.社会记忆:历史、回忆、传承［M］.季斌，王立君，白锡堃，译.北京：北京大学出版社，2007.

［15］哈罗德·拉斯韦尔.世界大战中的宣传技巧［M］.田青，张洁，译.北京：中国人民大学出版社，2003.

［16］亨利·柏格森.材料与记忆［M］.肖聿，译.南京：译林出版社，2014.

［17］贾银忠.中国羌族非物质文化遗产概论［M］.北京：民族出版社，2010.

［18］居伊·德波.景观社会［M］.王昭凤，译.南京：南京大学出版社，2007.

［19］列文斐尔.现代性与空间的生产［M］.包亚明，编.上海：上海教育出版社，2003.

［20］罗伯特·贝文.记忆的毁灭：战争中的建筑［M］.魏欣，译.北京：生活·读书·新知三联书店，2010.

［21］玛格利特.记忆的伦理［M］.贺海仁，译.北京：清华大学出版社，2015.

［22］莫里斯·哈布瓦赫.论集体记忆［M］.毕然，郭金华，译.上海：上海人民出版社，2002.

［23］尼克·库尔德里.媒介仪式：一种批判的视角［M］.崔玺，译.北京：中国人民大学出版社，2016.

［24］皮埃尔·诺拉.记忆之场——法国国民意识的文化社会史［M］.黄艳红，等，译.南京：南京大学出版社，2015.

［25］彭兆荣.人类学仪式的理论与实践［M］.北京：民族出版社，2007.

［26］沈正斌.突发公共事件报道研究［M］.合肥：安徽人民出版社，2010.

［27］唐纳德·里奇.大家来做口述史［M］.王芝芝，姚力，译.北京：当代中国出版社，2006.

［28］巫鸿.中国古代艺术与建筑中的"纪念碑性"［M］.李清泉，郑岩，等，译.上海：上海人民出版社，2008.

［29］巫鸿.废墟的故事——中国美术和视觉文化中的"在场"与"缺席"［M］.肖铁，译.上海：上海人民出版社，2012.

［30］王明珂.华夏边缘：历史记忆与族群认同［M］.北京：社会科学文献出版社，2006.

［31］维克多·特纳.仪式过程:结构与反结构［M］.黄剑波，柳博赟，译.北京：中国人民大学出版社，2006.

［32］徐贲.人以什么理由来记忆［M］.长春：吉林出版集团，2008.

［33］雅克·勒高夫.历史与记忆［M］.方仁杰，倪复生，译.北京：中国人民大学出版社，2010.

［34］闫伊默.仪式传播与认同研究［M］.北京：知识产权出版社，2014.

［35］扬·阿斯曼.文化记忆:早期高级文化中的文字、回忆和政治身份［M］.金寿福，黄晓晨，译.北京：北京大学出版社，2015.

［36］余华，毕飞宇，王嘉良，等.文学：想象、记忆与经验［M］.上海：复旦大学出版社，2011.

［37］赵静蓉.文化记忆与身份认同［M］.北京：生活·读书·新知三联书店，2015.

［38］朱迪思·赫尔曼.创伤与复原［M］.施宏达，陈文琪，译.北京：机械工业出版社，2015.

［39］赵汀阳.天下体系：世界制度哲学导论［M］.北京：中国人民大学出版社，2011.

［40］周海燕.记忆的政治［M］.北京：中国发展出版社，2013.

［41］张庆园.传播视野下的集体记忆建构——从传统社会到新媒体时代［M］.北京：中国社会科学出版社，2016.

期刊类：

［1］阿龙·康菲诺.历史与记忆［J］.付有强，译.天津社会科学，2014（06）：126-132.

［2］阿莱达·阿斯曼.历史与记忆之间的转换［J］.教佳怡，译.学术交流，2017（01）：16-25.

［3］阿莱达·阿斯曼.记忆还是忘却：处理创伤性历史的四种文化模式［J］.陶东风，王蜜，译.国外理论动态，2017（12）：87-93.

［4］艾娟，汪新建.集体记忆：研究群体认同的新路径［J］.新疆社会科学，2011（02）：121-127.

［5］鲍士将.文化记忆、凝聚性结构与影像的互文性建构［J］.文化研究，2019（02）：301-314.

［6］保罗·利科，张淳，李红.记忆与历史之间［J］.文化研究，2019（03）：
　　　7-16.

［7］曹辉林.阈限与谣言：地震灾难的宗教人类学解读［J］.青海社会科学，
　　　2010（03）：131-135.

［8］陈全黎.在历史与记忆之间：文学记忆史的建构［J］.当代文坛，2011
　　　（05）：27-29.

［9］陈振华.集体记忆研究的传播学取向［J］.国际新闻界，2016（04）：
　　　109-126.

［10］陈婷婷，孙妮.大屠杀与记忆的政治——石黑一雄《被掩埋的巨人》中
　　　 的隐喻解读［J］.解放军外国语学院学报，2018（01）：22-29.

［11］程勇真.废墟美学研究［J］.河南社会科学，2014（09）：70-74.

［12］程国斌.乡关何处？——中国传统文化中死亡、灵魂与遗体处置的观念
　　　 ［J］.文化研究，2018（04）：70-88.

［13］杜海滨.纪录片中的"戏剧性"与"生活流"［J］.艺术教育，2014（07）：
　　　 154-155.

［14］杜辉.地震之后：废墟、纪念地与文化景观视觉化［J］.西南民族大学
　　　 学报，2016（08）：17-22.

［15］范可.灾难的仪式意义与历史记忆［J］.中国农业大学学报，2011（01）：
　　　 28-39.

［16］房伟，明子奇.当代"灾害叙事"的理论反思——评张堂会的《自然灾
　　　 害与当代文学书写研究》［J］.萍乡学院学报，2018（04）：51-55.

［17］高源.读《社会如何记忆》［J］.西北民族研究，2007（02）：104-109.

［18］高萍.社会记忆理论研究综述［J］.西北民族大学学报，2011（03）：
　　　 112-120.

［19］葛承雍.唤醒大遗址废墟中的审美记忆［J］.西北民族大学学报，2015
（02）：88-92.

［20］顾晓伟.创伤记忆与历史表现的悖论——评安克斯密特《崇高的历史经
验》［J］.文艺研究，2012（09）：143.

［21］郭小鹏.记忆之场：关东大地震记忆的建构与保存［J］.世界历史评论，
2020（02）：166-176.

［22］管健，郭倩琳.共享、重塑与认同：集体记忆传递的社会心理逻辑［J］.
南京师大学报，2020（05）：69-79.

［23］何卫华.主体、结构性创伤与表征的伦理［J］.外语教学，2018（04）：
97-102.

［24］何镜堂，郑少鹏，郭卫红.大地的纪念　映秀·汶川大地震震中纪念地
［J］.时代建筑，2012（02）：108-113.

［25］胡翼青，吴欣慰.奇观之于"景观"：论凯尔纳对德波的跨文化解读
［J］.新闻与传播研究，2013（11）：56-67.

［26］胡百精.互联网与集体记忆构建［J］.中国高校社会科学，2014（03）：
98-106.

［27］胡翼青，吴欣慰.再论传播的"仪式观"：一种社会控制的视角［J］.河
南社会科学，2015（05）：112-116.

［28］胡洁.基础、生成与建构：从社会记忆到社会认同［J］.天津社会科学，
2020（05）：151-156.

［29］黄月琴.大屠杀的事件性与后创伤主体——记忆、媒介及其文化省思
［J］.国际新闻界，2019（03）：151-167.

［30］贾晓明.灾难后丧葬仪式的心理修复功能［J］.神经损伤与功能重建，
2010（04）：250-252.

［31］简·奥斯曼.集体记忆与文化身份［J］.陶东风，译.文化研究，2011（06）：4-10.

［32］杰弗瑞·奥利克，乔伊斯·罗宾斯.社会记忆研究：从"集体记忆"到记忆实践的历史社会学［J］.周云水，译.思想战线，2011（03）：9-16.

［33］杰罗姆·特鲁克.对场所的记忆和记忆的场所：集体记忆的哈布瓦赫式社会——民族志学研究［J］.曲云英，译.国际社会科学杂志，2012（04）：33-46.

［34］金寿福.扬·阿斯曼的文化记忆理论［J］.外国语文，2017（02）：36-40.

［35］荆云波.灾难与仪式：国殇日之民族志［J］.民族艺术，2009（02）：35-41.

［36］姜燕琴.浅谈设立全国哀悼日的心理意义［J］.龙岩学院学报，2009（01）：59-62.

［37］蓝江.从记忆之场到仪式——现代装置之下文化记忆的可能性［J］.国外理论动态，2017（12）：78-86.

［38］李兴军.集体记忆研究文献综述［J］.上海教育科研，2009（04）：8-21.

［39］李存.地震文学初论［J］.文艺理论与批评，2009（05）：84-87.

［40］李润霞.从"汶川地震诗歌"谈文学的社会救赎和审美限制［J］.江海学刊，2009（05）：191-195.

［41］李里锋.个体记忆何以可能建构论之反思［J］.江海学刊，2012（04）：171-176.

［42］李晓灵.从《余震》到《唐山大地震》的艺术演变［J］.北京社会科学，2012（03）：63-67.

［43］李永祥.灾害场景的解释逻辑、神话与文化记忆［J］.青海民族研究，

2016（03）：1-5.

［44］李红涛，黄顺铭.新闻生产即记忆实践——媒体记忆领域的边界与批判性议题［J］.新闻记者，2015（07）：36-45.

［45］李红涛.深度媒介化与媒介事件的公共记忆［J］.西北师大学报，2021（01）：57-67.

［46］李昕.创伤记忆与社会认同：南京大屠杀历史认知的公共建构［J］.江海学刊，2017（05）：157-163.

［47］李溪.18世纪英国废墟景观之美学探究［J］.2017（12）：36-43.

［48］李佳静."9·11"纪录片中的创伤、记忆与身份——以《改变美国的102分钟》为例［J］.名作欣赏，2019（24）：167-173.

［49］刘亚秋.从集体记忆到个人记忆——对社会记忆研究的一个反思［J］.社会，2010（05）：217-242.

［50］刘亚秋.哈布瓦赫集体记忆理论中的社会观［J］.学术研究，2016（01）：77-84.

［51］刘亚秋.记忆二重性和社会本体论——哈布瓦赫集体记忆的社会理论传统［J］.社会学研究，2017（01）：148-171.

［52］刘亚秋.记忆研究的"社会—文化"范式——对"哈布瓦赫—阿斯曼"研究传统的解读［J］.社会，2018（01）：104-133.

［53］刘涛.神圣与世俗：人类学仪式与社会研究［J］.青海民族研究，2016（03）：54-59.

［54］刘慧梅，姚源源.书写、场域与认同：我国近二十年文化记忆研究综述［J］.浙江大学学报，2017（05）：1-20.

［55］刘帅一.论创伤记忆及其文学呈现［J］.广东外语外贸大学学报，2017（03）：94-98.

［56］刘建明.传播学研究中仪式概念社会意义的理想化及其消解［J］.新闻与传播评论，2017（04）：31-38.

［57］刘海婷.记忆、身份认同与文学演示［J］.外国语文，2017（02）：55-60.

［58］刘于思，赵舒成.通往"复数的记忆"：集体记忆"走向公共"的规范性反思［J］.天津社会科学，2020（05）：142-150.

［59］林娜，连榕.集体记忆研究综述［J］.集美大学学报，2017（05）：25-29.

［60］陆远.集体记忆与集体遗忘［J］.南京社会科学，2020（03）：132-137.

［61］罗杨.读哈布瓦赫的《论集体记忆》［J］.西北民族研究，2011（02）：190-194.

［62］龙柏林.集体记忆构建之当代变迁的哲学思考［J］.内蒙古社会科学，2018（01）：49-54.

［63］龙念.革命历史影像记忆建构中的权力实践［J］.湖南师范大学社会科学学报，2017（03）：150-156.

［64］马萍，潘守永.论博物馆语境下的创伤记忆表征美学——"真实在场感"的内涵及展示策略［J］.中国博物馆，2017（01）：7-13.

［65］马萍，潘守永.从"仪式性"看纪念馆的"文化展演"空间实践［J］.东南文化，2017（02）：115-121.

［66］马硕.对仪式的历史审视与内涵反思［J］.信阳师范学院学报，2019（02）：89-93.

［67］闵心蕙.断裂与延续——读"文化记忆"理论［J］.中国图书评论，2015（10）：81-87.

［68］聂立清.景观社会与我国主流意识形态控制［J］.河南师范大学学报，

2009（02）：19-22.

［69］聂思宇.知乎社区"汶川大地震（2008）"话题下相关问答的集体记忆研究［J］.新媒体研究，2017（19）：1-8.

［70］彭兆荣.人类学仪式理论的知识谱系［J］.民俗研究，2003（02）：5-20.

［71］彭兆荣."祖先在上"：我国传统文化遗续中的"崇高性"——兼与巫鸿的"纪念碑性"商讨［J］.思想战线，2014（01）：1-6.

［72］彭兆荣.论我国"丘墟"的崇高性视觉形象——兼教于巫鸿先生［J］.文艺理论研究，2016（04）：163-170.

［73］彭兆荣.论纪念碑性与崇高性［J］.文化遗产，2017（04）：69-74.

［74］裴斐.集体记忆中的历史与民族文化重构［J］.合肥学院学报，2016（03）：34-38.

［75］彭秀银，张堂会.废墟上的升华：汶川地震文学书写研究［J］.江苏社会科学，2018（06）：248-254.

［76］钱力成.记忆研究的未来：文化和历史社会学的联结［J］.南京社会科学，2020（03）：137-142.

［77］沈正斌.灾难性事件报道方法论初探［J］.新闻战线，2003（09）：26-28.

［78］时晓.当代德国记忆理论流变［J］.上海理工大学学报，2016（02）：154-158.

［79］苏黄菲菲.集体记忆视域下中华民族文化认同的理路［J］.社会科学家，2020（07）：157-160.

［80］陶东风.记忆是一种文化建构——哈布瓦赫《论集体记忆》［J］.中国图书评论，2010（09）：69-74.

［81］陶东风.文化创伤与见证文学［J］.当代文坛，2011（05）：10-15.

［82］陶东风."文艺与记忆"研究范式及其批评实践——以三个关键词为核

心的考察［J］.文艺研究，2011（06）：13-24.

［83］陶东风.从进步叙事到悲剧叙事——讲述大屠杀的两种方法［J］.学术月刊，2016（02）：127-138.

［84］陶东风.心理创伤的倾听：论创伤叙事的意义与方法［J］.现代传播，2021（01）：87-91.

［85］陶东风.见证，叙事，历史——《鼠疫》与见证文学的几个问题［J］.文艺理论研究，2021（02）：43-53.

［86］陶宇.时空的镜像：社会记忆的理论谱系与研究推进［J］.长春工业大学学报，2012（05）：76-84.

［87］唐冬冬，王倪青.凝固的记忆：建筑记忆与政治认同——来自文献的述评考察［J］.胜利油田党校学报，2016（05）：54-59.

［88］王汉生，刘亚秋.社会记忆及其建构一项关于知青集体记忆的研究［J］.社会，2006（03）：46-68.

［89］王明珂.历史事实、历史记忆与历史心性［J］.历史研究，2001（05）：136-147.

［90］王干.在废墟上矗立的诗歌纪念碑——论"5·12"地震诗潮［J］.当代文坛，2008，（04）：8-11.

［91］王蕾.论我国灾难新闻报道理念的转变［J］.新闻大学，2008（04）：29-34.

［92］王璐.灾难表述：汶川地震的文本呈现［J］.重庆文理学院学报，2011（04）：26-30.

［93］王萌.人类学视域下的灾后重建研究——以汶川"5·12"地震为例［J］.郑州轻工业学院学报，2013（04）：51-56.

［94］王晓葵.记忆论与民俗学［J］.民俗研究，2011（02）：28-40.

［95］王晓葵．"记忆"研究的可能性［J］．学术月刊，2012（07）：126-130.

［96］王晓葵．灾害文化的中日比较——以地震灾害记忆空间构建为例［J］．云南师范大学学报，2013（06）：47-55.

［97］王晓葵．"灾后重建"过程的国家权力与地域社会——以灾害记忆为中心［J］．河北学刊，2016（05）：161-165.

［98］王霞．国内创伤理论与文学批评研究综述［J］．齐齐哈尔大学学报，2016（02）：112-114.

［99］王蜜．文化记忆：兴起逻辑、基本维度和媒介制约［J］．国外理论动态，2016（06）：8-17.

［100］王蜜．在记忆与遗忘之间：作为一种集体记忆的瘟疫——以1918年大流感为例［J］．广州大学学报，2020（05）：106-111.

［101］王瓒玮．战后日本地震社会记忆变迁与灾害文化构建——基于阪神淡路大地震为中心的考察［J］．南京林业大学学报，2017（04）：124-134.

［102］王建会．文化创伤操演与创伤话语建构［J］．文艺理论研究，2017（02）：155-161.

［103］王东美．个人—集体：社会记忆的心理学视域［J］．天津社会科学，2020（05）：157-160.

［104］王玉国．个体记忆与台湾光复接收论述——兼论个体记忆与集体记忆［J］．台湾研究集刊，2017（04）：78-86.

［105］王宪昭．论节日祭祀中的集体文化记忆［J］．商丘师范学院学报，2017（07）：30-34.

［106］王漫，董立林．汶川十年，新媒体如何书写灾难的集体记忆［J］．传媒评论，2018（05）：45-47.

［107］西村清和 . 场所的记忆与废墟［J］. 梁青，译 . 外国美学，2016（01）：24-38.

［108］夏冰 . 浅谈哀悼活动中媒介仪式的作用［J］. 中华人文论丛，2011（01）：237-239.

［109］谢有顺 . 苦难的书写如何才能不失重？——我看汶川大地震后的诗歌写作热潮［J］. 南方文坛，2008（05）：32-34.

［110］谢开 . 国内外"博物馆化"表征简述［J］. 博物馆研究，2014（04）：3-6.

［111］徐新建 . 多难兴邦与灾难记忆——地震展馆中的文化重建［J］. 中外文化与文论，2010（01）：2-17.

［112］徐开彬，徐仁翠 . 汶川十年：汶川地震的媒介记忆研究［J］. 新闻大学，2018（06）：50-62.

［113］薛亚利 . 庆典：集体记忆和社会认同［J］. 中国农业大学学报，2010（02）：63-71.

［114］燕海鸣 . 集体记忆与文化记忆［J］. 中国图书评论，2009（03）：10-14.

［115］燕海鸣 . 博物馆与集体记忆——知识、认同、话语［J］. 中国博物馆，2013（03）：14-18.

［116］闫国疆 . 社会记忆、民族身份与国家认同［J］. 中央社会主义学院学报，2019（06）：97-105.

［117］杨田 . 社会记忆与权力的互动关系［J］. 甘肃社会科学，2017（03）：250-255.

［118］杨俊建 . 集体记忆中的"生成性记忆"和"固化形式记忆"［J］. 武汉科技大学学报，2017（03）：337-341.

［119］杨琴 . 灾难记忆的媒介建构研究述评［J］. 西南交通大学学报，2018

（01）：57-63.

［120］杨超，朱小阳，揭其涛.建构、遗忘与激活：社会危急事件的媒介记忆［J］.浙江社会科学，2020（06）：66-72.

［121］尹凯.从机构到隐喻：批判博物馆学的路径［J］.东南文化，2002（02）：144-149.

［122］尹红.灾难记忆研究述评：基于民俗学的视角［J］.前沿，2016（08）：65-71.

［123］印芝虹.悖之痛——高墙下的集体记忆［J］.当代外国文学，2011（04）：128-137.

［124］余虹.奥斯维辛之后：审美与入诗——中西审美诗学批判［J］.外国文学评论，1995（04）：108-115.

［125］曾丽红，张丽娜.仪式氛围·集体记忆·情感共鸣——探析文博类电视节目的仪式化传播［J］.视听界，2020（06）：21-24.

［126］詹小美，康立芳.集体记忆到政治认同的演进机制［J］.哲学研究，2015（01）：114-118.

［127］章涵.废墟上的震撼——走进汶川首家民间地震博物馆［J］.中国老区建设，2009（05）：32-34.

［128］赵静蓉.创伤记忆：心理事实与文化表征［J］.文艺理论研究，2015（02）：110-119.

［129］赵静蓉.创伤记忆的文学表征［J］.学术研究，2017（01）：144-151.

［130］赵静蓉.国家记忆的生成机制与经典建构［J］.学习与实践，2020（10）：120-131.

［131］赵将，翟光勇.少数民族节日文化认同的现状与提升路径选择——基于凉山彝族火把节的实证研究［J］.怀化学院学报，2017（12）：

11-15.

［132］支宇.灾难写作的危机与灾难文学意义空间的拓展［J］.中华文化论
坛，2019（01）：58-64.

［133］朱大可.国家修辞和文学记忆——中国文学的创伤记忆及其修复机制
［J］.文艺理论研究，2007（01）：81-89.

［134］朱立元，黎明.大灾大爱 生命至上——略谈"以人的生命为本"与灾
难书写的崇高悲剧精神［J］.社会科学研究，2011（02）：8-13.

［135］周嘉旎.从传播仪式观看"全国哀悼日"对组织传播的意义与作用
［J］.新闻传播，2011（12）：120-122.

［136］周颖.对抗遗忘：媒介记忆研究的现状、困境与未来趋势［J］.浙江学
刊，2017（05）：158-168.

［137］周星.现代中国的"亡灵"三部曲——唐山、汶川、玉树大地震遇难
者的悼念、祭祀与超度问题［J］.民俗研究，2017（04）：96-108.

［138］周海燕.媒介与集体记忆研究：检讨与反思［J］.新闻与传播研究，
2019（04）：39-51.

［139］周海燕.见证历史，也建构历史：口述史中的社会建构［J］.南京社会
科学，2020（06）：108-113.

［140］周海燕.史料、社会建构与行动：口述历史的三重理论向度［J］.天津
社会科学，2020（04）：147-154.

［141］周珂，顾晶.记忆之场与集体记忆的空间叙事重构：对南诏大理史迹
遗存的再理解［J］.公共艺术，2018（05）：47-52.

［142］周玮，黄震方.城市街巷空间居民的集体记忆研究——以南京夫子庙
街区为例［J］.人文地理，2016（01）：42-49.

［143］周晓虹.口述历史与集体记忆的社会建构［J］.天津社会科学，2020

（04）：137-146.

[144] 张颐武．唐山大地震的两重涵义［J］．艺术评论，2010（09）：16-19.

[145] 张堂会．当代文学自然灾害书写的延续与新变［J］．广播电视大学学报，2012（04）：31-37.

[146] 张俊华．社会记忆研究的发展趋势之探讨［J］．北京大学学报，2014（05）：130-141.

[147] 张立群，杨安华．记忆场所研究：发展动态与趋势［J］．贵州师范大学学报，2016（06）：132-142.

[148] 张曦．灾害记忆·时间——"记忆之场"与"场之记忆"［J］．西南民族大学学报，2017（12）：8-15.

[149] 钟之静．媒介框架竞争：群体性事件网络舆论话语实践［J］．今传媒，2015（11）：16-19.

[150] 邹军．文学见证与见证文学［J］．文化研究，2017（03）：139-150.

[151] 庄玮．美国媒介记忆研究综述［J］．外国语文，2017（02）：41-47.

学位论文类：

[1] 陈虹虹．集体记忆的媒介实践研究——以南京大屠杀纪实影像为中心［D］．博士学位论文，武汉：华中科技大学，2018.

[2] 陈旭清．心灵的记忆：苦难与抗争——山西抗战口述史［D］．博士学位论文，杭州：浙江大学，2005.

[3] 楚月．汶川大地震纪念报道对集体记忆的建构研究［D］．硕士学位论文，重庆：西南政法大学，2017.

[4] 戴立．历史性大跨越——唐山地震、汶川地震新闻报道比较［D］．硕士

学位论文，长沙：湖南师范大学，2009.

［5］樊婷.多媒介环境下集体记忆的构建——以"5·12"汶川特大地震十周年报道为研究对象［D］.硕士学位论文，天津：南开大学，2019.

［6］郭磊.社会记忆如何可能？——保罗·康纳顿社会记忆理论的再阐释［D］.硕士学位论文，上海：华东师范大学，2011.

［7］金玉洁.灾难记忆的塑造与传递过程研究——基于汶川映秀的调查［D］.硕士学位论文，成都：西南民族大学，2017.

［8］兰艳.不同媒介生态环境下自然灾害报道的政府形象传播研究——以"唐山地震"和"汶川地震"对比为例［D］.硕士学位论文，上海：华东师范大学，2018.

［9］李政.我国灾难报道研究——以通海、唐山与汶川、玉树四次地震报道为例［D］.硕士学位论文，西安：陕西师范大学，2012.

［10］李隆环."汶川地震十周年"新媒体报道集体记忆建构研究［D］.硕士学位论文，重庆：四川外国语大学，2019.

［11］刘静.自然灾难题材文艺作品审美研究——以汶川大地震为例［D］.硕士学位论文，昆明：云南师范大学，2013.

［12］刘文军.灾难新闻性媒介仪式研究——以汶川地震报道为例［D］.博士学位论文，武汉：华中师范大学，2017.

［13］马场彩加.比较思想史视域下的记忆政治研究［D］.硕士学位论文，上海：华东师范大学，2018.

［14］阮宝娣.羌族释比与释比文化研究［D］.博士学位论文，北京：中央民族大学，2007.

［15］沈曼怡.媒体记忆视角下的后灾难报道研究——以汶川地震十周年报道为例［D］.硕士学位论文，济南：山东大学，2019.

［16］史海瑞.创伤记忆和见证书写——普利莫·莱维的"见证文学"作品研究［D］.硕士学位论文,昆明:云南大学,2019.

［17］孙峰.从集体记忆到社会记忆——哈布瓦赫与康纳顿社会记忆理论的比较研究［D］.硕士学位论文,上海:华东师范大学,2008.

［18］宋磊英.汶川地震纪念报道的集体记忆建构——以《人民日报》为例［D］.硕士学位论文,广州:暨南大学,2018.

［19］童彤.中国当代艺术中废墟主题研究［D］.硕士学位论文,南京:东南大学,2017.

［20］王州.国家公祭日仪式传播研究——以"南京大屠杀死难者国家公祭日"为例［D］.硕士学位论文,郑州:郑州大学,2017.

［21］汪晶.汶川地震十周年集体记忆建构——基于新媒体平台官方和民间记忆场的研究［D］.硕士学位论文,合肥:安徽大学,2019.

［22］魏广振.创伤体验叙述研究［D］.硕士学位论文,济南:山东师范大学,2014.

［23］夏林晨.电视仪式对国家认同的建构——以"南京大屠杀死难者国家公祭仪式"直播为例［D］.硕士学位论文,苏州:苏州大学,2016.

［24］邢彦辉.电视仪式传播与国家认同研究［D］.博士学位论文,武汉:武汉大学,2013.

［25］许捷.伤痛记忆博物馆研究［D］.硕士学位论文,杭州:浙江大学,2010.

［26］徐沛."5·12汶川地震"纪念性报道的集体记忆建构——以《四川日报》《人民日报》相关报道为例［D］.硕士学位论文,重庆:重庆大学,2019.

［27］姚红芮.灾难的仪式性祭奠与想象的共同体维系——基于报纸对"5·12汶川地震"的纪念报道分析［D］.硕士学位论文,上海:华东

师范大学，2017.

［28］叶蔚春.文化记忆：从创伤到认同［D］.博士学位论文，福州：福建师
范大学，2018.

［29］曾珠.汶川地震十周年纪念报道与集体记忆书写——以《人民日报》
《四川日报》《华西都市报》为例［D］.硕士学位论文，重庆：重庆工
商大学，2019.

［30］赵博.地震遗址展示研究——以北川老县城地震遗址为例［D］.硕士学
位论文，西安：西安建筑科技大学，2014.

［31］周静.《人民日报》对抗日战争集体记忆的媒介建构——以抗战胜利纪
念日为例［D］.硕士学位论文，重庆：西南大学，2017.

［32］张惠岚.创伤、记忆与仪式：后二二八纪念性文化的叙事及建构［D］.
硕士学位论文，中国台北：中正大学，2011.

［33］张欣.文化记忆理论研究［D］.硕士学位论文，青岛：中国海洋大学，
2015.

［34］张婧磊.新时期文学中的创伤叙事研究［D］.博士学位论文，苏州：苏
州大学，2017.

其他类：

［1］阿来.云中记［M］.北京：十月文艺出版社，2019.

［2］本社.瓦砾上的诗：5·12汶川大地震祭［M］.珠海：珠海出版社，2008.

［3］陈寅.汶川：5·12诗抄［M］.深圳：深圳报业集团出版社，2008.

［4］当代口述史丛书编委会.当代四川要事实录（第三辑）［M］.成都：四川
人民出版社，2010.

［5］董明，郭建强，葛建中．我们在一起：青海百位诗人献诗汶川地震灾区
　　人民［M］．西宁：青海人民出版社，2008.

［6］杜文娟．尔玛人家——汶川大地震伤残人员口述史（非虚构）［J］．作品，
　　2009（7）：4-22.

［7］高成．77天汶川大地震亲历记［M］．深圳：海天出版社，2009.

［8］歌兑．坼裂［M］．北京：解放军文艺出版社，2010.

［9］龚学敏．十年：汶川地震十周年诗歌作品集［M］．成都：成都时代出版
　　社，2018.

［10］关仁山．感天动地：从唐山到汶川［M］．石家庄：河北教育出版社，2008.

［11］关仁山．重生——汶川特大地震三周年祭［M］．成都：四川文艺出版
　　　社，2011.

［12］海啸，汤松波，南方狼．大爱无疆：我们和汶川在一起［M］．北京：新
　　　世界出版社，2008.

［13］贺享雍．拯救［M］．成都：四川文艺出版社，2011.

［14］黄新初．四川抗震文艺丛书诗歌卷［M］．成都：四川文艺出版社，2011.

［15］黄新初．从悲壮走向豪迈——汶川特大地震书系文艺卷歌曲［M］．成
　　　都：四川文艺出版社，2011.

［16］黄承基．大爱无疆［M］．广州：花城出版社，2008.

［17］胡子祥．抗震救灾精神口述史——汶川特大地震十周年纪念专辑［M］．
　　　成都：西南交通大学出版社,2017.

［18］教育部语言文字应用管理司．震撼：汶川抗震诗歌选［M］．南昌：江西
　　　高校出版社，2008.

［19］雷隆燕．泪花光芒万丈：21世纪初叶中国汶川大地震诗歌选萃［M］．
　　　北京：中国戏剧出版社，2008.

［20］李西闽.幸存者［M］.南京：江苏文艺出版社，2014.

［21］李西闽.救赎［M］.上海：上海文艺出版社，2009.

［22］李牧雨.亲亲伙伴——震后孩子们的心灵抚慰故事［M］.成都：四川少儿出版社，2009.

［23］刘吕红，刘世龙.汶川大地震十年祭：来自亲历者的口述［M］.成都：四川大学出版社，2018.

［24］刘吕红，何志明，吴国富.十年再回眸，汶川大地震亲历者口中的抗震救灾精神［M］.成都：四川大学出版社，2018.

［25］柳柳.珍藏感动：汶川·生命之诗［M］.上海：上海锦绣文章出版社，2008.

［26］骆平.与世隔绝——汶川大地震中的生死遗言［M］.成都：四川文艺出版社，2009.

［27］罗启亨.震撼：诗记汶川大地震［M］.成都：四川大学出版社，2015.

［28］祁人.汶川大地震诗歌经典［M］.成都：四川文艺出版社，2009.

［29］秦岭.透明的废墟［M］.太原：北岳文艺出版社，2016.

［30］人民文学出版社编辑部.有爱相伴——致2008汶川［M］.北京：人民文学出版社，2008.

［31］商泽军.中国：震撼5月——2008抗震救灾诗集［M］.济南：明天出版社，2008.

［32］上海文艺出版社.生命的感动：四川汶川大地震抗震救灾纪实［M］，上海文艺出版社，2008.

［33］丝丝.来生我们一起走［M］.北京：人民文学出版社，2008.

［34］孙万勇.大爱心曲：5·12抗震救灾诗选［M］.石家庄：花山文艺出版社，2008.

［35］苏历铭，杨锦选.汶川诗抄［M］.北京：群众出版社，2008.

［36］谭旭东.生命的歌哭［M］.酒泉：敦煌文艺出版社，2008.

［37］同心.废墟上的歌：汶川特大地震抗震救灾诗歌速集［M］.广州：新世纪出版社，2008.

［38］王春英.“5·12”特大地震访谈·汶川之殇——汶川县 153 位地震亲历者口述资料辑录［M］.成都：四川大学出版社，2018.

［39］王明韵.废墟上的歌者［M］.合肥：安徽文艺出版社，2008.

［40］文松辉.汶川情·中华魂：人民网“心系汶川”征文诗歌精选［M］.武汉：华中师范大学出版社，2008.

［41］吴远目.大地之殇，汶川地震诗歌选集［M］武汉：长江文艺出版社，2008

［42］吴兴人.不屈的国魂：汶川大地震诗歌选［M］.成都：四川人民出版社，2008.

［43］闫星华.震区［M］.北京：作家出版社，2011.

［44］杨然.请让我为你点亮一盏烛光：中国·成都“汶川大地震”诗歌选［M］.成都：四川美术出版社，2009.

［45］殷萍.中国五一二地震诗歌墙［M］.北京：中国书店，2012.

［46］虞慧瞳.全中国都下雨［M］.南京：江苏人民出版社，2009.

［47］余坦坦.我在现场，长河日报 16 位记者亲历汶川大地震口述实录［M］.武汉：武汉出版社，2018.

［48］赵丽宏，吴谷平.惊天地泣鬼神：汶川大地震诗钞［M］.上海：华东师范大学出版社，2008.

［49］张凡，程亚铭.汶川十年［M］.武汉：湖北教育出版社，2018.

［50］张洪义，赵发.挺立中国——汶川诗抄［M］.西宁：青海人民出版社，

2008.

［51］张健 . 成长在青川［M］. 银川：宁夏人民出版社，2010.

［52］浙江省政协文史资料委员会 . 浙江人 5・12 口述史［M］. 杭州：杭州出版社，2012.

［53］钟正林 . 山命［M］. 北京：作家出版社，2010.

［54］钟海涛，徐大庆 . 让我们不要遗忘：纪念汶川大地震诗歌散文集［M］. 郑州：河南文艺出版社，2008.

［55］中国作家协会 .5・12：生命的咏叹（中国作家抗震救灾采访团作品选散文诗歌卷）［M］. 北京：作家出版社，2008.

［56］中央电视台新闻专题部 . 铭记：5・12 汶川大地震口述历史［M］. 北京：中国言实出版社，2009.

［57］总政治部宣传部 . 大爱无疆：全军抗震救灾诗歌选［M］. 北京：解放军出版社，2008.

［58］方惠 . 昨日重现：媒介变迁中的记忆研究进路［C］// 中国传媒大学 . 中华新闻传播学术联盟第六届研究生学术研讨会论文集 . 中国传媒大学，2014：366-378.

外文专著类：

［1］ALEXANDER C J. *The Meaning of Social Life*：*A Cultural Sociology*［M］. Oxford：Oxford University Press，2003.

［2］BERGER J. *After the End*：*Representations of Post-Apocalvpse*［M］. Minneapolis：University of Minnesota Press，1999.

［3］BERCOVITCH S. *The Rites of Assent*：*Transformations in the Symbolic*

Construction of America [M] . New York: Routledge, 1978.

[4] BODNAR J. *Remaking America: Public Memory, Commemoration, and Patriotism in the Twentieth Century* [M] . New Jersey: Princeton University Press, 1993.

[5] BURKE, PETER. *History as Social Memory* [C] //Memory: History, Culture and the Mind（ed）. Thomas Butler.Oxford: Blackwell, 1989.

[6] CRANE S A. *Museums and Memory* [M] . Stanford, Calif: Stanford University Press, 2000.

[7] CONNERTON P. *How Societies Remember* [M] . Cambridge: Cambridge University Press, 1989.

[8] COULDRY N. *Media Rituals: A Critical Approach* [M] . London: Routledge, 2003.

[9] CHARLES R. ANDERSON. *Vietnam, the Other War* [M] .Aldershot: Gower Publishing Company, Limited, 1982.

[10] DUDAI Y. *Memory from A to Z:Keywords, Concepts, and Beyond* [M] . N.Y.: Oxford University Press, 2002.

[11] DONALD DUNCAN. *The Whole Thing Was a Lie!* [M] //Judith Clavir Albert and Stewart Edward Albert.The Sixties Papers: Documents of a Rebellious Decade (ed). New York: Praeger Publishers, 1984.

[12] EDY J. *Troubled Past: News and Collective Memory of Social Unrest* [M] . Philadelphia: Temple University Press, 2006.

[13] ERIKSON E. *Identity and the Life Cycle* [M] . New York: International University Press, 1959.

[14] Edward S. *Casey.Public Memory in Place and Time.* [M] // Kendall R.

Phillips .Framing Public Memory(ed).Tuscaloosa: University of Alabama Press, 2004.

[15] FREDERICK DOWNS. *The Killing Zone: My Life in the Vietnam War* [M]. New York: Berkley, 1978.

[16] FRIEDLANDER S. *Memory, History, and the Extermination of the Jews of Europe* [M]. Bloomington: Indiana University Press, 1993.

[17] FRITZSCHE P. *Stranded in the Present: Modern Time and the Melancholy of History* [M]. Harvard University Press, 2004.

[18] GILLIS J R. *Commemorations: The Politics of National Identity* [M]. New Jersey: Princeton University Press, 1994.

[19] GOFFIMAN E, BERGER B. *Frame analysis: An essay on the organization of experience* [M]. New York: Harper&Row, 1974.

[20] GRAY P, OLIVER K. *The Memory of Catastrophe* [M]. Manchester: Manchester University Press, 2004.

[21] HALBWACHS M. *On Collective Memory* [M]. Translated by COSER L A.Chicago: The University of Chicago Press, 1992.

[22] HUYSSEN A. Twilight Memories: Marking time in a Culture of Amnesia [M]. New York: Routledge, 1995.

[23] IRWIN-ZARECKAI. *Frames of Remembrance:The Dynamics of Collective Memory* [M]. New Brunswick, New Jersey: Transaction Publishers, 1994.

[24] JACOBS J. *Memorializing the Holocaust: Gender, Genocide and Collective Memory* [M]. London: I. B. Tauris, 2010.

[25] JEFFREY C,ALEXANDER. *Cultural Trauma and Collective Identity* [M].

Berkeley: University of California Press, 2004.

[26] JOHN HELMER. *Bringing the War Home: The American Soldier in Vietnam and after* [M].New York: The Free Press, 1974.

[27] JOHN BODNAR. *Remaking America: Public Memory, Commemoration, and Patriotism in the Twentieth Century* [M]. Princeton: Princeton University Press, 1992.

[28] KAPLAN H. *Conscience and Memory: Meditations in a Museum of the Holocaust* [M]. Chicago: University of Chicago Press, 1994.

[29] KERTZER I D. *Ritual, Politics, and Power* [M]. New Haven: Yale University Press, 1988.

[30] KRISTIN ANN HASS. *Carried to the Wall* [M].Berkeley: University of California Press,1998.

[31] LACAPRA D. *History and Memory after Auschwitz* [M]. Ithaca, NY: Cornell University Press, 1998.

[32] LEFEBVRE H. *The Production of Space* [M]. Translated by Donald Nicholson-Smith Oxford: Basil Blackwell Ltd., 1991.

[33] NOVICK P. *The Holocaust in American Life* [M]. Boston: Houghton Mifflin Company, 1999.

[34] ROSENFELD A H. *The Americanization of the Holocaust* [M]. Bloomington: Indiana University Press, 1997.

[35] TODOROVA M. *Balkan Identities: Nation and Memory* [M].New York: New York University Press, 2004.

[36] WERTSCH J V. *Voices of Collective Remembering* [M]. Cambridge: Cambridge University Press, 2002.

[37] WERTSCH J V. *Memory in Mind and Culture* [M] . Cambridge： Cambridge University Press，2009.

[38] WINTER J. *Sites of Memory and the Shadow of War* [M] //Astrid Erll. A Companion to Cultural Memory Studies（ed）.New York : De Gruyter, 2010.

[39] YOUNG，JAMES E. *The Texture of Memory*： *Holocaust Memorials and Meaning* [M] . New Haven：Yale University Press，1993.

[40] YOUNG，JAMES E. *At Memory's Edge*： *After Images of the Holocaust in Contemporary Art and Architecture* [M] . New Haven：Yale University Press，2000.

[41] ZUBRZVCKI. *The Crosses of Auschwitz*： *Nationalism and Religion in Post-Communist Poland* [M] . Chicago: University of Chicago Press,2006.

外文期刊类：

[1] ALONSO A M，MARIA A. The Effects of Truth：Re-presentations of the Past and the Imagining of Community [J] . *Journal of Historical Sociology*，1988（01）：33-57.

[2] ASSNANN J，CZAPLICKA J. Collective Memory and Cultural Identity [J] . *New German Critique*，1995（Spring-Summer）：125-133.

[3] CONFINO A. Collective Memory and Cultural History：Problems of Method [J] . *American Historical Review*，1997（05）：1386-1403.

[4] ENTMAN RM. Framing：Toward Clarification of a Fractured Paradigm [J] . *Journal of Communication*，1993（04）：51-58.

［5］FRENKEL，SCHWARTZ. The Structure of Langevin's Memory Kernel from Lagrangian Dynamics ［J］. *Europhysics Letters*，2000（05）：628–634.

［6］GAMSON, CROTEAU, HOYNES，et al. Media Images and the Social Construction of Reality ［J］. *Annual Review of Sociology*，1992（18）：373-393.

［7］HIRST W，MANIER D. Towards a Psychology of Collective Memory［J］. *Memory*，2008（03）：183-200.128

［8］KANSTEINER. Finding Meaning in Memory：A methodological Critique of Collective Memory Studies ［J］. *History and Theory*，2002（05）：179-197.

［9］KIHLSTROM J F. Memory，Autobiography，History：Exploring the Boundaries ［J］. *Proteu*，2002（02）：45-56.

［10］LACAPRA D.Canons and Their Discontents ［J］. Intellectual History Newsletter，1991（13）：3-15.

［11］LEIGH C. Our Monuments，Our Selves，What We Built Then，What We Build Now ［J］. *The Weekly Standard*，2001（03）：27-34.

［12］OLIN M R. The Art of Memory：Holocaust Memorials in History ［J］. *Modernism/Modernity*，1995（03）：188-190.

［13］OLICK J K. Collective Memory：The Two Cultures ［J］. *Sociological Theory*，1999（03）：333-348.

［14］PATRICK O'FATTELL. Oral History：Facts and Fiction ［J］.*Oral History Association of Australia Journal*，1982-1983（05）：4-9.

［15］PIERRE，NORA. Between Memory and History：Les Lieux de Memoir ［J］. *Representations*，1989（01）：7-24.

[16] PAN Z，KOSICKI GM. Framing Analysis：An Approach to News Discourse [J] . *Political Communication*，1993（01）：55-75.

[17] PRICE V，TEWKSBURY D，POWERS E. Switching Trains of Thought：The Impact of News Frames on Readers' Cognitive Responses [J] . *Communication Research*，1997（05）：481-506.

[18] SCHEUFELE D. Framing as a Theory of Media Effects [J] . *Journal of Communication*，1999（01）：103-122.

[19] THOMSON A. Four Paradigm Transformations in Oral History [J] . *Oral History Review*，2007（01）：49-70.

[20] WALZER M. On the Role of Symbolism in Political Thought [J] . *Political Science Quarterly*，1967（02）：194.

[21] WERTSCH V J. Collective Memory：Conceptual Foundations and Theoretical Approaches [J] . *Memory*，2008，16（03）：318-326.

[22] WILSON A R. Collective Memory，Group Minds，and the Extended Mind Thesis [J] . *Cognitive Processing*，2005（01）：227-236.

[23] ZELIZER B. Reading the Past Against the Grain：The Shape of Memory Studies [J] . *Critical Studies in Mass Communication*，1995（06）：214-239.

外文学位论文类：

[1] GRAU B M. Beyond Performance：Rhetoric，Collective Memory，and the Motive of Imprinting Identity [D] . Tampa Bay：University of South Florida，2014.